四川大学实证法律研究所支持
山东省法学研究基地支持

ESSAYS ON
CRIMINAL PROCEEDING

刑事诉讼的理念(第三版)

左卫民 周长军 著

北京大学出版社
PEKING UNIVERSITY PRESS

图书在版编目(CIP)数据

刑事诉讼的理念 / 左卫民, 周长军著. —3 版. —北京: 北京大学出版社, 2022.2
ISBN 978-7-301-32773-9

Ⅰ. ①刑… Ⅱ. ①左… ②周… Ⅲ. ①刑事诉讼法—法的理论—中国—文集 Ⅳ. ①D925.201-53

中国版本图书馆 CIP 数据核字(2021)第 273767 号

书　　　名	刑事诉讼的理念(第三版) XINGSHI SUSONG DE LINIAN(DI-SAN BAN)
著作责任者	左卫民　周长军　著
责任编辑	杨玉洁　靳振国
标准书号	ISBN 978-7-301-32773-9
出版发行	北京大学出版社
地　　　址	北京市海淀区成府路 205 号　100871
网　　　址	http://www.pup.cn　http://www.yandayuanzhao.com
电子信箱	yandayuanzhao@163.com
新浪微博	@北京大学出版社　@北大出版社燕大元照法律图书
电　　　话	邮购部 010-62752015　发行部 010-62750672 编辑部 010-62117788
印　刷　者	涿州市星河印刷有限公司
经　销　者	新华书店 880mm×1230mm　32 开本　12 印张　268 千字 2022 年 2 月第 3 版　2023 年 1 月第 2 次印刷
定　　　价	68.00 元

未经许可, 不得以任何方式复制或抄袭本书之部分或全部内容。
版权所有, 侵权必究
举报电话: 010-62752024　电子信箱: fd@pup.pku.edu.cn
图书如有印装质量问题, 请与出版部联系, 电话: 010-62756370

目 录

第三版序言 …………………………………………… 001
第二版序言 …………………………………………… 001

第一章 承续一个没有终结的话题
　　　　——社会冲突·国家权力·刑事诉讼 ………… 001
第二章 "做饭"的法门
　　　　——刑事侦查琐话 ………………………………… 020
第三章 "端饭"的程式
　　　　——刑事公诉絮语 ………………………………… 065
第四章 "吃饭"的姿态
　　　　——刑事审判漫谈 ………………………………… 095
第五章 事实越辩越清吗？
　　　　——刑事辩护趣话 ………………………………… 137
第六章 安全诚可贵，自由价更高
　　　　——诉讼价值散谈之一：英美法与大陆法 ……… 163

第七章　安全诚可贵,自由价更高
　　　　——诉讼价值散谈之二:理想与现实 …………… 185

第八章　刑事诉讼的"阿基米德支点"
　　　　——诉讼公正巡礼 …………………………………… 205

第九章　法不贵神速吗?
　　　　——诉讼效率走笔 …………………………………… 246

第十章　刑事诉讼的"王冠"
　　　　——诉讼人权夜话之一:域外镜像 ……………… 291

第十一章　刑事诉讼的"王冠"
　　　　——诉讼人权夜话之二:中国图景 ……………… 319

参考文献 ………………………………………………………… 349

第三版序言

　　本书在1999年、2013年先后因应刑事诉讼制度变革而出版、修订再版。党的十八届四中全会以后，我国刑事诉讼制度及相关的监察体制改革不断深入，特别是在2018年又有新变化、新发展，2021年最高人民法院还出台了新的刑事诉讼法司法解释。有鉴于此，基于中共十八届三中、四中全会和中共十九大以来我国全面依法治国的不断深入，笔者结合刑事诉讼立法和实践在2013年后的新发展，包括相关改革的新情况，作了大幅度的修正，完成了本书的第三版，敬请读者诸君指正。对于第三版，谢小剑教授、程龙副教授均提出了有益的修改意见，在此谨致谢意。需要指出的是，伴随着中国的改革开放，随着我们对英美法系对抗式诉讼制度及大陆法系职权主义诉讼制度批评与借鉴的认知深化，我国刑事诉讼制度也将长期处于发展之中，所以，任何一本关于刑事诉讼的著作往往均需要适时而变，在此意义上，本书未来或许还会有第四版、第五版……

左卫民　周长军
2021年11月28日

第二版序言

大约十四年前（1999年），在《刑事诉讼法》的第一次修正首次引发国人对刑事诉讼关注的背景下，我们撰写了《刑事诉讼的理念》这本书，力图以理念为出发点，将刑事诉讼的制度和运行机制结合案例以生动的方式加以阐释，同时也尝试从比较法角度将域外刑事诉讼制度展现在公众面前。应当说，这本书1999年在法律出版社出版以后还是比较受欢迎的。

不过，正如大家已经看到的，在过去的十几年间，中国社会发生了相当大的变化。这首先表现在法制的发展方面，官方指出中国特色社会主义法律体系在2011年已初步形成。其次，公众的法治理念被唤起，法治热情日益高涨，尤其是借助新媒体和渐趋开放的平面媒体，刑事司法受到空前关注，公众对刑事司法的影响力得以彰显，薄熙来案、李天一案、夏俊峰案、王书金案的审判以及一些冤假错案的平反都昭示了这一点。显而易见，中国刑事诉讼的背景在持续变化，这十余年间，通过司法解释、司法改革，我国刑事诉讼法律制度和实践也在相应地演进和调整。比如，2010年五部门联合发布的《关于办理刑事案件排除非法证据若干问题的规定》就是显证，2013年中央政法委出台的《关于切实防止冤假错案的规定》也是鲜明表现。更重要的是，2012年通过了新《刑事诉讼法》，此次修法虽名为修正，但实际上接近于大改。

在今天看来，1999年完成的作品很多方面已经过时甚至陈旧。在社会快速转型，公民法律意识、法治观念日益增强，诉讼制度甚至法学研究（例如社科法学、实证法律研究开始兴起）不断发展的宏观、中观、微观背景下，需要对其重新审视。正因如此，我们自2011年开始对本书进行大幅度的改动。在这本新书中，我们力图反映刑事诉讼立法的最新动态、司法实践操作以及近年来发生的一些备受关注的案件，同时也力图用社科法学、实证法律研究的成果去解读这些变化，深度阐释中国刑事诉讼制度的现状并前瞻其未来走向。

当然，由于作者俗务缠身，加之改动绝非易事，所以写作时断时续，但经过不断努力，本书最终还是以今天的面貌呈现予读者。特别要感谢的是，赵琦、谢进杰、刘方权、郭松、何永军、马静华博士阅读了稿件，提出了很好的修改意见。还要指出的是，本书的完成并不意味着我们将来不再进行修改，因为在杀青之时我们已感刑事诉讼的立法和实践太丰富、太深刻，变动太迅速，需要更为深入、精细、持久的研究，而这是我们难以充分准确地把握和预期的。当然，书中仍有一些不尽完善之处，我们两位作者的观点也未必完全一致，甚至有些观点可能跟我们在其他地方表达的观点不尽一致，所以出版后我们仍会根据立法、实践的不断变化，根据读者诸君的意见，在将来予以修改、完善。

生在这样一个时代，关注中国法治尤其是刑事法治的进步、变化，是我们的"幸"，当然也是我们的"累"，但我们还是高兴在这样的大时代中目睹一场国家和社会的大变革。尽管此中也有不少令我们不安、焦虑甚至不持肯定态度的东西，但作为观察者甚至参与者，我们有责任继续观察和参与这一场变化。

是为序。

左卫民

2013 年 10 月 8 日

一个阳光明媚的上午

于四川大学研究生院

第一章　承续一个没有终结的话题
——社会冲突·国家权力·刑事诉讼

> 人是社会的但具有冲突倾向的动物。
>
> ——〔美〕科林斯
>
> 哪里有不受限制的自由裁量权,哪里便无法律制度可言。
>
> ——〔美〕弗兰茨·纽曼
>
> 刑法不仅要面对犯罪人以保护国家,也要面对国家保护犯罪人;不单面对犯罪人,也要面对检察官保护市民,成为公民反对司法专横和错误的大宪章。
>
> ——〔德〕拉德布鲁赫

有社会必有冲突。

正如作为个体的人时时处于经验的生物性与超验的道德性的对抗中一样,冲突是每一个社会都必须永恒面对的状态。

冲突之所以产生,既有个体之因由,又有社会之根源。从个体的一面来看,现代西方精神分析学派的泰斗弗洛伊德指出,在生物意义上,人固有两种基本驱动力:一种是建设性的能量,即力比多;另一种是破坏性的、侵犯性的能量,即死之本能。后一种则是人之自我破坏性冲动,当这种冲动内向时,人们就将限制自己的能量,惩罚折磨自己而变成受虐待狂;当这种冲动外向时,就变成侵犯性的、好的行为。[1] 社会思想家齐美尔的说法则更为邪乎,他说人们不仅愿意进行冲突,而且看上去经常渴望冲突;如果没有冲突,人们也会为鸡毛蒜皮的事而争论不休,总之一句话,人有一种参与冲突的主观偏好。[2] 从社会的另一面讲,有限的可欲社会资源面对着的却是人类无限的占有欲望,至少迄今为止的任何一种社会制度都还未寻找到一种令每一个个体成员都满意的、绝对公正的资源分配良策,各种形式的社会冲突必然由此而生。德国思想家马克斯·韦伯就此分析认为,权力、财富与威望分配的变异和非连续性,以及人们控制这些资源的程度都是导发冲突的根源。[3]

有冲突必生混乱。

消除混乱,确保必要的社会秩序是人类社会存续的基本前提,即便是在尚未形成部落组织的原始人群中,人们也认识到了暴力冲突必须加以控制[4],于是,如同一对常有磕磕绊绊又须臾不可分离的夫妻,冲突与秩序构成了相互排斥又必然并存的一对社会矛盾体,它们皆源发于人之本性与社会机理,是人类无法抗拒的

---

[1] 转引自〔美〕J.L.弗里德曼、D.O.西尔斯、J.M.卡文·史密斯:《社会心理学》,高地、高佳等译,黑龙江人民出版社1984年版,第238页。

[2] 转引自〔美〕D.P.约翰逊:《社会学理论》,南开大学社会学系译,国际文化出版公司1988年版,第337页。

[3] 转引自于海:《西方社会思想史》,复旦大学出版社1997年版,第412页。

[4] 参见〔美〕E.A.霍贝尔:《初民的法律:法的动态比较研究》,周勇译,中国社会科学出版社1993年版,第346页。

一种社会生态现象,或者说是社会的一种宿命。

今日文明社会所称"犯罪"实质上就是最严重的社会冲突形式。当然,诸如杀人、伤害之类的社会冲突形态并非是在原始社会跨进文明社会的那一瞬间突然从天上掉下来的一种社会现象,而是与人类相伴而生,"携手"而来,只不过由于原始社会没有国家、没有法律,因而也就没有以我们今天的"犯罪"名称去称呼它而已,但却不能由此否认原始社会存在着上述冲突形式。而且,因这些严重的社会冲突关涉每一个社会能否存续,包括原始社会在内的任何一种社会形态都把它作为予以重点解决的问题自然也在情理之中。当然,由于社会发展水平以及人们的认识进化程度不同,解决的方式也有一个逐步发展和完善的过程。

从混沌初开,先民步入历史舞台的原始社会,到当今各国存储的核武器足以把整个人类毁灭数十次的现代社会,主要出现了两种有关严重社会冲突的解决方式:一种是由冲突的当事者各方自行解决;另一种则是由第三方如国家来处理。前者盛行于原始社会,后者则是文明社会产生以来的主导性冲突解决方式。

在人类社会早期,初民们生活在一种原始自由、平等且没有一个公共权力使大家慑服的环境中,私力救济、血亲复仇是当时社会惯行的冲突解决方式。暴力等同于司法,以武力对抗武力,以暴力还击暴力,构成了其时解决争端的自然景观。美国著名法人类学家 E.A.霍贝尔教授讲述的发生在科珀爱斯基摩人中的一个真实的案例可能会增加一些我们的感性认识。1905 年,奈特斯林缪特人的一对夫妇和他们 3 个长大成人的儿子搬到阿西亚格缪特人的区域居住。在这几个儿子中,老大娶了一个阿西亚格缪特人的姑娘。一个当地人宣称:他将定期与这个女子发生性关系。这位做丈夫的不愿默认这件事,但他又没有强壮到足以制止这一挑衅行为,结果,他用矛刺死了自己的妻子,以使他人不得染指于她。这位丈夫立刻被他的岳父及其亲信抓住杀害了。为给自己的哥哥报仇,奈特斯林缪特人家的老二在前来报仇的他哥哥的岳父背后,用矛将其刺杀,那时他自己也受了重伤。阿西亚格缪特人研究了这一情况,认为最明智的办法就是将奈家斩草除根,以防止复仇流血事件的再度发生。奈家的老三预感到大难临头,便只身溜走了,但他的父亲却在劫难逃,最终被杀害。[1]

当然,个人之间的严重冲突通过诉诸武力或互相残杀自行解决的方式之盛行,很大程度上是由于原始社会仍停留在生存竞争的社会发展阶段,没有一个凌驾于氏族或部落各群体之上的公共权威来调处社会冲突。当历史的车轮滚滚向前,驶入一个更高的社会发展阶段之后,一个凌驾于社会各群体之上的公共权威——国家破土而出,垄断了武力,并以第三方的身份介入了社会冲突的解决过程。我们今天所称的"刑事诉讼"制度即由此形成。国家权力为什么要终止"人人都是自己案件的裁判者"的状态而介入社会冲突的解决过程呢?对此问题,中国学术界主要是从利益集团对立的角度来解释的,认为原始社会消亡之后,社会就分裂为两大利益集团——统治集团和被统治集团,两者存在不可调和的根本性矛盾和冲突,犯罪在本质上就是孤立的个人反对统治集团和统治关系的斗争。为了维持社会秩序,巩固自己的优势地位,统治集团必须通过国家权力来惩处犯罪。为此,必须建立司法机构,确

---

[1] 参见〔美〕E.A.霍贝尔:《初民的法律:法的动态比较研究》,周勇译,中国社会科学出版社1993年版,第93页。

立司法程序。质言之,认为国家介入社会冲突解决过程的目的是维护阶级统治,对阶级利益的考虑是统治者干预诉讼的基本动机。近现代西方学者则以社会契约理论为切入点,为我们提供了另一种殊然不同的解释。近代启蒙思想家霍布斯的理论颇具代表性,他认为,人类社会初期处于一种自然状态中,没有一个共同的权力使人畏惧,社会处于"一切人对一切人的战争"中,生活孤独、贫困、卑污、残忍而短寿,在理性驱使下,人们不得不最终走到一起,相互达成协议,自愿地服从一个人或一个集体,相信其可以保护自己抵抗所有其他人,从而结成了政治国家,作为其中的一个必然的伴生物——用以解决社会冲突的法庭也就出现了。[1] 美国现代哲学家罗伯特·诺齐克的分析则更为直接明快,根据他的说法,人类社会初期处于自然状态,人与人之间的纠纷都是由冲突主体自己以私力救济方式解决的,但这种方法极不稳定、可靠,在某种意义上,正是为了消除这种不良自然状态的弊病,人们组成一些旨在相互保护的社团,这些社团又逐渐归属于一个支配性的保护机构,当这个机构能独占纠纷的仲裁和处罚权力时,超弱意义上的国家就出现了。[2]

当然,还有一些不同的认识和分析。不过,不管如何,这一问题的复杂性是不言而喻的。上述两种有代表性的解释一定程度上也仅仅是各自揭示了这一问题的某一个方面,并不具有绝对的说服力。同时,我们认为,听凭冲突各方当事者自行解决是一种理性

---

[1] 参见〔英〕霍布斯:《利维坦》,黎思复、黎廷弼译,杨昌裕校,商务印书馆1996年版,第92页以下。
[2] 参见〔美〕罗伯特·诺齐克:《无政府、国家与乌托邦》,何怀宏等译,中国科学出版社1991年版,第18—36页。

成分较少且社会破坏性极强的冲突处理方式,未能经受住历史风雨的吹打,乃是国家权力介入冲突解决过程并进而主导刑事诉讼之进行的根本原因,也是毋庸置疑的。

经验告诉我们,由于各种原因,刑事犯罪的被害人有时可能会自动放弃对犯罪人的追究。一方面,在相当一部分刑事案件中,犯罪行为往往已致被害人于死地,以致无人去追究;另一方面,即使被害人还活着,出于某种考虑他也可能不去追究。后者最常见的情况有两种:一是被害人面对的是一个或多个势力强大的犯罪人,如若复仇,等于以卵击石,因而不敢去追究;二是被害人在利弊权衡之后不愿去追究。

在现实生活中,一些犯罪者或者其亲属在犯罪者实施犯罪后出于不受惩罚的目的,愿意给被害人一定的经济补偿,当被害人认为这种补偿(金钱的或非金钱的)充分并且超过了通过追究行为所能带来的心理和经济上的补偿时,有时宁肯放弃追究而换取补偿,这就是习惯上被称为"私了"的现象。概言之,缺乏追究主体是这种冲突解决方式常常难以奏效的障碍之一。

被害人缺乏追究能力则可以说是听凭冲突各方自行解决的方式难以奏效的障碍之二。从学理上讲,犯罪行为大都具有过去性和隐蔽性两个特点。过去性是指犯罪行为乃是不可回复之已然事实;隐蔽性是指犯罪者出于逃避惩罚的目的,往往都采取了较为隐蔽的方式实施犯罪。因此,若想侦破案件,揭露、抓获从而惩治犯罪者,追究主体就必须具备强大的追究能力,包括特别的追究手段和丰富的追究经验。显然,如果受害人是普通公民,其通常既无侦查犯罪的技术手段和强制手段,也缺乏侦查犯罪的经验。司法实践表明,由公民个人成功侦破大要案犯罪的事例极为罕见。据学者考察,即使在1985年以前充分允许自诉的英国,实际上绝大多数案件的侦查起诉权还是握于国家机关手中。[1] 无他,普通公民缺乏追究能力也。英美学者早就指出:"在自诉制度的缺点中,最显著的一个是使许多犯罪行为没有受到惩罚,因为这些犯罪的被害人太软弱,或者太贫穷,无力提起诉讼。"[2]

障碍之三则是被害人无力承担高昂的追究成本。对犯罪的追究和惩罚也是一种需要高成本、高投入的活动,究其原因在于,追究和惩罚都必须以充分的司法资源作依托。先看追究活动方面。前已提及,犯罪具有过去性、隐蔽性的特点,这必然会增大侦查工作的难度。为此,不但需要经验丰富的侦查人员,还需要投入雄厚的技术力量和大批技术装备。以金钱来度量的话,这些人力和物力往往都需要支付高额费用,尤其是重大复杂的案件,其侦查的经济成本更为高昂。显然,对于相当多的被害人来说,这种高昂的追究成本远非其所能承受。这样,不少被害人将被迫在放弃追究、举债追究或者有限追究之间作艰难抉择,以致大大影响了对犯罪的全面的和有效的追究。再看惩罚方面,我们知道,刑事追究的自然后果就是对犯罪人施加一定形式的惩罚。毫无疑义,惩罚者自身首先需要具备一定的惩罚力量,比如执行人员、执行手段以及排除反抗行为的手段等,而被害人显然一般并不具备这种力量。从实践来看,即使被害人的力量强于犯罪者一方,要做到有效的惩罚也并非易事,因为犯罪者既可能采取反抗措施,从而使惩罚者必须付

---

[1] 参见〔英〕菲利浦·约翰·斯特德:《英国警察》,何家弘、刘刚译,群众出版社1990年版,第153页。
[2] 〔美〕琼·雅各比:《美国检察官研究》,周叶谦、刘庚书、赵文科等译,周叶谦校,中国检察出版社1990年版,第10—11页。

出高昂的代价方可实施相应的惩罚,也可能采取逃跑等规避行为,使惩罚的实现不得不投入极大的人力、物力和财力。

　　被害人的追究和惩罚行为常常缺乏公正性是这种冲突解决方式的最后但绝非最不重要的一个弊端。整体而言,对犯罪行为的追究之公正包括两方面:实体公正和程序公正。实体公正主要是从刑法角度来讲的,指定罪准确、量刑适当、罚当其罪;程序公正则要求,在查明事实、决定惩罚之前必须公正、人道地对待受惩罚者。显然,这在私力救济的情况下可谓"蜀道之难"。相反,私力救济极易导致的是以下三种背离公正的情况:一种是被害人把无罪者错当成有罪之人看待和处置;另一种是被害人在追究犯罪的过程中不适当地侮辱和伤害被追究者;还有一种则是被害人虽然把追究的对象搞对了,但却对其施以过于严厉的惩罚,也就是通常所说的"罚高于罪"。第一种情况的产生主要是由于被害人缺乏侦查技能和侦查手段;后两者的出现则源于人固有的心理倾向和利益偏见。英国启蒙思想家洛克就认为,在自然状态中,每个人都是自然法的裁判者和执行者,而人们又是偏袒自己的,因此,情感和报复之心很容易使他们超越应有的范围,对于自己的事件过分热心,同时,疏忽和漠不关心的态度又会使他们对于别人的情况过分冷淡。[1] 法国社会学家涂尔干也指出,任何人仅仅在自己的需要驱使下,永远不会承认他自己的权力已经达到了最大的限度。[2]

　　此外,人类学家的实地考察也为我们提供了具体的佐证。人类学家劳埃德·沃纳对澳大利亚北部孟金人部落的考察证实,在

---

[1] 参见〔英〕洛克:《政府论——论政府的真正起源、范围和目的》(下篇),叶启芳、瞿菊农译,商务印书馆1995年版,第78页。
[2] 转引自于海:《西方社会思想史》,复旦大学出版社1997年版,第253页。

20年中就发生了70起杀人案件。在这些案件中,有50件是"氏族复仇"性质的杀人,即一个图腾团体的成员为对一种外来的侵害行为进行报复而杀死另一个图腾团体的成员。这其中又有15件是纯血亲复仇性质的杀人,另有10件是对诱拐妇女者的惩罚,5件是对被指控施行邪巫术者的惩罚;此外,另有5起杀人案件;还有5起案件是行为人由于非礼窥视了图腾符号而被杀。这对一个人口不足1 000人的部落来说,简直是一个血淋淋的记录。这个记录显示:对一个简单质朴的初民社会来说,如果不受限制地实行以牙还牙的复仇方法,则有可能造成毁灭性的灾难。[1] 在此意义上可以说,正是基于对这种"毁灭性的灾难"之危险的越来越清醒的认识,人类跨过了由国家出面来解决刑事冲突的门槛。

与单凭冲突各方自行解决的方式相比,国家介入刑事冲突的解决并进而成为其中的主导力量,其优越性和必要性都是显而易见的。一方面,国家拥有包括军队、警察、法庭和监狱等在内的暴力工具,有强大的犯罪追究和惩罚机构,再辅以精明强干的国家专门追究人员,依靠各种先进科学的追究手段和追究策略,完全可以有效地侦查、追诉和惩罚犯罪;同时,国家还拥有庞大的国家财政收入和雄厚的经济实力,这就使得对一般人来说十分高昂的追究成本在国家眼里成了"小菜一碟",国家因此可以不必为人力、物力、财力的投入而斤斤计较了。经验事实也表明,在国家的巨大优势面前,任何犯了罪的个人或集团都不得不甘拜下风,无法有效抵抗。另一方面,由于国家通常并非冲突的当事人一方,与多数具体

---

[1] 参见〔美〕E.A.霍贝尔:《初民的法律:法的动态比较研究》,周勇译,中国社会科学出版社1993年版,第344页。

的冲突者都无直接的利害关系,对案情无先入之见,处于一个超脱中立的位置,因此,不仅在形式上给冲突各方及社会公众以公正感,而且在实际上也往往更能保证追究和惩罚的公正性。最后,作为社会公共权威的国家,打击社会危害行为,确保社会公共秩序,乃其天职和本能,更何况有不少犯罪行为直接指向国家本身,比如说现代各国刑法典中所规定的危害国家安全方面的犯罪。因此,国家与犯罪者之间通常并无"私了"、调和的余地,国家一般不可能也不允许放弃追究犯罪的权力和职责。

也正是在这层意义上,E.A.霍贝尔教授深刻、精辟地评价了社会冲突解决方式由私力救济向国家作为第三者介入的转变过程的重要意义,他指出:"在原始法的发展过程中,真正重大的转变并不是在人与人之间的关系中实体法上的从身份到契约——尽管它是欧洲法在其后来发展过程中的一个显著的特征,而是在程序法上所发生的重心的重大转移,维护法律规范的责任和权利从个人及其亲属团体的手中转由作为一个社会整体的政治机构的代表所掌管。"[1]

文明社会产生之初,国家机器并不发达,借用罗伯特·诺齐克的说法,此时的国家只能称得上是"超弱意义上的国家",国家权力的触须尽管已伸进了刑事诉讼,但由于统治者仍将犯罪视为与国家无涉的私人纠纷,因而,国家是以一种相当被动的姿态介入刑事诉讼的。没有设立专门的侦查和控诉机关,侦查犯罪、指控犯罪的责任仍然由受害人承担,国家基于"不告不理"的原则,不主动

---

[1] 〔美〕E.A.霍贝尔:《初民的法律:法的动态比较研究》,周勇译,中国社会科学出版社1993年版,第369页。

追究犯罪;而且,即便被害人一方向国家提起了刑事告诉,国家也自始至终以一个消极中立的第三者的身份去充当刑事冲突双方的裁判者,裁判结果如何完全取决于冲突双方的诉讼能力及其为此投入的心血和精力,从而在很多方面都残留着原始社会冲突解决方式的印记。

及至封建社会(在欧洲约等于"中世纪"),伴随着社会的深入发展以及人们认识能力的提高,统治者对犯罪性质的认识发生了变化,不再将犯罪仅仅视为老百姓之间的私人纷争,而意识到一切犯罪从根本上都是危害自身统治的行为,"一个针对某个人的渎犯行为已经成了一种违抗政府的犯罪",由是,统治者加强了对犯罪的追控和打击职责,不仅将追究犯罪的权利从被害人手中夺过来,收归国家,并把侦查、起诉、审判三种职权交由法官一体行使,以更有效地追究犯罪。

近现代社会中,对犯罪的侦查、起诉和审判主要由国家机关职司,当是一个不争的事实,也是一般公民视之为理所当然的事情。而且,基于权力制约的原则和诉讼公正的理念,审判权从行政权中独立出来,主要是作为一种行政性活动的侦查犯罪和指控犯罪的责任也不再由法官统包统揽,而是分别委诸专门设立的警察机构和检察机关等。这样,作为审判权行使者的法官得以抽身而退,站到了一个相对超脱和独立的位置上来审查、评判起诉机关与被告方在他面前展开的法庭控辩活动,并据此作出公正的裁判,实现社会正义。换句话说,近现代各国中,在允许国家权力介入刑事诉讼以及权力又呈现为侦查、控诉与审判"三元并存"的格局上,是基本相同的。尽管如此,由于历史文化传统、政治结构及诉讼意识等方面存在的差异,不同国家在不同历史时期刑事诉讼实践中权力的运作状况各具风格,主要差别有两方面:一是法官活动的积极性程度;二是警察、检察官等犯罪追究人员与从事审判的法官之间的关系。

让我们先从一个案例说起,就是法国有名的"德塞耶案件"。事情发生于 1948 年 5 月 8 日,法国警察总队潘伯佛区分队接到波尔尼克大队的通知,得知在一个村庄里发生了一起抢劫杀人案。两位受害的老人——埃梅里夫妇,男的被毒打后死去,妻子还活着,但伤势严重。老妇人回忆说,将近晚 10 点钟时,有两个人谎称带来了他们的小孙子的包裹骗其开门后闯进来作的案,但因天黑,老妇人说不出这两个强盗的具体特征。后查明他们的小孙子在此案中没有任何责任,但同时也发现了另一个线索。据调查,4 月 13 日一个名叫肖万和另一个名叫格根的人从某拘留所脱逃后,躲到了一个名叫德塞耶的人的家中躲避。后来,肖万外出时被居民雅尔发现并送交警察分队。从肖万那里获悉是格根和德塞耶在普莱纳作的案。5 月 26 日警察据此第一次审问德塞耶时,德塞耶完全否认。这时,第一个到达犯罪现场并了解案件所有细节的那名警察来到监守着德塞耶的地方主持审问。面对着神情惊慌的德塞耶,他满以为捉到了真正的罪犯,于是反复地提问:"埃梅里家有几个房间?"

"不知道。"德塞耶回答。

"你很清楚,有两间!"

"是,是的,有两间。"德塞耶回答。

"那么,第一间房里的炉灶在什么地方?"

"不知道。"

"你知道,在右边……"

"是的,是……"德塞耶又同意了。

不仅如此,这名警察还把地图交给了德塞耶,让他重走一遍他和格根"走过"的路。就这样,在警察的粗暴对待下,德塞耶招了假供,承认是自己和格根一起作的案。但是,格根粗暴地否认了这一切。

案件转到了预审官那里。由于德塞耶不懂刑事诉讼法,以为预审官审讯之后自己还会重新落入警察手中,害怕再受虐待,因此没有翻供。预审官决定马上搞罪行复演。由德塞耶指点路程,预审官、检察官、司法警官等坐车跟随,沿着格根和德塞耶作案时的路程到达埃梅里夫妇家。然后由德塞耶再次叙述他是怎样参与作案的。人们发现,家具的位置竟然与德塞耶在供认时说的一模一样。不过,当德塞耶与埃梅里夫人对质时,由于老妇人看不清他的面孔,所以不能肯定就是德塞耶作的案。而当她看到格根的体形时,她惊慌起来了:"好像就是他!但凭良心说,我又不能十分肯定。"但是,预审官据此指控德塞耶为嫌疑犯,宣布将他正式逮捕拘押,并向他说明:"从现在起,你有权只在你的辩护人在场时回答问题。但是如果你同意不用辩护人出席就立即供认的话,我也准备听取你的陈述。"德塞耶表示同意,当即进一步肯定了他先前的供词,又委托了辩护人。然而,几天以后,在预审官再次审讯时,他完全翻供了,并抗议审讯中受了警察们的折磨,预审官马上反驳了他:"暴力并不能使你了解那些地方!"此后,肖万也翻供了,承认是因为害怕才声称格根和德塞耶是罪犯的;更麻烦的是,格根不停地强烈申明自己无罪,并提出了当时不在现场的证明,后得到了确认,因而被宣布不予起诉。对格根的不予起诉,说明了肖万和德塞耶先前的供词都是不真实的。但尽管如此,倒霉的德塞耶还是被押上了重罪法庭。当德塞耶控告说警察虐待了他时,庭长反驳道:"你说你是在被警察打了之后招供的,我们暂时承认这一点。可是,预审官没有打你,你在他面前为什么又一次肯定了以前的供词呢?"陪审员们不能理解的是:一个人不是罪犯,却承认自己犯了罪,而且在招供时提供了确切的犯罪细节;如果他是无辜的,就不能了解这些细节。于是,法庭最后采取了妥协、折中的办法,对按照"罪行"本应判处死刑的德塞耶,只判了10年徒刑。

4年多后,警察在一个偶然的机会里发现了此案的真正凶手,德塞耶才洗清冤屈,得以释放,否则他可能要服满刑期,并且将一辈子蒙受耻辱。[1]

对于20世纪70年代之前的大陆法系国家来讲,此案的情况具有一定的典型性,基本体现了当时世界上颇具代表性的大陆法系国家刑事诉讼中的权力运作状况[2],即要求法官对刑事审判活动积极介入和充分控制,以担负起查明案件真相,进而惩罚犯罪的职责。与此同时,虽然也确立了控审职能分离原则,控审职能分别由不同的机关行使,但在大陆法系国家的传统刑事诉讼实践中,侦、控、审机关在长期的办案过程中形成了较为密切的关系。例如,审判机关对于起诉机关提供的证据材料一般都会接受和采

---

[1] 参见〔法〕勒内·弗洛里奥:《错案》,赵淑美、张洪竹译,法律出版社1984年版,第71—78页。

[2] 20世纪70年代以来,在联合人权公约和《欧洲人权公约》的强大影响下,以法、德为代表的大陆法系国家对其刑事诉讼法进行了较大的修改,刑事诉讼的运作实践也发生了重大变化,以致出现了与英美刑事诉讼的融合趋势。不过,为更好地分析和理解近现代社会围绕刑事诉讼的建构所存在的诸多认识上的、实践上的分歧和纷争,除本书个别章节外,我们将近代大陆法系刑事诉讼与现代英美法系刑事诉讼对照展开相关理念的梳理。

纳，并以此作为法庭审理时的基本调查内容和裁判时的基本定案证据；当发现侦控机关工作中的不足和缺陷时，审判机关一般不采取断然否定或予以惩罚的态度或做法，而是采取友好的方式促其改正，或者在一定范围内予以代行，如认为起诉机关所提供的证据不充分时，会径行调查证据。

现代英美法系国家的刑事诉讼则承载着另一种旨趣迥异的权力运作格局。一方面，法官对于刑事审判活动不主动地干预，而是保持着消极性和低姿态，以把更充足的活动空间留给控诉方和被告方。据说，有一个年轻的英国法官在第一次开庭审判时事先向年长的法官征求建议说："我怎么准备这次审判呢？"年长的法官就告诉他，去的时候带一杯茶，喝一小口，但是别咽，当审判结束时出来再把这口茶吐了，在整个审判过程中要保持沉默，不要说话。这就形象地说明了英美法官在庭审中的功能定位。另一方面，审判机关与追究机关之间呈现出一种严格的制约状态，这种制约具有两个鲜明的特点：一是制约是单向的，是处于中立地位的、以实现社会正义为宗旨的法官对警察、检察官的制约和监督，而不是相反，其意旨在于矫正国家追究机关与被告人之间过于悬殊的力量对比，使被告人获得足够的自我保护的机会和能力。二是制约具有全面性和严密性。警、检人员为侦查和追诉犯罪而采取诸如逮捕、羁押、搜查、扣押、检查等强制措施时，原则上都必须事先申请，征得法官的许可，而且，法律对于这些诉讼行为规定了相当严格的批准条件，法官须遵照执行。对于警、检人员未经许可而擅自采取上述诉讼行为所取得的证据材料，审案法官通常要将其排除出去，不予考虑，以示惩罚。下面这起在美国发生的"库利奇诉新罕布什尔州案"可谓一个极好的注脚。爱德华·库利奇在一个大暴风雪的天气,以一个照看婴儿的工作为幌子,哄骗一个14岁女孩离开家后加以谋杀,手法十分残暴,8天后雪化之时,有人在公路边发现了女孩的尸体。她的喉咙被切开,头部中了一弹。没有搜查证的警察到了嫌疑犯库利奇的家中,他的妻子给了警察一支枪(这枪后来被证明就是杀人凶器),还给了警察几件出事那天晚上库利奇穿过的衣服。州司法部长行使权力签发了逮捕证,逮捕了库利奇。此后不久,警察仍然在没有有效的搜查证的情况下就去搜查了库利奇的空车,发现了和被杀女孩身上一样的尘土和其他细微的东西。库利奇被判处有罪。但是,库利奇辩护说,所有这些证据在审讯中都不能作为证据。结果,美国联邦最高法院推翻了定罪判决,理由就是:签署逮捕证的不应是亲自领导侦查的司法部长,而应是法官;对汽车的搜查没经过法官批准,因而用真空吸尘器收集的汽车里的尘土不能作为证据。

正如有学者所指出的,在一个定型的社会中,一种具体的刑事诉讼模式通常是适应该社会的思想意识形态的最高表征和显明的副产品。[1] 不同国家刑事诉讼中权力运作模式的形成主要是其各自主流意识形态作用下的结果。

首先,在国家与市民社会关系的认识方面,英美法系国家遵循的是"洛克式"的"市民社会先于国家"的思想脉络,认为从历史的维度上看,是先有市民社会后有国家,国家决定于市民社会,系为满足市民社会之需要而生的,因此,国家之于市民社会,只有工具性的功用,是手段而非目的。不仅英美近代社会持有这样的认识:

---

[1] 参见〔斯洛文尼亚〕卜思天·儒潘基奇:《国家与刑事被告:反对自证其罪——走向刑事诉讼的基本原则》,张采风译,载《中国刑事法杂志》1998年第2期,第81—94页。

"社会在各种情况下都是受欢迎的,可是政府呢,即使在其最好的情况下,也不过是一件免不了的祸害,在其最坏的情况下就成了不可容忍的祸害",而且,现代英美国家依然保持着同样的信仰:"政府是某种应当加上手铐,加以禁锢使之不能为害的东西。"[1] 相应地,他们认为,刑事诉讼在不得不接受作为一种"必要的祸害"的国家权力介入的同时,又必须采取有效的措施即把刑事诉讼中的国家权力予以分立,并用其中的一种类型的权力制约另一种类型,而且处于制约地位的那种权力应加强自我克制,不能太过于主动,以避免刑事诉讼中专权现象的产生,遏制权力滥用所带来的祸害。

与此不同,近代大陆法系国家往往把黑格尔"国家高于市民社会"的思想奉为圭臬,认为国家不是手段而是目的,它代表不断发展的理性的理想和文明的真正精神需要,并以此地位超越市民社会,引导着市民社会的发展。对国家至上的观念认同是这种思想的基本内核,也为刑事诉讼中国家权力积极、全面的介入以及各诉讼权力机关之间的协作关系奠定了思想资源和正当化根据。比如,有观察者就认为:"国家在公共话语中占据的地盘非常之大,法国人往往忘记了还有其他事情……公民社会也没有得到公开承认。……实际上,法国就像美国的另一面。"[2]

正如比较刑事诉讼法学家达玛什卡所指出的,两套政治学说皆带有些许乌托邦色彩:一是构想出一个到处插手的国家——随

---

[1] 〔美〕詹姆斯·M.伯恩斯等:《美国式民主》,谭君久等译,中国社会科学出版社1993年版,第42页。

[2] 〔加〕让-伯努瓦·纳多、朱莉·巴洛:《六千万法国人不可能错》,何开松、胡继兰译,东方出版社2005年版,第226—227页。

时准备吞噬市民社会的"利维坦";一是设想出一个消退中的国家——一只政治上的"柴郡猫"。一极为能动型国家,一极为回应型国家。[1]

其次,在诉讼哲学观上,近代大陆法系国家往往认为法官只有积极主动地掌握法庭审判活动的支配权,并对警、检机关的证据收集活动保持足够的理解和包容,才能更有效率地发现案件真相,并确保裁判结果的正确性,而这正是设立刑事诉讼制度的主要初衷;相反,现代英美法系国家则相信一个在法庭审判中消极、被动,而且在庭审之前严格制约着警、检人员的法官角色更有利于查明案件的真相,确保被告人的基本权利,刑事诉讼存在的根本目的即在于此。有学者就此总结道:现代英美国家的对抗式模式视刑事诉讼为双方当事人在被动的裁决者面前解决纠纷的过程;大陆法系国家的非对抗式则将刑事诉讼视为一个或者多个公平的国家官员为发现真相而进行的官方调查活动。[2]

那么,抛开各国参差不一的具体情况不谈,刑事诉讼中有没有一种理想的权力运作状态等着我们去发掘,进而去实现呢?

要分析这一问题,首先必须解决一个基本前提,即刑事诉讼中的国家权力本身是否应受到限制。我们认为,对于现代文明社会来讲,这无疑是一个应作肯定性回答的问题。事实上,法律与权力的关系是政治社会产生以来便始终困扰着人们的一个问题。正如

---

[1] 参见〔美〕米尔伊安·R.达玛什卡:《司法和国家权力的多种面孔——比较视野中的法律程序》,郑戈译,中国政法大学出版社2004年版,第106页。

[2] See Maximo Langer, From Legal Transplants to Legal Translations: the Globalization of Plea Bargaining and the Americanization Thesis in Criminal Procedure, Harvard International law Journal, volume 45, number 1, winter 2004, p4.

美国法学家埃尔曼教授所言,对此问题的所有争论都表明了法律与权力的辩证关系:法律永远是部分原则加部分权力。如果法律要完成其目标,便必须以权力作为支持,但是不受制约的权力却极易由于其反复无常而漠视正义与安全的要求,这种反复无常使得法律无法衡量不同人行为的法律后果。[1] 另一位西方学者指出:"人是十分易于屈从罪恶和情欲的。因此,在任何情况下都需要被限制,而在拥有权力时更是如此……那些在缺少权力时活得很谦恭的人,一旦有了权力,感到再没有什么能阻碍他的暴行时,往往也能表现得像魔鬼一样凶残。"[2] 阿克顿勋爵几百年前所说的那句至理名言"权力趋于腐败,绝对的权力导致绝对的腐败",不也已经成为现代社会的常识了吗?由此可见,权力虽为刑事诉讼之正常开展所必需的重要元素,但又不可能放任它如脱缰的野马恣意妄为。总而言之,国家权力介入刑事诉讼确为必要,但介入的权力本身又必须受到限制,这是我们在刑事诉讼领域中应当确立的一个最基本的理念。

那么,如何限制权力的行使?介入刑事诉讼的国家权力应当止步于何处?刑事诉讼中的国家权力与公民权利该如何调适?诸如此类的问题是亘古即有、常说常新,也是很难有终结的话题,它像一根红线贯穿于本书所谈及的所有重大的刑事诉讼问题之中,如影相随,挥之不去……

至于到底怎样,因关涉很多专门性的知识,非二言两语能说得清楚,着急不得,因此,留待后文中慢慢道来……

---

[1] 参见〔美〕埃尔曼:《比较法律文化》,贺卫方、高鸿钧译,生活·读书·新知三联书店1990年版,第93页。
[2] 乔云华:《地狱门前——与李真刑前对话实录》,新华出版社2004年版,第175页。

第二章 "做饭"的法门
——刑事侦查琐话

单独隔离进行讯问的做法是与我们国家最珍视的准则之一——不得强迫任何人自证其罪的规定相抵触的,除非采取了充分的预防性措施以消除羁押场所中固有的强制性因素,否则,从被告人处获得的任何供述都不是真正自由选择的结果。

——〔美〕厄尔·沃伦

在大多数大陆法国家,除涉嫌轻微犯罪以外的所有被告人都可能经常被长时间羁押调查。对他们采取羁押措施的全部理由基于一种判定,即这是"发现真实情况"所必需的。

——〔美〕埃尔曼

尽管国家对涉嫌违法犯罪的公民不得不采取一些必要的措施,限制或者剥夺其人身自由、财产,但这种措施应摆脱赤裸裸的报复性。

——〔德〕伯恩德·许乃曼

第二章 "做饭"的法门

　　侦查好像刑事诉讼的"油门",一旦踩上,侦查人员与犯罪嫌疑人[1]就进入了"刀枪相接"、生死对抗的"战场"。

　　在西方人的文化意识中,人类社会其实是伴随着一起"盗窃案件"的侦破而诞生的。《圣经》中说,当上帝发现亚当是因为自己裸体而感到害羞,以致不敢出来见他时,大为惊讶,于是问亚当道:你是不是偷吃了禁果? 亚当说,是夏娃给他吃的。上帝又追问夏娃,夏娃说,是蛇诱骗她吃的。这可以说是最早的一次对"违法"行为的侦查。亚当和夏娃也因被查出偷吃禁果而被上帝赶出伊甸园,罚到地上终身劳作,人类社会由此开始。人类关于创世之初的这种意象,经过岁月的冲刷与积淀,早已潜隐于现代人的意识深处,凝固为一种强烈的"侦查"情结。

　　现代社会中,最为公众所关注的刑事诉讼活动莫过于侦查了。影视剧中收视率极高的警匪片、充斥于各类媒体中的犯罪侦查信息……无不昭示着这一事实,也舒展着人们最原始、最本真的情感。犯罪行为的残暴与恐怖令人义愤填膺,切齿痛恨;侦查人员的神勇与机智则让人惊叹与敬佩……正义与邪恶的"绞杀"与"搏击",牵引着每一个有良知的人的情感,人们的愤怒情绪也随着一个个"法网恢恢,疏而不漏"的圆满结局而得以释放或缓解。当然,无可否认的是,侦查人员与犯罪嫌疑人激烈斗争过程中所展示出来的权力与权利之间的互动状态,也是当今人们对侦查普遍予

---

[1] 对于刑事诉讼中的被追诉者,英美法系国家一般统称为"被控告者"或"被告人";大陆法系国家一般则区分不同的诉讼阶段而确立了不同的称谓,即起诉前称为嫌疑人,起诉后称为被告人。我国 1996 年刑事诉讼法修正案也作了类似于大陆法系国家的区分,即提起公诉以前称为犯罪嫌疑人,提起公诉后称为被告人。为行文方便,除本章中一律使用"犯罪嫌疑人"这一名称外,其他章节一般统称为被告人。

以关注的原因之所在。

不过,细心的人可能已经注意到,现代社会中刑事侦查人员的权力大小及犯罪嫌疑人所受到的待遇之好坏是因国而异的,侦查活动中的有些方面甚至是迥然不同的。这种现象的出现主要是由于各国对侦查的性质、地位、功能及法律制度的设计持有不同的理念。

大致说来,有两种关于侦查构造的"理想类型"[1]:一种是审问式侦查;一种是弹劾式侦查。说到审问式侦查,我们可以回想一下前一章中所讲过的"德塞耶案件",这一案件的侦查情况基本上反映了审问式侦查的特点。也就是说,近代大陆法系国家的刑事侦查较为接近审问式侦查构造。

审问式侦查一般将侦查作为审判程序的奠基性活动,审判活动能否顺畅进行并圆满结束,很大程度上取决于侦查活动的开展

---

[1] "理想类型"是德国思想家马克斯·韦伯提出的一种分析问题的方法。"理想类型"不包含那些现实社会中随处可见的描述性特征,它着重指出了理论家认为最能反映现象的本质、核心的那些特征,有时甚至用夸张的手法。此外,理想类型并不是说在"好"这一价值判断上是"理想的"。参见〔美〕戴维·波普诺:《社会学》(第十版),李强等译,中国人民大学出版社 1999 年版,第 193 页。美国学者帕克所提出的正当程序模式和犯罪控制模式,就是关于刑事诉讼程序的两种理想类型。帕克指出:"这两个模式不应被贴上应然或实然的标签,也不应在此意义上使用。它们只是代表了一种努力,这种努力试图抽象出在刑事诉讼程序的运作中争夺优先性的两种价值体系。没有哪个模式的提出是对应现实或代表理想状态,从而完全排斥另一个模式。这两个模式仅仅提供了一种讨论刑事诉讼程序的运作的方便途径。"〔美〕哈伯特·L.帕克:《刑事制裁的界限》,梁根林等译,法律出版社 2008 年版,第 155 页。美国另一位著名的比较法学者达马斯卡也指出,所有的模式在定义上都对现实生活有一定程度的启迪性的偏离和简单化,即使否定诉讼模式的描述性价值,其启发性价值仍然存在。参见〔美〕米尔吉安·R.达马斯卡:《比较法视野中的证据制度》,吴宏耀、魏晓娜等译,中国人民公安大学出版社 2006 年版,第 172 页。

成效,因此,侦查程序主要是侦查机关为调查犯罪嫌疑人而设置的程序,具有强制性,其重心在于确保侦查机关高效、及时地查清案情,侦破犯罪。为此,侦查人员与犯罪嫌疑人在诉讼手段配置上的不平衡是审问式侦查的基本指导理念,具体表现有三:

一是侦查呈"双方组合"格局。根据常识,刑事审判阶段的主要参与主体有控告方、被告方和审判方,由此构成的审判外观是一种"三方组合"状态。而在审问式侦查中,诉讼活动的主体只有侦查方和被告方,缺乏中立法官的介入,侦查活动的开展主要由侦查机关决定。这里要指出的是,在大陆法系国家,虽然有所谓预审法官介入侦查的制度,但根据这些国家刑事诉讼法律的规定,预审法官尽管也掌控着拘留、逮捕、搜查、扣押等强制措施的司法审批权,但其同时肩负着"正式侦查"(警察的侦查被称为"初步侦查")和控制犯罪的职责,预审法官为发现和收集证据,有权搜查,扣押文件、文书、字据等书证,询问证人与讯问被追诉人,开启邮件,监听电话,甚至在审前无期限地羁押犯罪嫌疑人,因此实践中,预审法官侦查职责的履行必然会对其司法审批职能的发挥造成消极影响,在某种程度上呈现为"超级警察"的形象。与此相关,有学者就指出:"受人尊崇的盎格鲁-撒克逊法中的人身保护令制度[1]在法国不

---

[1] 人身保护令是一种要求政府表明拘留某个人的理由的命令,其最初目的在于强制监管人员把被居留者带到法官面前,法官将审查拘留理由的充分性。如果法官发现该人被不适当地拘留,他通过人身保护令状可以命令释放被监禁者。参见〔美〕彼得·G.伦斯特洛姆编:《美国法律辞典》,贺卫方、樊翠华、刘茂林等译,中国政法大学出版社 1998 年版,第 291 页。

为人所知,这一点饱受欧洲法院的批判。"[1]

也正是由于预审法官制度在保障犯罪嫌疑人权利方面存在的不足和问题,德国于 1975 年废除了预审制度;法国尽管仍保留着预审制度,但有关预审法官的存废之争一直没有间断,2000 年通过的关于修改刑事诉讼法的法律中增设了一种新的法官类型——"自由与羁押法官",专门负责过去由预审法官承担的"先行羁押"的司法审批权,以强化对侦、控机关权力的制约和对犯罪嫌疑人权利的保障。[2]

二是实行单轨式侦查。在侦查机关与犯罪嫌疑人一方所构成的这种"双方组合"格局中,二者的地位并不平等。侦查机关(包括享有侦查职权的预审法官)主导着侦查活动的开展,负责收集证据,犯罪嫌疑人一方几乎不进行事实调查,而且,法律制度也不鼓励辩方律师与证人进行接触,一旦被发现,将会削弱证人证言的可信程度[3],此即所谓"一条腿走路"的单轨式侦查。

不仅如此,相比于其他类型的侦查,单轨式侦查制度中的侦查机关所行使的侦查权还具有一些鲜明的特点:

其一是侦查权范围的广泛性。侦查机关一般既有权采取各种

---

[1] 〔美〕亨利·J.亚伯拉罕:《司法的过程:美国、英国和法国法院评介(第七版)》,泮伟江宫盛奎、韩阳译,北京大学出版社 2009 年版,第 115 页。
[2] 法国预审制度的近期动态是,2009 年由菲利普·莱热担任主席的委员会提议取消预审法官,而由检察官负责所有的刑事侦查。不过,由于欧洲人权法院就检察官的地位作出的两项重要裁决(质疑检察官的司法官属性),法国最高法院 2010 年 12 月的一项裁决实际上排除了(至少当时)以检察官取代预审法官的可能性。参见〔英〕杰奎琳·霍奇森:《法国刑事司法——侦查与起诉的比较研究》,张小玲、汪海燕译,中国政法大学出版社 2012 年版,中文版序。
[3] 参见〔美〕米尔吉安·R.达马斯卡:《比较法视野中的证据制度》,吴宏耀、魏晓娜等译,中国人民公安大学出版社 2006 年版,第 258 页。

任意侦查手段[1]调查犯罪事实,如讯问被告人、询问证人、勘验、鉴定、侦查实验、对质和辨认等,又可以实施一系列强制侦查措施,如拘留、逮捕、搜查、扣押、查封、检查身体等,还能够使用一些秘密侦查和技术侦查手段,如窃听、电子监控等。后者的使用通常不向社会公开,也不为当事人知晓,具有相当的隐蔽性和实效性,当然,对其指向对象的合法权利的危害性也是相当之大的。概而言之,在侦查手段的种类选择方面,侦查机关可谓左右逢源,游刃有余。

其二是侦查权行使的自由度较大。审问式侦查虽然不反对对侦查活动进行监督和制约,但为保证侦查效率,立法与司法实务中较少受到侦查机关以外的中立第三者(如法院)的制约,而基本上实行的是侦查机关系统内的自律性监控。需要指出,在实行审问式侦查的国家中,通常以检察官或预审法官为侦查活动的主导者,警察在检察官或预审法官的指挥和领导下开展侦查活动。在侦查实践中,任意侦查措施通常由警察或者检察官自行掌握,强制侦查尤其是那些直接剥夺犯罪嫌疑人人身自由的侦查措施,除初步调查阶段的拘留外,一般都由预审法官审查批准。与此同时,法律对于包括强制侦查措施在内的各种侦查行为的实施条件普遍要求不高,侦查人员若想采用,通常都不难实现。此外,在侦查手段的使用上,侦查机关具有相当大的选择权,比如,一次性讯问犯罪嫌疑人的时间长短等,法律规定中大都处于空白状态,自然留给侦

---

[1] 任意侦查与强制侦查是对侦查行为的一种理论分类。根据日本学者的解释,任意侦查是指不使用强制措施的侦查,如讯问犯罪嫌疑人、询问证人、鉴定、秘密侦查、诱惑侦查、现场勘验等;强制侦查则是指使用强制措施的侦查,如拘留、逮捕、搜查、扣押、查封、检查身体等。参见〔日〕田口守一:《刑事诉讼法(第五版)》,张凌、于秀峰译,中国政法大学出版社2010年版,第32—34页。

查人员去裁量。

三是对犯罪嫌疑人的权利保障相对较弱。在强大的侦查机关面前,犯罪嫌疑人本来就天然地处于一个弱者的位置,近代大陆法系国家出于侦破犯罪之考虑,侦查方面的许多规定和做法又强化了这种状况,从而使弱者更弱。

第一,犯罪嫌疑人的辩护权受到较多的限制。众所周知,律师一旦介入侦查,侦查工作就有陷入困境之危险,因为通过与律师的会见,犯罪嫌疑人极易增强抗拒侦查的信心和勇气,对侦查人员的讯问不予合作的情况也会急剧增多。奉行审问式侦查理念的国家由此大都倾向于否定被告人在侦查阶段的律师聘请权,即便有些国家如法国、德国等传统上允许律师在侦查阶段为犯罪嫌疑人提供辩护,但律师一般也只能在侦查阶段的后期才能介入,且大都不能在警察讯问犯罪嫌疑人时在场。在法国,根据1808年《刑事审理法典》的规定,不仅在警察侦查阶段,而且在预审过程中也不准许律师介入来协助当事人;直至1897年12月8日的法律才确认,被控告人有权自第一次在预审法官前到案开始即得到诉讼辅佐人的协助;1959年3月2日起开始实施的《刑事诉讼法典》规定,排除在警察开展行动的阶段和"初步调查阶段"进行辩护的可能性。按照德国法律,被告人获得指定律师帮助的权利主要限于审判阶段,在诉讼的初期也存在被告人需要律师的关键阶段,这种观点在德国发展得没有美国那么快。[1]

---

[1] 参见〔美〕弗洛伊德·菲尼、〔德〕约阿希姆·赫尔曼、岳礼玲:《一个案例 两种制度——美德刑事司法比较》,郭志媛译,中国法制出版社2006年版,第325页。

第二,为防止犯罪嫌疑人一方利用法定权利妨碍国家专门机关侦查犯罪的工作,法律制度通常不鼓励犯罪嫌疑人一方为准备法庭辩护而进行辩护性调查活动,对于能够证明犯罪嫌疑人无罪或罪轻的证据材料,犯罪嫌疑人或其律师通常只能请求负责侦查的国家机关代为收集。

第三,犯罪嫌疑人尽管享有沉默权,可以不回答侦查人员的讯问,但有忍受侦查人员讯问和调查的义务。[1] 此外,警察在讯问犯罪嫌疑人之前,往往不负有告知犯罪嫌疑人沉默权的义务,要么即便负有此种义务,也仅仅是概括性的告知即可。比如,德国法律虽然自20世纪60年代就规定警察讯问犯罪嫌疑人之前要告知其有沉默权,但并没有明确要求警察警告犯罪嫌疑人回答问题可能是危险的或者可能会被用于指控其犯罪。由于犯罪嫌疑人对自己是否犯罪以及具体犯罪情况知道得最为清楚,因而相对于中世纪的审问式诉讼而言,犯罪嫌疑人自白的重要性尽管有所降低,但仍被视为证明案情的一种重要证据。相应地,侦查人员往往在侦查初期就力图突破犯罪嫌疑人的心理防线,获取其认罪的口供。由此,实践中极易导致两方面的消极影响:一方面,犯罪嫌疑人在侦查阶段只能孤身自处,针对侦查人员的讯问也不具有实质意义上

---

[1] 参见〔美〕米尔吉安·R.达马斯卡:《比较法视野中的证据制度》,吴宏耀、魏晓娜等译,中国人民公安大学出版社2006年版,第151页;Maximo Langer, From Legal Transplants to Legal Translations: the Globalization of Plea Bargaining and the Americanization Thesis in Criminal Procedure, Harvard International Law Journal, volume 45, number 1, winter 2004, p4。

的沉默权,因而最后往往不得不回答侦查人员的讯问[1];另一方面,更严重的是,实践中侦查人员在重口供心态的驱使下,往往会采取法律没有规定甚或明确禁止的一些不适当的方法,如连续审问、轮番审问、暴力逼供、诱供、指明问供等,以获取犯罪嫌疑人的口供。[2]

第四,为方便侦查人员进行讯问和防止犯罪嫌疑人妨碍侦查,大多数犯罪嫌疑人在侦查阶段都被侦查机关拘捕关押,允许犯罪嫌疑人保释的则系少数例外。在法国,直到1970年7月17日,才通过修改刑事诉讼法律将审前羁押的表述由原来的"预防性羁押"改为"先行羁押",这从一个方面也说明了法国当时审前羁押的定位是犯罪预防取向的,从而偏离了无罪推定原则的精神。据调查,迟至1973年,法国狱中人口中有45%是等待审判者。[3]

与近代大陆法系国家不同,现代英美法系国家的侦查更接近于弹劾式侦查。这种类型的侦查有一个鲜明而特别的标志,在我们大家所熟知的美国电视连续剧《神探亨特》中就经常

---

[1] 即便是现在,德国法律也不要求一旦嫌疑人宣布他不想回答问题就停止讯问。只要嫌疑人缺乏主张其沉默权的内在力量,警察就可以轻而易举地继续讯问。若嫌疑人想咨询律师又不认识律师,则警察必须采取某种措施予以协助。但是没有找到律师,警察可以重新开始讯问。德国警察经常试图鼓励嫌疑人说话。如果嫌疑人不愿意陈述,警察可以在讯问中间作短暂休息——允许嫌疑人抽烟或者喝点东西放松一下。警察还可以告诉嫌疑人,回答问题有助于澄清现有的怀疑。在此,审问制原则又一次战胜了反对强迫自我归罪特权。参见〔美〕弗洛伊德·菲尼、〔德〕约阿希姆·赫尔曼、岳礼玲:《一个案例 两种制度——美德刑事司法比较》,郭志媛译,中国法制出版社2006年版,第319页。

[2] 参见〔法〕勒内·弗洛里奥:《错案》,赵淑美、张洪竹译,法律出版社1984年版,第80—101页。

[3] 〔美〕埃尔曼:《比较法律文化》,贺卫方、高鸿钧译,生活·读书·新知三联书店1990年版,第169页。

可以发现,这就是,每当亨特经过一番追击和厮杀,最后抓住犯罪嫌疑人时,不管他累得如何上气不接下气,都会一边气喘吁吁地给犯罪嫌疑人戴上手铐,一边不忘背诵着那几句同样的话:"你有权保持沉默,你所说的话有可能在审判中用作不利于你的证据;你有会见律师的权利,如果你请不起律师,政府可以免费为你提供一名律师。"此即褒贬不一的"米兰达告知"。英美法系国家普遍要求,侦查人员在对被拘捕的每一个犯罪嫌疑人进行讯问前都必须告知其权利——在上法庭之前,犯罪嫌疑人可以不回答任何问题,保持沉默,并可以随时聘请律师为其提供法律帮助。这些是刑事侦查中不可或缺的重要内容,也是理解现代英美法系国家侦查程序的关键之所在。在这种侦查模式中,侦查机关与犯罪嫌疑人是地位平等的当事人,各自都能为准备法庭审判而开展诉讼调查活动,侦查机关原则上不能把犯罪嫌疑人作为讯问的对象,因此,侦查制度设计的基本思路是,让法官以第三方的身份介入侦查过程,以有效地制约侦查机关的权力,确保犯罪嫌疑人诉讼权利的行使。

约翰·辛克利刺杀里根未遂一案的侦查过程或许可作为这方面的典型个案。[1] 1981年3月30日下午,里根总统在华盛顿地区遭受枪击受伤,犯罪嫌疑人约翰·辛克利立刻被联邦保密署特工人员和华盛顿市警察逮捕,并被押往华盛顿市警察局总部。警察不仅试图讯问辛克利作案动机,而且还想问出可能包括的同谋犯。然而,在讯问之前,他们尽职地向辛克利宣读了"米兰达告知"。

---

[1] 参见何家弘:《从观察到思考——外国要案评析》,中国法制出版社2008年版,第85—90页。

关于"米兰达告知"的由来,又不得不谈及另一个有名的美国案例。1963年3月,亚利桑那州一个23岁的穷小子欧内斯特·米兰达因涉嫌劫持和强奸一名18岁的女性而被警察逮捕。在警察局里,经受害者辨认后,米兰达被带到审讯室,在没有律师到场的情况下接受讯问。起初,米兰达坚持他是无辜的,但两个小时的讯问后,警察带着他的一份书面认罪书从审讯室走了出来。这份书面认罪书被作为证据用于审判,米兰达被认定犯有绑架罪和强奸罪。米兰达不服,一直上诉到美国联邦最高法院。1966年6月,美国联邦最高法院以5∶4的表决结果作出判决,确认米兰达在接受羁押讯问以前有权知道联邦宪法第五修正案规定的不得强迫自证其罪的权利,据此推翻了联邦上诉法院维持地方法院的有罪判决,将该案发回地方法院重审,并确立了"米兰达告知",即警察在讯问犯罪嫌疑人之前有义务告知:(1)你有权保持沉默;(2)你所说的一切都可能在法庭审讯时作为证词来对自己进行指控;(3)在接受讯问前你有权寻求律师帮助,也有权要求在被审讯时有律师在场;(4)如果你无力聘请律师但是愿意聘请的话,法庭将在审讯前为你指派律师。联邦最高法院的判决中还要求,只能在犯罪嫌疑人明确地放弃了这些权利后,才可以对其进行讯问,否则犯罪嫌疑人做出的任何陈述都不能作为指控其犯罪的证据。[1]法院重新开庭后,米兰达的女友作为证人提供了对其不利的证词和其他证据,米兰达再次被判有罪。米兰达1972年假释出狱,但在1976年的一次斗殴中被刺身亡。犯罪嫌疑人被抓后,警察向其

---

[1] 参见〔美〕克米特·L. 霍尔主编:《牛津美国联邦最高法院指南(第二版)》,许明月、夏登峻等译,北京大学出版社2009年版,第597—598页。

宣读了"米兰达告知",犯罪嫌疑人行使沉默权,最后因证据不足而未能破案。此情此境,颇堪玩味!

历经几十年的实践,米兰达案的判决产生了巨大的影响,"米兰达告知"业已成为美国"国家文化的一部分"[1]。由此也就不难理解,在好莱坞拍摄的影视剧中,犯罪嫌疑人被捕后常常对警察说:"我要同我的律师说话"或者"在同我的律师谈话之前我不想谈任何东西"等。

在辛克利一案中,侦查人员正是为了证明其侦查行为是严格遵守法定的要求和程序进行的,以至于在2个小时之内,竟然先后3次向辛克利宣读了"米兰达告知"。

第一次是由联邦特工人员在将辛克利押往华盛顿市警察局的汽车上宣读的;第二次是由华盛顿市警察局的一名侦探在到达总部之后宣读的。[2] 辛克利被带到谋杀侦缉队办公室之后,这名侦探又第三次宣读了"米兰达告知"。第三次宣读"米兰达告知"之后,辛克利接到了一份弃权表格。他对上面的问题,即是否已经读了并且明白了他的权利,作了肯定的回答。然后,对于"是否愿意回答提问"这个问题,辛克利答道:"我不知道。我拿不定主意。我想我应该和乔·贝茨(他父亲在达拉斯市的律师)谈谈。"当侦

---

[1] 引自美国联邦最高法院2000年的迪克森案判决。参见〔美〕克米特·L. 霍尔主编:《牛津美国联邦最高法院指南(第二版)》,许明月、夏登峻等译,北京大学出版社2009年版,第601页。

[2] 美国刑事侦查的主体具有多元化的特点。比如,在某联邦法官被谋杀案中,刑事侦查是由来自多个部门的人员组成的特别工作小组负责的,其中包括联邦调查局、烟酒枪械管理局(因为涉及炸弹)、联邦执法局(U. S. Marshals,因为一名联邦法官被谋杀,其他法官受到威胁)、美国邮政管理局(因为炸弹是通过邮件运送的)、佐治亚州调查局以及其他部门的工作人员。参见〔美〕路易斯·J.弗里:《我的FBI生涯》,姚敏译,社会科学文献出版社2009年版,第108页。

探继续追问时,他又说道:"我愿意跟您谈。但是,我想先跟乔·贝茨谈谈。"根据"米兰达告知"规则,警方只好停止审讯,不能再问有关犯罪的问题,因为辛克利已经表示要会见律师了。

接下来,警察对辛克利进行"登记",即记录下他的身份和指纹。然后,侦探们开始与那位名叫乔·贝茨的律师联系。正在这时,来了两位联邦调查局的特工人员。按照美国相关法律的规定,此案应归联邦调查局管辖。这两位特工于下午5点15分将辛克利押到联邦调查局。在那里,辛克利第四次听到了特工人员对他宣读的"米兰达告知"。另外,他也收到一张弃权表格,这是由联邦调查局提供的。虽然辛克利在上面签了字,但他仍然表示要"先和乔·贝茨律师"谈谈。

联邦调查局侦查人员认为本案调查的关键不在于辛克利向里根总统开枪的事实,而在于其开枪时的精神状态,因为他们估计辩护律师肯定会在审判中提出被告人精神不正常的辩护意见。为此,他们在与贝茨律师联系的同时,向辛克利提了一些"个人背景情况"方面的问题,辛克利都作了回答。通过这些回答,侦查人员得知辛克利在上学和工作期间从未有过精神不正常的表现,并可以推知其刺杀里根总统很可能是想向其暗恋的女友(一位著名影星)和他人显示自己的"能力"或者说想"一鸣惊人"。

1982年4月26日,哥伦比亚特区联邦地区法院开始审理该案。辩护方果然提出了辛克利精神不正常的辩护意见。联邦检察官要求法官允许公诉方将这份"背景"材料作为证据向陪审团宣读,但被法官禁止,因为法官认为联邦特工人员在获得这份材料时违反了"米兰达告知"规则,是在犯罪嫌疑人表示要会见律师之后向其提问的。换言之,法官认为这些陈述是"毒树之果",无论其证明价值如何,均不得作为证据。

哥伦比亚特区联邦地区法院的裁定得到了联邦上诉法院的支持。两家法院均否定了检察官的论点——联邦特工人员对辛克利"个人背景情况"的询问属于"标准的行政程序",不属于审讯,因此不受"米兰达告知"规则的约束。法院推定,辛克利实际上已经被审讯,而审讯的目的就是从他那里获得个人的背景材料,这些材料将在审判阶段否定其案发前精神不正常的辩护意见。

联邦检察官认为他们的请求很难在联邦最高法院得到支持,便放弃了继续上诉的努力。因此,在审判时,公诉方不得不依靠其他证明辛克利精神正常的证据。公诉方提供的精神病专家在法庭上作证说辛克利开枪时精神正常,但辩护方的精神病专家在法庭上作证说辛克利精神不正常。陪审团在评议之后作出了辛克利开枪时精神不正常的裁决,于是,辛克利被宣判无罪,并被送进了一家精神病医院。

对于辛克利这样一个刺杀美国总统的犯罪嫌疑人,肩负侦查犯罪之职责的侦查人员竟然表现得如此超出常情的"人道",是由弹劾式侦查的下述理念内在地决定了的:

一是双轨式调查。在弹劾式侦查中,刑事诉讼被视为政府与犯罪嫌疑人之间关于刑事责任的一场争执。作为政府代表的侦查机关与犯罪嫌疑人一方都有权各自独立收集证据,因此,侦查阶段实行"两条腿走路"的方针,侦查机关的罪案调查活动与犯罪嫌疑人一方的辩护性调查活动同时展开,并相互制约。美国法学家菲尼对一个案件侦查程序的描述就鲜明地体现出这种色彩:被告人迈克尔·布朗于2005年3月20日晚潜入了82岁的被害人罗伯特·赖克的家,计划盗窃赖克收藏的极为贵重的钱币,当赖克不期而归时,被告人用手杖打了赖克的头部,之后带着这些贵重钱币逃跑了,并且藏有非法物品可卡因。赖克的一个邻居保罗·海因茨当时正在遛狗,看到被告人大约晚上 10 点离开赖克的房子。在庭审准备阶段,被告人布朗的辩护律师博希会见了公设辩护人办公室的调查员罗宾·金,该调查员早先就已受博希的委托调查本案。金告诉他控方证人似乎并不可靠,而且可以就另一个共同被告人亚历山德拉·容的动机问题进行提问。在会见结束时,博希让金再看一下案卷,并在赖克先生的邻居中作进一步调查,寻找她能找到的辩护证据。[1] 英国律师安德鲁的下述一段话也较好地说明了这一点:"在英国,辩护律师为罪犯所做的一切可等同于控方律师所做的一切,我有权见控诉方提供的证人,我甚至可以借助私人侦探来找寻我需要的证人,我还可以请一些专家对证人进行鉴定,如果有必要,我可以请心理学家、生物学家等进行判断,开庭时,我可以要求所有证据在法庭上一一展示出来,法官看我的证据是用完全的眼光来看的。"[2] 律师在侦查阶段开展辩护性调查活动,收集各种需要的证据,以准备法庭辩护,也能够促进侦查人员更加高效、合理地开展侦查活动。

二是向犯罪嫌疑人一方倾斜。弹劾式侦查认为,犯罪嫌疑人一方在强大的国家侦查机关面前先天性地表现出弱小、无助,因此,要在二者之间实现实质意义上的而非形式意义上的平等的话,就需要特别强化犯罪嫌疑人一方的诉讼能力,并为此采取了以

---

[1] 参见〔美〕弗洛伊德·菲尼、〔德〕约阿希姆·赫尔曼、岳礼玲:《一个案例 两种制度——美德刑事司法比较》,郭志媛译,中国法制出版社 2006 年版,第 87 页。
[2] 莫洪宪主编:《死刑辩护——加强中国死刑案件辩护技能培训》,法律出版社 2006 年版,第 297 页。

下措施：

其一，侦查机关不能强制性地要求犯罪嫌疑人接受讯问，也不能基于犯罪嫌疑人的沉默而对其作出不利的评价，更不允许据此而通过非法方式逼取口供。这是因为，侦查机关与犯罪嫌疑人一样，都是一方当事人，都是侦查的主体，犯罪嫌疑人不负有忍受侦查人员讯问的义务。不仅如此，为切实保障犯罪嫌疑人的沉默权，侦查人员在审讯开始时，应事先告知其有权保持沉默，犯罪嫌疑人一旦行使该项权利，审讯就应当停止。侦查人员只有在犯罪嫌疑人弃权并知悉供述可以作为法庭证据的条件下，才能讯问犯罪嫌疑人。侦查人员不告知犯罪嫌疑人享有该项权利，或者采取诸如拖延时间、心理折磨的方式逼使犯罪嫌疑人供述的，就构成了违法审讯，由此获得的犯罪嫌疑人供述就不能为法庭所采用，以至于讯问犯罪嫌疑人不能，也难以构成侦查人员的主要取证手段。

其二，在侦查的整个过程中，犯罪嫌疑人都有权获得律师的协助。侦查机关一旦采取限制公民人身自由的措施，或者开始讯问犯罪嫌疑人，通常就负有义务及时告知犯罪嫌疑人有获得律师协助的权利。如果犯罪嫌疑人无力聘请律师，政府还应当免费为犯罪嫌疑人提供律师帮助。在美国，除非有记录表明，犯罪嫌疑人是在完全了解自己行为性质的情况下放弃律师协助，否则，无律师参加的刑事诉讼是违宪的。此外，律师在侦查阶段的权利之广泛可能也超出我们一般人的想象。在英美国家，律师可以在无侦查人员在场的情况下与被羁押的犯罪嫌疑人会面商谈，并可交换文书和物品，而且，律师一旦接受犯罪嫌疑人的聘请或政府的指派，可以很快地与犯罪嫌疑人见面，法律对会见的次数很少有特别限制，一般只要是在羁押场所规定的接待时间内会见即可。同时，只要犯罪嫌疑人要求，律师一般都可以在侦查人员讯问犯罪嫌疑人时在场，监督侦查活动的合法性和正当性。

其三，犯罪嫌疑人享有充分的保释权。弹劾式侦查对于无罪推定原则的践行较为彻底，这一原则在侦查阶段的自然要求是，犯罪嫌疑人应被视为无罪之人，因此应尽可能多地保释在外，而通常不宜处于羁押状态。换句话说，在弹劾式侦查中，对于犯罪嫌疑人而言，"保释为常态，羁押是例外"。由此，可以减少或避免不适当的羁押措施给无辜之人带来的损害危险。

三是"三方组合"。现代英美法系国家把审判结构中的那种"三方组合"格局引入侦查程序中，让中立法官的权力触须探入侦查阶段，由中立的法官来监控侦查人员的侦查行为。监控的主要方式就是所谓的"令状制度"，即对于几乎所有的强制侦查和技术侦查措施，除紧急情况下可以由侦查人员少量地无证实施外，原则上都要事先向治安法官申请，经治安法官签发司法令状后方可采取。不仅如此，由于法律对重大侦查措施规定了较为严格的使用条件，这就决定了侦查人员想取得法官签发的许可证，并不是一件容易的事情。[1] 以美国为例，联邦宪法第四修正案就明确规定，人民保护其身体、住所、文件与财产不受不合理搜查与扣押的权利不

---

[1] 大陆法系国家虽然也建立有预审法官对强制侦查措施的审批制度，但其背后的理念与英美法系国家存在很大区别。正如有学者所指出的，大陆法系的法国，侦查中的强制处分权虽归属于法院，但系出于分权制衡的考虑（通过预审法官制约警察等），而无关当事人对等的问题，一旦预审因公诉官的请求而开始，则在公诉官、预审法官协力之下，强制处分权立即成为国家侦查机关实现侦查目的的御用工具。反之，英美法系将侦查中的强制处分权归属于法院，系基于当事人对等及法院乃公平第三人的理由，而不认为法院所拥有的强制处分权系专为国家侦查机关的侦查目的而存在（辩护方也可以申请法院发动强制处分权）。参见林朝荣：《主义变迁中之我刑事诉讼法》（上），载《台湾本土法学》2003 年总第 49 期，第 5—28 页。

得侵犯,亦不得签发搜查证、拘捕证或扣押证,但有合理根据,有宣誓或郑重声明确保,并且具体指定了搜查地点、拘捕之人或扣押之物的除外。除联邦宪法第四修正案之外,美国联邦最高法院还通过判例明确规定,除少数特别的例外,警察在从事搜查或扣押等行为之前,必须取得治安法官的批准,治安法官则必须遵循"中立与公正"的原则予以严格审查,而不能充当警察的"橡皮图章"。[1] 此外,美国联邦最高法院通过 1967 年的卡兹诉合众国一案判决,明确把警察私接电话线进行窃听或者使用电子装置进行监听的行为都确立为联邦宪法第四修正案所规定的搜查与扣押的一种特殊形式,因此必须遵循联邦宪法第四修正案的规定来实施,否则即属于违法。法律同时还规定了严格的非法证据排除规则,对于侦查人员违反法定程序和手段取得的证据,排除其证据资格。

两大法系国家不同历史时期迥然相异的侦查构造并非随意选择的结果,而是其各自独特的文化积淀的产物。长期以来的诉讼发展经验业已表明,在满足人们复杂的心理需求方面,二者各具长短,难以简单评说。

首先,在对案件真相的揭示能力方面,审问式侦查显然要高一些。大家知道,揭露与证实犯罪是一个对过去发生的事情作回溯性证明的困难过程。困难之一,犯罪发生于过去的时空,犯罪人的确定和证据的查找都需要花费较大气力;困难之二,逃避惩罚是犯罪分子的天性与本能,尤其是现代社会中,不仅犯罪之实施越来越隐蔽,而且,罪犯在犯罪之后常常采取各种掩盖措施来误导侦查

---

[1] 参见〔美〕卡尔威因、〔美〕帕尔德森:《美国宪法释义》,徐卫东、吴新平译,华夏出版社 1989 年版,第 212 页。

人员,并有可能使侦查人员走上歧路乃至陷入困境。侦查工作面临的基本问题便是如何在这种困难的条件下发现事实真相。

解决这一问题的途径也很清晰,不外乎两种:一是强化侦查机关的侦查能力,赋予其较大的权力,减少对侦查权力的限制,以便侦查机关能灵活利用各种手段,迅速逼近案件的真相;二是弱化犯罪嫌疑人的诉讼防御能力,减少其自我保护的手段,以防止那些确实犯了罪的犯罪嫌疑人把法律规定的诉讼权利用作庇护罪行、逃避罪责的工具。审问式侦查的制度构造无疑更符合这两种解决方法的要求,因而也更利于事实真相的发现。

相比之下,在弹劾式侦查中,犯罪嫌疑人一方拥有充分的对抗权利和能力,实践中,侦查人员的侦查活动面临着重重限制和障碍,犹如"戴着镣铐跳舞",自然影响了其查明事实真相的能力。单就来自犯罪嫌疑人一方的障碍,比较突出的就有三方面:

一是犯罪嫌疑人沉默权的行使。实践中,由于侦查任务和制约条件的限定,能够完全依靠间接证据、物证、书证等证据形式来完整地认定案情的案件少之又少,由此,讯问犯罪嫌疑人以获取其口供就成为一种相当有效和经济的破案方式。然而,犯罪嫌疑人沉默权的行使极大地限制乃至消除了通过犯罪嫌疑人的口供来打开案件侦办突破口的可能性,侦查人员不得不花费更多的时间和精力去收集其他证据,这不仅加大了侦查工作的难度,而且使得许多案件因证据不充足而无法查清,最后只好放弃对犯罪嫌疑人的追究。

二是犯罪嫌疑人辩护权的行使。辩护律师可以在讯问前后会见犯罪嫌疑人、提供法律咨询,在讯问过程中在场并提供法律意见,可以与侦查机关开展同步的调查活动,以及对侦查机关的侦查行为提出多种形式的抗辩和救济申请,这些无疑都会对侦查机关查明案件真相产生很大的消极影响。

三是犯罪嫌疑人保释权的行使。保释措施适用的普遍化使得多数犯罪嫌疑人在审判之前处于未被羁押状态,由此可能引发两种不良后果:犯罪嫌疑人可能趁机掩盖犯罪事实和证据,阻碍或破坏侦查人员的侦查活动;或者是,犯罪嫌疑人继续实施新的犯罪。美国联邦最高法院的哈伦大法官在米兰达案判决的不同意见中就曾经清醒地指出了赋予犯罪嫌疑人太多权利可能带来的负效应。他说:"几乎无可置疑,最高法院的新规则将明显减少供述的数量。告知犯罪嫌疑人可以保持沉默并提醒他供述可能被法庭利用,因此而造成的阻碍尚且相对次要,而要求犯罪嫌疑人表示弃权并且一旦他表示异议就终止讯问,这必然会严重阻碍讯问。至于对犯罪嫌疑人建议或提供律师帮助则简直是在提议终止审讯。"[1] 从法官这一方面来看,法官严格控制着强制侦查手段和技术侦查手段的使用,侦查人员对侦查手段缺乏相对灵活的紧急处置权,导致侦查活动的低效和迟缓,甚或常常因失掉有利的侦查时机而不得不无奈地面对犯罪现场破坏、犯罪痕迹消失、犯罪嫌疑人潜逃等非常糟糕的局面,给案件真相的查明带来沉重乃至致命的打击。

其次,在追究和惩罚犯罪的能力方面,审问式侦查也要高出一等。这是因为,从逻辑上讲,只有查明了案情真相,才能依照刑法确定犯罪嫌疑人是否有罪,应否处罚以及如何处罚,因而,侦查程序的追究、惩罚犯罪能力是与其事实查明能力息息相关的,二者

---

[1] 〔美〕弗雷德·英博、〔美〕约翰·E.雷德、〔美〕约瑟夫·P.巴克雷:《审讯与供述》,何家弘等译,群众出版社1992年版,第331页。

呈正比关系。来自实践方面的情况也证明了这一点。据 20 世纪后半叶的调查,美国每 5 件重罪案件中,仅有 1 件逮捕犯罪嫌疑人,即使逮捕了人,可能不到 1/3 的人被扣留下来进一步审查。[1]

最后,在对犯罪嫌疑人基本权利的保障方面,弹劾式侦查显然要做得出色一些。我们知道,弹劾式侦查的设计思路就是有效地规范和制约侦查机关的侦查行为,强化犯罪嫌疑人的诉讼能力和权利保障,以形成一种犯罪嫌疑人与侦查机关尽可能平等抗衡的侦查模式。犯罪嫌疑人的基本权利也因有贴心律师的协助与中立法官作"后台"而得到切实的保障。此外,保释措施使用的普遍化把可能对确实无罪的犯罪嫌疑人的肉体和精神的损害减少到最低限度,有效地保障了无辜公民的正当权益。

但在审问式侦查中,侦查权力行使的必要性、合法性、适当性基本上由侦查系统自行把握,缺乏一个实质中立的因而也是有力的外在监控者,以至于受权力本性的驱动,极易在打击犯罪的正当化目的的遮蔽下,导致如下不利于犯罪嫌疑人权利保障的现象:

一是侦查手段不节制。手段不节制是相对于手段节制而言的,而所谓手段节制,是指为实现特定的诉讼目的,应在可供选择的数种侦查手段中,选择使用那个或那些给犯罪嫌疑人造成最小伤害的方式。比如,犯罪嫌疑人的行为危害性或者人身危险性如果不是太严重,就没有必要使用逮捕措施。然而,在审问式侦查实践中,侦查人员对侦查手段的超需要使用现象屡见不鲜。在缺乏有力的外来监督与制约的环境下,侦查人员往往是从自己这方面

---

[1] 参见〔美〕特德·杰斯特:《我们与犯罪作斗争一直失败》,李宗祥译,载《国外法学》1982 年第 3 期,第 26—30 页。

的工作需要出发去考虑问题,倾向于采取较严厉的诉讼手段,或者在同一种侦查手段的裁量幅度范围内选择上限幅度,如本来只需要短期羁押的却予以长期羁押,容易给犯罪嫌疑人带来不必要的损害。

二是法外手段的出现且缺乏有力的制裁。典型的是审讯犯罪嫌疑人时,由于犯罪嫌疑人往往行使沉默权而坚不吐实,但犯罪嫌疑人的口供又具有非常重要的证据价值,于是侦查人员采取疲劳战术、拷问等非法方式逼取犯罪嫌疑人供述的现象就很难避免。与此同时,由于律师的介入不够及时和充分,因此,在侦查初期是否发生非法获取口供的行为就只有双方当事者清楚,外人殊难确定,这就使得对非法取证者的惩戒变得相当困难。前述"德塞耶案件"中德塞耶的遭遇即其证明。

如此看来,审问式侦查在查明案情真相、追究惩罚犯罪方面有着不小的优势,但也蕴含着对犯罪嫌疑人合法权利不当侵犯的较大危险和危害,乃至出现冤错案件的可能;弹劾式侦查则在防止国家侦查机关的权力滥用,确保犯罪嫌疑人基本权利方面功效显著,但其查明案情真相进而控制犯罪的能力相对较弱。因此,理想的侦查或许应当是既要给侦查机关提供必要的侦查手段和自由裁量权,以确保侦查的有效性,又要能充分保障犯罪嫌疑人的基本权利和人性尊严,以体现侦查正当性的一种混合型模式。

或许正是出于对这一诉讼规律的认识,也或许是由于各国现实的犯罪状况与人权保障理念的彼此互动,两大法系国家的侦查制度都在不断地进行调整,互相吸收借鉴着对方的一些理念和做法。

具体而言,大陆法系国家自 20 世纪后半叶开始,纷纷修法,对传统刑事诉讼制度进行了较大的改革。一方面，不断加强对侦查机关强制侦查活动的司法控制。比如，法国于2000年增设了独立于警察、检察官和预审法官的"自由与羁押法官"，专门负责对羁押措施的审批工作。又如，德国于1975年废除了预审制度，并确立了法官对强制措施的司法审查原则；强制措施被视为对涉诉公民的基本权利之侵犯，原则上只赋予法官决定权，检察官及其辅助机关只有在有迟疑的危险时作为例外才可以行使决定权，同时赋予不服强制措施的犯罪嫌疑人以较为充分的救济权。[1] 另一方面，逐步扩大辩护律师在侦查阶段的诉讼权利，使辩护律师介入侦查环节的时间提前等。以至于可以这样讲，当下大陆法系与英美法系主要国家在侦查阶段犯罪嫌疑人权利保障方面的差别越来越小，已经不具有"质"的差异，只有"量"上的不同，人权保障是两大法系共享的诉讼理念。

美国对"米兰达告知"适用范围的不断限制则极好地反映了英美法系国家加强侦查机关的权力、收缩犯罪嫌疑人诉讼权利的动态变化。1980年9月，在纽约街头，一名妇女拦住巡警，哭诉她的遭遇。光天化日之下，她遭到持枪歹徒强暴，之后歹徒逃窜到街角一家超级市场里去了。4名警察在超级市场里将被害人指认的犯罪嫌疑人捉获。但搜身后只发现一只空枪套，那只犯罪时使用的手枪不知去向。警察大怒，喝问犯罪嫌疑人："枪在哪儿？"犯罪嫌疑人答道："在那儿……"他手一伸，指向一堆空箱子。由于警察在逼问犯罪嫌疑人"枪在哪儿？"之前并未向他宣读"米兰达告

---

[1] 参见〔德〕克劳思·罗科信：《刑事诉讼法（第24版）》，吴丽琪译，法律出版社2003年版，第273—278页。

知",并未告知他有权保持沉默、不回答问题,有权要求他的律师到场。因此,纽约联邦地区法院确认,那支用来恐吓受害人的枪以及犯罪嫌疑人被捕后向警察交代的口供都不能作为法庭认定有罪的证据,并据此将这个白日奸淫妇女当场被拿获的犯罪嫌疑人无罪开释。可在1984年6月,美国联邦最高法院却推翻了纽约联邦地区法院的无罪判决,认定那个犯罪嫌疑人有罪,从而开创了"米兰达告知"的第一个例外,即"公共安全"例外,其目的在于保护警察和一般公众的安全。联邦最高法院的多数派指出,"无论处于这种情况下的警察个人动机如何,我们不相信米兰达规则的教义基础要求其一成不变地适用于警察出于对公共安全的合理考虑而提问的情况"[1]。不仅如此,联邦最高法院此后又通过一系列判例陆续确立了"善意例外""独立来源例外""因果联系削弱例外"以及"质疑例外"等。[2]

在描绘了世界范围内两种基本的侦查类型的风貌以后,谈一谈中国的刑事侦查制度及其蕴含的理念当是极其自然也很有必要的事情。

中国的刑事侦查制度在总体上呈现出一种较强的审问式侦查的色彩,侦查机关的地位和权力突出,犯罪嫌疑人一方的诉讼权利受到较多的限制。

首先,法官不能介入侦查过程,侦查人员与犯罪嫌疑人一方之间的地位不平等,权利也不对等,只有作为官方的侦查机关才具有刑事侦查权,犯罪嫌疑人负有接受侦查人员讯问和予以协助的义

---

[1] New York v. Quarles, 467 U.S. 649 (1984).
[2] 参见王以真主编:《外国刑事诉讼法学参考资料》,北京大学出版社1995年版,第399—426页。

务。法律虽规定犯罪嫌疑人享有以保证人或金钱形式取保候审的权利,但现实中的犯罪嫌疑人在侦查阶段大多数都处于被拘捕关押的状态。当前实践中,我国刑事诉讼中提请逮捕案件批捕率近80%,审前羁押人数超过60%。[1] 根据我国《刑事诉讼法》的规定,公安机关对于现行犯或重大嫌疑分子可以先行拘留,拘留的期限最长可达37天,而现代西方国家侦查机关所采取的类似性质的临时羁押期限一般都在24小时至96小时之间,因此,中外的有关规定相差达十倍乃至数十倍之巨。此外,根据我国《刑事诉讼法》第156条、157条、158条、159条,犯罪嫌疑人被逮捕以后一直到侦查终结,最长可以被羁押7个月,特殊情况经过特别的批准还可以再延长。与犯罪嫌疑人权利大受限制、行动缩手缩脚的状态形成对比的是,负有侦查职责的警察机关享有丰富的侦查措施使用权和广泛的自由活动空间,可以实施讯问犯罪嫌疑人、勘验检查、鉴定、通缉、窃听、电子监控、秘密侦查、搜查、扣押、冻结、拘传、取保候审、监视居住、拘留、逮捕等各种任意的或强制的侦查行为,为了办案的便利可以采取多种方式关押犯罪嫌疑人,而且,除逮捕犯罪嫌疑人须事先报经检察机关审批外,其他的一切侦查措施和手段都由警察机关自行决定,无须司法审查,适用条件也相当宽松,因而警察机关的自由裁量权很大,可以说是游刃有余。

其次,中国的侦查制度与近代大陆法系国家的审问式侦查也存在不少或大或小的区别。中国刑事侦查中,检察官与警察之间地位平等,职能各自独立,这就不同于近代大陆法系国家那种检察

---

[1] 参见郭璐璐:《最高检:减少不必要的逮捕,合理降低逮捕羁押率》,载正义网(https://www.spp.gov.cn/spp/zdgz/202102/t20210202_508278.shtml),2021年2月2日访问。

官指挥领导警察,与预审法官共同行使侦查权(且由预审法官控制强制措施的适用)的关系,由此也决定了我国《刑事诉讼法》所确立的侦查控制制度具有自己的独特之处,这当算得上两者之间第一个突出的区别。

具体而言,在我国,从一般意义上讲,除少数案件(职务犯罪案件[1])外,警察机关专司侦查权,且单独行使,检察机关无权指挥、领导警察的侦查活动。不过,检察机关会以第三方的身份介入侦查过程,监督警察的侦查行为。所以,在我国,虽然法官没有介入侦查过程,但立法者选择了一种替代性的机构即检察机关来做类似的工作。一般认为,这种选择是由我国检察机关兼具控诉与法律监督两种职能所决定的。

检察机关对警察部门的侦查行为进行监督,主要是通过五种方式进行的:

一是立案监督。《刑事诉讼法》规定,人民检察院认为公安机关对应当立案侦查的案件而不立案侦查,或者犯罪被害人认为公安机关对应当立案侦查的案件而不立案侦查,向人民检察院提出的,人民检察院应当要求公安机关说明不立案的理由。人民检察院认为公安机关不立案的理由不能成立的,应当通知公安机关立

---

[1] 2018年《刑事诉讼法》修正之前,职务犯罪案件由检察机关负责侦查,但之后则基本上转隶国家监察机关(监察委员会)立案调查,检察机关只保留了对司法工作人员利用职权实施的部分职务犯罪的立案侦查权。《刑事诉讼法》第19条第2款规定:"人民检察院在对诉讼活动实行法律监督中发现的司法工作人员利用职权实施的非法拘禁、刑讯逼供、非法搜查等侵犯公民权利、损害司法公正的犯罪,可以由人民检察院立案侦查。对于公安机关管辖的国家机关工作人员利用职权实施的重大犯罪案件,需要由人民检察院直接受理的时候,经省级以上人民检察院决定,可以由人民检察院立案侦查。"

案,公安机关必须照此执行。

二是审查批捕。警察机关在侦查活动中需要逮捕犯罪嫌疑人时,必须事先提请检察机关审查、批准后方可进行逮捕。检察机关在审批过程中,如果发现公安机关的侦查活动有违法情况,应当通知公安机关予以纠正,公安机关应当将纠正情况通知检察机关。比如,最高人民检察院发布的指导性案例"王玉雷不批准逮捕案"[1]中,河北顺平县人民检察院在审查公安机关对王玉雷涉嫌故意杀人罪的报捕材料和证据后认为:(1)该案主要证据之间存在矛盾,案件存在的疑点不能合理排除。公安机关认为王玉雷涉嫌故意杀人罪,但除王玉雷的有罪供述外,没有其他证据证实王玉雷实施了杀人行为,且有罪供述与其他证据相互矛盾。王玉雷先后九次接受侦查机关询问、讯问,其中前五次为无罪供述,后四次为有罪供述,前后供述存在矛盾;在有罪供述中,对作案工具有斧子、锤子、刨锛三种不同说法,但去向均未查明;供述的作案工具与尸体照片显示的创口形状不能同一认定。(2)影响定案的相关事实和部分重要证据未依法查证,关键物证未收集在案。侦查机关在办案过程中,对以下事实和证据未能依法查证属实:被害人尸检报告没有判断出被害人死亡的具体时间,公安机关认定王玉雷的作案时间不足信;王玉雷作案的动机不明;现场提取的手套没有进行DNA鉴定;王玉雷供述的三种凶器均未收集在案。(3)犯罪嫌疑人的有罪供述属非法言词证据,应当依法予以排除。2014年3月18日,顺平县人民检察院办案人员首次提审王玉雷时发现,其右臂被石膏固定、活动吃力,在询问该伤情原因时,其极力回避,虽然

---

[1] 最高人民检察院指导案例第27号:王玉雷不批准逮捕案。

对杀人行为予以供认，但供述内容无法排除案件存在的疑点。在顺平县人民检察院驻所检察室人员发现王玉雷胳膊打了绷带并进行询问时，王玉雷自称是骨折旧伤复发。监所检察部门认为公安机关可能存在违法提讯情况，遂通报顺平县人民检察院侦查监督部门，提示在批捕过程中予以关注。鉴于王玉雷伤情可疑，顺平县人民检察院办案人员向检察长进行了汇报，检察长在阅卷后，亲自到看守所提审犯罪嫌疑人，并对讯问过程进行全程录音录像。经过耐心细致的思想疏导，王玉雷消除顾虑，推翻了在公安机关所作的全部有罪供述，称被害人王某被杀不是其所为，其有罪供述系被公安机关采取非法取证手段后作出。据此，顺平县人民检察院检察委员会2014年3月22日研究认为，王玉雷的有罪供述系采用非法手段取得，属于非法言词证据，依法应当予以排除。在排除王玉雷的有罪供述后，其他在案证据不能证实王玉雷实施了犯罪行为，因此不应对其作出批准逮捕决定。后公安机关依法解除对王玉雷的强制措施，予以释放。顺平县人民检察院对此案进行跟踪监督，依法引导公安机关调查取证并抓获犯罪嫌疑人王斌。2014年7月14日，顺平县人民检察院以涉嫌故意杀人罪对王斌批准逮捕。2015年1月17日，保定市中级人民法院以故意杀人罪判处被告人王斌死刑，缓期二年执行，剥夺政治权利终身。被告人王斌未上诉，一审判决生效。

三是对警察的整个侦查过程进行一般性监督，在发现警察滥用权力或行为不当时，可以向警察部门提出纠正违法通知。现行《刑事诉讼法》第117条专门规定了检察机关对侦查机关违法活动的救济问题，即当事人和辩护人、诉讼代理人、利害关系人对侦查机关及其工作人员有下列行为之一的，有权向该机关申诉或者控告:(1)采取强制措施法定期限届满,不予以释放、解除或者变更的;(2)应当退还取保候审保证金不退还的;(3)对与案件无关的财物采取查封、扣押、冻结措施的;(4)应当解除查封、扣押、冻结不解除的;(5)贪污、挪用、私分、调换、违反规定使用查封、扣押、冻结的财物的。受理申诉或者控告的机关应当及时处理。对处理不服的,可以向同级人民检察院申诉;人民检察院直接受理的案件,可以向上一级人民检察院申诉。人民检察院对申诉应当及时进行审查,情况属实的,通知有关机关予以纠正。换言之,犯罪嫌疑人和利害关系人无论是遭遇错误羁押,还是被采取了不公正的搜查、扣押或冻结措施,除向侦查机关自身表达诉求外,只能向检察机关提出申诉,而无权直接向法院提出救济,即便提出,法院也不会受理。

四是审查起诉。警察机关侦查终结移交检察机关提起公诉的案件,检察机关有权也应当进行审查,只有符合条件的,才提起公诉,而且,通过审查,发现警察在侦查中有权力滥用或程序违法的情况时,有权要求警察机关改正以及建议惩戒责任人员。

五是审查证据的合法性。根据《刑事诉讼法》以及《人民检察院刑事诉讼规则》等法律文件,对于可能判处无期徒刑、死刑的案件或者其他重大案件,人民检察院在侦查终结前应当对讯问的合法性进行核查并全程同步录音、录像,认为确有刑讯逼供等非法取证情形的,应当要求公安机关依法排除非法证据,不得作为提请批准逮捕、移送起诉的依据。人民检察院接到报案、控告、举报或者发现侦查人员以非法方法收集证据的,应当及时进行调查核实,经审查认定存在非法取证行为的,应当对该证据予以排除,其他证据不能证明犯罪嫌疑人实施犯罪行为的,应当不批准逮捕;已经移送起诉的,可以依法将案件退回公安机关补充侦查,或者作出不起诉决定。检察机关通过诸如此类的对证据合法性的审查活动,发挥对侦查机关和侦查人员的监督作用。

总而言之,中国这种由检察机关来监督侦查人员侦查活动的做法既不同于英美弹劾式侦查那种由治安法官主导的"他律性"侦查控制制度,也不同于近代大陆法系国家审问式侦查那种由同时职司侦查职能和司法职能的预审法官实施的"自律性"侦查控制制度,尽管理论上也大体可以将其归于"他律性"的侦查控制模式,但由于检察机关与警察机关在追控犯罪方面具有职业利益上的一致性,因而实践中检察机关的侦查控制功能发挥得相当有限。此乃区别之一。

区别之二是,我国的犯罪嫌疑人在侦查阶段连形式意义上的沉默权也没有。尽管现行《刑事诉讼法》第52条在"严禁刑讯逼供和以威胁、引诱、欺骗以及其他非法方法收集证据"之后规定"不得强迫任何人证实自己有罪",但在第120条中仍然保留了原《刑事诉讼法》中"犯罪嫌疑人对侦查人员的提问,应当如实回答。但是与本案无关的问题,有拒绝回答的权利"之规定。对于这两个条文的规定是否冲突以及如何协调,无论是学界还是实务界都存在很大的争议,实践中,不难想见,侦查机关在侦查活动中会更为重视第120条的应用。此外,2018年《刑事诉讼法》修正时增加规定,侦查人员在讯问犯罪嫌疑人时,应当告知犯罪嫌疑人享有的诉讼权利,如实供述自己罪行可以从宽处理和认罪认罚的法律规定。实践中,这一规定对于促进侦查人员获取犯罪嫌疑人的口供也起到越来越明显的作用。

区别之三是,辩护律师与犯罪嫌疑人的会见交流权受限。《刑事诉讼法》虽然顺应国际潮流,规定犯罪嫌疑人自被侦查机关第一次讯问或者采取强制措施之日起,就可以委托辩护人;辩护律师在侦查期间可以为犯罪嫌疑人提供法律帮助、代理申诉和控告、申请变更强制措施、向侦查机关了解犯罪嫌疑人涉嫌的罪名和案件有关情况并提出意见;辩护律师还可以同在押的犯罪嫌疑人会见和通信,而且辩护律师要求会见在押犯罪嫌疑人的,不需经过侦查机关批准,只要持律师执业证书、律师事务所证明和委托书或者法律援助公函,看守所就应当及时安排会见,至迟不得超过48小时,且会见时不被监听。但危害国家安全犯罪、恐怖活动犯罪案件,在侦查期间辩护律师会见在押的犯罪嫌疑人,仍需要经侦查机关许可,由此不难推想,在这两类案件中,辩护律师与犯罪嫌疑人的会见交流权很难得到落实。

从长期以来的刑事诉讼实践来看,我国侦查制度集辉煌与不足于一体、骄傲与自责共一身。据新华社北京2006年5月16日电,公安部刑侦局在新闻发布会上宣布,2005年,占命案总数近七成的杀人案件破案率达到87.12%,比开展"命案必破"之前2003年的杀人案破案率提高了9个百分点。全部八类命案破案率达89.16%,其中江苏、河南、湖北、山东、吉林等14个省份命案破案率超过90%。我国侦破命案的能力和水平,已超过了英国、法国、加拿大、美国等国家。[1] 另据统计,2017年,全国新发命案破案率高达98.8%,连续三年保持在98%以上,全国命案积案破案数上升95.1%。[2] 而实行弹劾式侦查的某些国家如美国,美国联邦调查

---

[1] 参见王姝:《"命案必破"不会引发逼供》,载《新京报》2006年5月17日。
[2] 公安部刑侦局:《刑警2017年成绩单》,载一点资讯(http://www.yidianzixun.com/article/0IBYaw6M),2020年10月20日访问。

局公布的数据显示,2011 年全美暴力犯罪案件的破案率为 47.7%,其中谋杀案的破案率为 64.8%、强奸案的破案率为 41.2%、抢劫案的破案率只有 28.7%,而财产犯罪案件的破案率只有 18.6%。其中入室盗窃案件的破案率为 12.7%、机动车盗窃案件的破案率只有 11.9%。[1] 破案率的高低由侦查的类型所决定,反过来又影响到犯罪预防状况。纵观中华人民共和国成立后刑事案件的发案率,大体介于每年 20 万件到 80 万件之间[2];2000 年以来,我国的刑事案件发案率出现了较大幅度的上升,年均刑事立案 450 余万起左右,倘若加上漏案、隐案及有案不立等情况,中国年均刑事立案大约 1 000 万起左右。[3] 2005 年,全国共立刑事案件 464.8 万起,同比下降 1.5%。[4] 另据公安部 2013 年的统计数据,近年来,杀人、伤害、抢劫等严重刑事犯罪案件立案数持续下降,杀人案件每 10 万人发案数为 0.8 起,低于世界公认治安最好的日本和瑞士,侦破率达到 94.5%。[5] 公安部刑侦局 2017 年的最新统计数据显示,全国

---

[1] 参见美国联邦调查局官网 http://www.fbi.gov/about-us/cjis/ucr/crime-in-the-u.s/2011/crime-in-the-u.s.-2011/tables/table_25,2013 年 9 月 14 日访问。

[2] 参见《中国法律年鉴》1980 年版,第 1084 页。

[3] 参见高春兴:《当前我国侦查理论与实践中的热点问题》,载《中国刑警学院学报》2004 年第 2 期,第 8—13 页;〔美〕戴维·波普诺:《社会学(第十版)》,李强等译,中国人民大学出版社 1999 年版,第 229—230 页。但需要注意的是,美国联邦调查局《统一犯罪报告》(Uniform Crimes Report)(2011)公布的数据显示,在美国人口总量不断上升的同时,暴力犯罪数量并未上升,相反,自 1992 年的 1932274 件下降到 2011 年的 1203564 件,谋杀犯罪案件发生率也下降到了每 10 万人 4.7 件。详细数据可以参见美国联邦调查局官网 http://www.fbi.gov/about-us/cjis/ucr/crime-in-the-u.s/2011//crime-in-the-u.s.-2011/table-1,2013 年 9 月 15 日访问。

[4] 参见翟惠敏等:《公安部通报 2005 年治安状况:四年来刑事立案数首次回落》,载《法制日报》2006 年 1 月 20 日,第 002 版。

[5] 参见《公安部:近年来严重刑事犯罪案件立案数持续下降》,载人民网(http://www.scopsr.gov.cn/zxdd/201302/t20130226_208248.html),2013 年 10 月 6 日访问。

命案新发案件数量下降9.7%,我国已成为世界上命案发案率最低的国家之一,每10万人发生命案0.81起。[1] 全国社会治安满意度调查结果显示,2017年全国人民群众的社会治安满意度上升到95.55%。[2] 在这方面不妨对比一下其他国家,如美国。据调查,从20世纪60年代早期以来,美国处在大面积的犯罪浪潮的裹挟之下,成为诸如凶杀、强奸、抢劫和恶性袭击等主要暴力犯罪的受害者的机会在1960—1976年间翻了将近3倍;成为像入室行窃、偷钱包或偷汽车等严重财产犯罪的受害者的机会也翻了将近3倍。1991年,美国的犯罪数字总计达1490万,美国的凶杀率是每10万居民中有9.8个,比大多数欧洲国家的凶杀率要高得多。[3] 进入20世纪80年代以来,美国的发案率则高达每年2000万件以上。美国联邦调查局2012年9月的统计显示,2011年,美国共发生暴力犯罪案件约1203564起,相当于每10万居民386.3起。在向执法部门报告的暴力犯罪案件中,严重暴力攻击案件比例高达62.4%,暴力抢劫案占29.4%,强奸案占6.9%,谋杀案占1.2%。使用枪支的犯罪在谋杀案中占67.7%,在抢劫案中占41.3%,在所有

---

[1] 参见公安部刑侦局:《刑警2017年成绩单》,载一点资讯网(http://www.yidianzixun.com/article/0IBYaw6M),2020年10月20日访问。

[2] 参见徐隽:《去年社会治安满意度上升到95.55%》,载《人民日报》2018年1月24日。

[3] 参见〔美〕戴维·波普诺:《社会学(第十版)》,李强等译,中国人民大学出版社1999年版,第229—230页。但需要注意的是,美国联邦调查局《统一犯罪报告》(2011)公布的数据显示,在美国人口总量不断上升的同时,暴力犯罪数量并未上升,相反,自1992年的1 932 274件下降到2011年的1 203 564件,谋杀犯罪案件发生率也下降到了每10万人4.7件。详细数据可以参见Crimes in the United States (2011),载美国联邦调查局官网(http://www.fbi.gov/about-us/cjis/ucr/crime-in-the-u.s/2011/crime-in-the-u.s.-2011/tables/table-1),2013年9月15日访问。

犯罪案件中占 21.2%。以上这些数字,既说明了我国刑事侦查制度在高效、及时侦破犯罪方面的突出功效,也成为了我国侦查制度的辉煌和骄傲。

当然,不能不看到,我国侦查制度的问题和弊端也同样突出,令人不安。我们不时从媒体上看到的某某犯罪嫌疑人在侦查机关讯问期间莫名死亡的案例,事后被证明有不少犯罪嫌疑人是刑讯致死。

有学者梳理了媒体报道的我国近年来纠正的 22 起刑事错案后发现[1]:

(1) 不少案件都涉及指供、诱供和逼供的问题。例如在四川李某案中,侦查人员给李某看了犯罪现场的照片和死者的照片,然后强迫他据此供述。在讯问李某的同案犯罪嫌疑人何某时,侦查人员告知其作案工具是石头,然后问他石头的形状。何某猜是长的,被殴打;改说是圆的,又被殴打。其后侦查人员问:"是不是一头尖,一头圆?"何某知道这一定是答案,便说"是"。[2] 在河南赵某某案中,侦查人员让赵某某复述他们的话,不复述就打。侦查人员的话被他复述后,就成了他的"供述"。[3] 在湖北吴某某案中,侦查人员将所谓的"供述"写好让他签名,吴某某忍受不了刑讯只得签了名。[4] 在浙江张某某、张某案和吉林王某某案中,侦查人员都

---

[1] 参见黄士元:《刑事错案形成的心理原因》,载《法学研究》2014 年第 3 期,第 26—44 页。
[2] 参见刘志明:《四川宜宾"11·28"杀人冤案调查》,载《凤凰周刊》2005 年第 19 期。
[3] 参见石玉:《赵作海讲述被刑讯逼供细节》,载《南方都市报》2010 年 5 月 12 日。
[4] 参见张立:《从判"无期"到宣告无罪》,载《南方周末》2002 年 9 月 30 日。

利用了"狱侦耳目"对犯罪嫌疑人进行刑讯和指供。[1]

（2）有5起案件存在强迫证人作伪证的情形。在河南赵某某案中，侦查人员把赵某某的妻子关了一个多月，每天只给她一个馒头吃，强迫她跪在地上，殴打她，逼她承认装被害人尸块的化肥袋是她家的，并强迫她在证言笔录上签字。[2] 在河南郝某某案中，侦查人员将证人张某某关在一个房间里，要求其提供关于郝某某情况的证言，否则不让回家。张某某只好编造"证言"，说案发当晚见到郝某某去被害人的住处。[3]

（3）有18起案件存在办案人员拒绝调查有利于犯罪嫌疑人的证据线索的情形。比如，四川李某、海南黄某某、河南郝某某都向警方提供了强有力的"不在犯罪现场"的证据线索。其中，李某告诉警方，案发当天他和何某等二人一起去医院看望一位朋友，当晚四人都在医院里休息。[4] 黄某某告诉警方，案发当晚他和同案犯罪嫌疑人黄某一起到同村的朋友家中喝酒，同席的有近10人。和他们一起喝酒的4位农民，还联名写下了书面的"群众申冤"材料，证明案发当天的情况。[5] 郝某某告诉警察，案发当晚他在马某

---

[1] 参见鲍志恒：《跨省作证的神秘囚犯袁连芳》，载《东方早报》2011年11月21日；刘爽、王振东、顾然：《吉林男子19年前被定罪"杀妻"15年后真凶落网》，载《新文化报》2005年7月25日。
[2] 参见杨江、冯志刚：《赵作海案背后的人与事》，载《新民周刊》2010年第19期。
[3] 参见周跃武、王义杰：《农民被判死缓蒙冤十年重审无罪释放》，载《检察日报》2008年1月26日。
[4] 参见刘志明：《四川宜宾"11·28"杀人冤案调查》，载《凤凰周刊》2005年第19期。
[5] 参见吴怡婷：《终审判死缓再审判无罪琼一10年沉冤案终昭雪》，载《海南特区报》2004年1月7日。

家打牌至深夜 11 时。¹ 但是,上述案件的警方都拒绝调查这些事实。再比如,在郝某某租住的民房中,警察搜出了带有被害人血迹的白衬衣和鞋底纹与案发现场足迹一致的皮鞋。郝某某对警察说,皮鞋和血衣都是杨某某给他的,被害人为杨某某、牛某某所杀,但警方并没有对二人进行调查。错案纠正后正是该二人被认定为真凶。²

(4)还有一些案件存在办案人员忽视、隐瞒甚至篡改已经收集到的有利于犯罪嫌疑人的证据之情形。在广西覃某某案中,警察带覃某某指认"作案现场";当覃某某指认错误,警察就认为是覃某某故意指错地点,并且没有将该情况记录附卷。当覃某某称抢得的 BP 机卖给了王某,而王某予以否认时,警察也未将该疑点记录附卷。覃某某平时穿的鞋长 24 厘米,而作案现场发现的皮鞋长 27.2 厘米,该有利于被告人的物证后来竟因保管不善而丢失。³ 在浙江陈某某案中,萧山警方从被害人徐某某的出租车上提取了 10 余枚指纹,从被害人陈某被劫杀的现场提取了至少 18 枚指纹。两起命案的现场指纹,有比对条件的均在 10 枚以上,但均未随卷移送。⁴ 在陈某某被错判多年以后,警方恰恰是通过指纹比对发现了案件的真凶。

---

1 参见潘国平:《河南农民在山西蒙冤入狱被判死缓后真凶落网》,载《大河报》2007 年 12 月 14 日。
2 参见周跃武、王义杰:《农民被判死缓蒙冤十年重审无罪释放》,载《检察日报》2008 年 1 月 26 日。
3 参见蒋桂斌、瞿丹:《"假凶"仗义感动真凶真凶自首"假凶"获赔偿》,载新华网(http://news.xinhuanet.com/legal/2005-01/31/content_2529380.htm),2013 年 8 月 15 日访问。
4 参见刘刚:《浙江萧山错案 5 当事人要求追责责任人法官道歉》,载《新京报》2013 年 7 月 3 日。

从最高人民检察院发布的于英生申诉案、陈满申诉案等指导性案例中,也不难了解侦查实践中刑讯逼供、威胁、引诱或者指明问供等非法取证行为对犯罪嫌疑人身心健康的侵害及其在冤错案件形成中起到的作用。

1996年12月2日,于英生的妻子韩某在家中被人杀害。公安机关经侦查认为,于英生有重大犯罪嫌疑,将其拘留和逮捕。在侦查审讯中,于英生供认了杀害妻子的主要犯罪事实,法院最终以故意杀人罪判处于英生无期徒刑。于英生不服提出申诉。司法机关复查中发现:根据安徽省人民检察院复查调取的公安机关侦查内卷中的手写"现场手印检验报告"及其他相关证据,能够证实现场存在的2枚指纹不是于英生及其家人所留,但侦查机关并未将该情况写入检验报告;根据从公安机关侦查内卷中调取的手写"手印检验报告"以及DNA鉴定意见,现场提取到外来指纹,在被害人阴道提取的精子也不是于英生的精子,因此存在其他人作案的可能。2013年8月5日,安徽省高级人民法院再审此案,判决于英生无罪。[1]

在陈满杀人案中,陈满在侦查阶段虽曾作过有罪供述,但有罪供述不稳定,时供时翻,且与现场勘查笔录、法医检验报告等证据存在矛盾。如陈满供述杀人后厨房水龙头没有关,而现场勘查时,厨房水龙头呈关闭状,而是卫生间的水龙头没有关;陈满供述杀人后菜刀扔到被害人的卧室中,而现场勘查时,该菜刀放在厨房的砧板上,且在菜刀上未发现血迹、指纹等痕迹;陈满供述将自己的工作证放在被害人身上,是为了制造自己被烧死的假象的说

---

[1] 最高人民检察院指导案例第25号:于英生申诉案。

法，与案发后其依然正常工作，并未逃避侦查的实际情况相矛盾。[1]

此外，检察机关对侦查机关违法行为的监督不力也是一些冤错案件之所以最终酿成的不可轻忽的因素。比如念斌案中，案发现场提取了150多件物品，但是只有5件物品被记录在现场勘验检查笔录中，勘查未结束，就得出该中毒事件为"人为投毒"案件的结论；陈满案中，卷宗里记载，案发现场提取了多项重要物证，比如带血的西服、衬衫、卫生纸、报纸碎片等，但事后公安机关的补充侦查报告称，这些物证丢失了，无法在法庭上出示和进行质证。[2]

古语说得好：一花一天国，一沙一世界。上述案件的侦查状况反映出我国侦查制度中一些应当予以改进的地方。

首先，侦查手段的使用不节制。突出表现是，刑事案件侦查过程中普遍采取限制或剥夺人身自由的强制措施，尤其是羁押措施，犯罪嫌疑人被逮捕的比例相当高，通过羁押犯罪嫌疑人以尽快获取其供述被视为侦查机关的法宝和主要破案手段，先抓人、后取供、再收集其他证据似乎是许多刑事案件侦查的习惯做法。不少侦查机关还存在程度不同的口供至上主义观念，迷信口供在定案中的作用，以为只要获取和固定了认罪口供，案件就算成功告破了，相对轻视或者懈怠于其他类型证据的收集和固定。而当起诉或者审判阶段审查出了证据问题时，则习惯于把政法委搬出来救急，政法委通过召集公检法三家的"联席会议"等形式进行协

---

[1] 最高人民检察院指导案例第26号：陈满申诉案。
[2] 参见任翕张：《刑检是盘"组合套餐"，无刀无叉，只有司法责任制这双"筷子"——兼评检察官是刑事错案的第一责任人》，载微信公众号"法律读库"2020年3月23日。

调,主要就是做检、法两家的工作,本着"配合"的精神,糊弄着把案子结了,把被告人"法办"了事。此外,诸如搜查、扣押等涉及公民基本权利的重大侦查措施,因法律疏于规范,何时使用、如何使用便基本上取决于侦查人员的主观意志和情绪。实践中,在破案率等考核指标的压力下,侦查人员通常不大考虑强制措施与现实需要之间是否相称,而倾向于选择使用那些更为严厉的侦查手段,过度使用侦查措施的现象较为严重。

当然,手段使用的节制与否还只是一个适当性的问题,一般并未走到违法的地步,但实践中普遍存在的下述现象则明显属于违法之列了。

一种是超期羁押。在许多案件中,由于种种原因,侦查机关在法律规定的办案期限内未能侦破案件,本应将犯罪嫌疑人释放或变更强制措施,但侦查机关违法继续关押犯罪嫌疑人,久拖不决,有的超期羁押期限甚至长达数年。比如,违法地将仅适用于"流窜作案、多次作案、结伙作案的重大嫌疑分子"的特定拘留期限(最长37天)普遍化,对普通的犯罪嫌疑人超期拘留;对"犯罪嫌疑人不讲真实姓名、住址、身份不明的"情形,无限制地延长拘留的期限;以退回补充侦查之名延长办案期限,从而出现隐性的超期羁押,等等。

另一种是违法搜查、扣押等。实践中,侦查人员常常在不出示任何证件的情况下,随意搜查、查封、扣押或冻结犯罪嫌疑人以及涉案的相关人员的房屋、物品、账户等,同时对于扣押、没收的物品与钱财不作登记或胡乱登记,私自予以侵吞的情况也不鲜见。2016年11月中共中央、国务院发布的《关于完善产权保护制度依法保护产权的意见》就指出,"利用公权力侵害私有产权、违法查封扣押冻结民营企业财产等现象时有发生"。被搜查、查封、扣押者基本缺乏有效的救济途径。实践中就曾发生犯罪嫌疑人被无罪释放后向侦查机关索要被扣押、没收的物品时,却被侦查机关告知,没有扣押、没收此类物品,因侦查机关在搜查、扣押时无外人在场见证,故而难以确定谁是谁非的案例。这从2018年最高人民法院发布的典型案例"北鹏公司申请赔偿案"中也可察之一二。2008年辽宁省公安厅在办理一起刑事案件时,扣押、调取了涉案单位北鹏公司100余册财务文件,并扣押其人民币2 000万元。后经辽宁省本溪市中级人民法院审理,判决北鹏公司及其实际控制人、原法定代表人犯非法占用农用地罪并予以免刑处分。刑事判决对前述扣押财物未作认定和处理。判决生效后,北鹏公司申请辽宁省公安厅解除扣押、返还财物并赔偿损失。辽宁省公安厅逾期未作出处理决定,北鹏公司向公安部申请复议。公安部复议认为,北鹏公司的请求符合法定赔偿情形,遂责令辽宁省公安厅限期作出赔偿。辽宁省公安厅没有履行该决定。2015年,北鹏公司向最高人民法院赔偿委员会提出申请,请求:由辽宁省公安厅解除扣押,返还财务文件和2 000万元,赔偿利息损失869万余元。[1] 该案是最高人民法院赔偿委员会直接审理并决定赔偿的首例刑事违法扣押赔偿案。

还有一种现象是,侦查人员为获取犯罪嫌疑人的口供,采取刑讯逼供、诱供、指明问供等方式违法取证,但却很难得到查处。因为情况常常是犯罪嫌疑人一方指控,侦查人员矢口否认,即便已经

---

[1] 参见《人民法院充分发挥审判职能作用保护产权和企业家合法权益典型案例(第一批)》,载《中国改革报》2018年1月31日,第11版。

确认了刑讯行为的存在,要追究相关人员的责任也仍然会存在很大的阻力。一方面,侦查机关对其工作人员常常怀有一种天然的保护心理,倾向于掩盖其违法事实;另一方面,社会舆论对公安人员这种动机善良、手段不当的行为十分宽容。因而实践中,若非情节特别恶劣,一般很少有受到查处的,即使查处,也常常以党纪、政纪处分了事。对刑讯逼供行为的宽容的氛围反过来又助长了刑讯逼供行为的滋生和蔓延,以至于连身为正厅级干部的河北省地税局前局长李真在被逮捕法办之前也对逮捕怀有以下的恐惧想象:带上铐子,被用电警棍戳,被办案人员打耳光,进了监舍还要挨犯人的打……[1]

其次,检察机关对侦查活动的监督具有局限性,监督效能也不明显。一方面,侦查监督的主体是与警察共同行使犯罪追究职责的检察机关,而非作为中立裁判者的法院,监督者与被监督者具有同质性,工作上的牵连也极为密切,这就使得检察机关在监督警察机关时,心理上就不是那么坚决。另一方面,检察机关的监督方式相当有限,相应的保障措施更是缺乏,以至于监督效能较低,并常常流于形式。比如,检察机关对侦查的整个过程虽然具有一般性监督权,但除了批准逮捕这一有力的制约手段外,当发现警察机关在侦查中的活动不当,比如有刑讯逼供行为时,检察机关依法只能以提出纠正意见的方式促使被监督者——警察机关改正,但被监督者若对检察机关的意见置之不理,作为监督者的检察机关通常也别无良法(侦查人员构成刑讯逼供罪的除外)。《刑事诉讼法》第56条尽管规定了人民检察院在审查起诉中发现有应当排除的

---

[1] 参见乔云华:《地狱门前——与李真刑前对话实录》,新华出版社2004年版,第333页。

证据的，应当依法排除，不得作为起诉决定的依据，但由于缺乏明确的实施性规范，因而实施效果并不理想。又如，检察机关对侦查阶段取证合法性的审查和制约也基本上停留于纸面的规定，因侦查人员取证不合法而排除所获证据的情况少之又少。

权力制约本是社会主义政治制度的应有之义。习近平总书记在第十八届中央纪律检查委员会第二次全体会议上强调，要加强对权力运行的制约和监督，把权力关进制度的笼子里。[1]《光明日报》社论也曾明确提出，要防止权力滥用，就必须以权力制约权力。在刑事侦查这一特定的时空氛围中，侦查人员常常具有强烈的有罪推定心理，加之传统司法文化和侦查人员整体素质的影响，二者互动的结果便是侦查权力易于不当行使乃至违法行使。如果情绪化地否定这一事实，则不仅违背了基本的学理和常识，无助于这一问题的解决，而且会使之日趋恶化，进而危及改革开放及市场经济建设的顺利进行。

基于此，加强对侦查活动的外在监控、促进侦查程序的进一步司法化已是当下紧迫的任务，也是完善和发展我国刑事侦查制度的关键之一。我们认为，一方面，应当扩大侦查控制的范围，将那些直接限制或剥夺公民人身自由及其他权利的重大的强制侦查措施，如搜查、扣押、冻结等，纳入检察机关的监控范围内，原则上规定侦查机关只有经检察机关批准后方可使用，而不能再由侦查人员自行决定，自行执行；另一方面，《刑事诉讼法》尽管将窃听、电子监控等技术侦查和秘密侦查措施法定化，但法治化程度较低，正当性不足，今后应当完善立法，严格控制其适用范围，改变目前关

---

[1] 参见《习近平强调有腐必反有贪必肃 把权力关进笼子里》，载中国新闻网（http://www.chinanews.com/gn/2013/01-22/4510583.shtml），2013年7月31日访问。

于技术侦查、秘密侦查的法律规定大多无适用条件或者适用门槛过低的状况。修法时应注意借鉴、吸收世界各国的有益经验,至少在以下方面要加以注意:

一是,在设立强制侦查措施的适用条件时,应当坚持确有必要的原则。具体说来,侦查手段的目的应当明确,即收集证据、抓获罪犯;侦查手段能够产生实效,即采取此手段后,必然或者很可能会发现证据、查获罪犯;侦查手段与处置事件的重要性相称,即使用的手段应当是达到诉讼目的的最轻手段,为保护某种利益而采取的手段不应造成另一种利益的更大损害。

二是,应当使强制侦查措施的适用程序更严格。原则上,所有重大侦查手段的适用都应事先报经检察机关批准,只有在法定的特殊情况下才允许事后报批,但无论哪种情况,侦查机关在申请时只有提出可信的理由,证明采取这一措施确有必要时,检察机关才能批准。可喜的是,批捕实践中已经在进行这方面的努力。2021年4月,中央全国依法治国委员会把"坚持少捕慎诉慎押刑事司法政策,依法推进非羁押强制措施适用"列入2021年工作要点。2021年6月,中共中央印发的《关于加强新时代检察机关法律监督工作的意见》,明确将"严格依法适用逮捕羁押措施,促进社会和谐稳定"作为检察机关的一项重要任务。检察机关正在积极贯彻落实少捕慎诉慎押的刑事司法政策,最高人民检察院于2021年1月29日发布了一批相关的典型案件。[1]

---

[1] 参见《最高检发布首批5起检察机关贯彻少捕慎诉慎押刑事司法政策典型案例 落实宽严相济,准确适用少捕慎诉慎押刑事司法政策》,载最高人民检察院官网(https://www.spp.gov.cn/spp/xwfbh/wsfbt/202112/t20211203_537605.shtml#1),2021年12月10日访问。

三是，顺应世界各国刑事诉讼的发展趋势和诉讼规律，从长远来看，确立法官保留原则，构建法院对强制侦查措施的事前审批和事后审查制度，应当是我们今后努力的方向和目标。当然，作为衔接措施，我国当前就可以考虑法院对侦查程序的有限介入，即逐步赋予犯罪嫌疑人一方不服检察机关在侦查环节的决定时申请法院采取听证程序获得救济的权利。

此外，还应完善检察机关对公安机关的立案监督，明确赋予检察机关对公安机关不该立案而立案的监督权力。当检察院认为公安机关可能存在违法干预民事、经济纠纷，或者办案人员实施报复陷害、敲诈勒索以及谋取其他非法利益等违法立案情形的，应当要求公安机关说明有关情况，检察院认为属于违法立案的，应当通知公安机关撤销案件，公安机关应当执行。

完善我国侦查制度的第二个着力点是强化犯罪嫌疑人在侦查阶段的权利保障。

首先，强化犯罪嫌疑人的侦查主体地位，采取有效措施，不断推进《刑事诉讼法》关于无罪推定原则和律师介入侦查程序相关规定的落实，使犯罪嫌疑人的知情权以及与律师会见交流的权利实效化。

其次，积极创造条件，完善现行立法，在确立犯罪嫌疑人沉默权的同时，赋予律师在侦查阶段的独立调查权、在侦查人员进行重大侦查活动时的在场权等。当然，由于侦查活动的特殊性，对律师在侦查阶段的权利也必须予以适当的限制，而不能完全等同于审判阶段。比如，对于律师与犯罪嫌疑人的会见交流权，就可以借鉴日本《刑事诉讼法》的相关规定，实行"指定接见制度"，由侦查机关指定二者会见的具体时间和场所，要求其遵守监管机关的一般规定,但对会见的次数和每次会见的时间一般不宜过多限制。

此外,扩大同步录音录像制度的适用范围,使其覆盖到所有案件的侦查讯问[1]以及搜查、扣押、犯罪嫌疑人指认犯罪现场等侦查活动,强化对侦查人员不当侦查行为的威慑和监督。

完善我国侦查制度的第三个重要举措是改革公安系统内部不合理的绩效考核机制,取消刑事拘留数、批捕率等考核指标,引导侦查人员少用、慎用羁押措施,不断强化犯罪嫌疑人人身自由和身体健康的保障。

---

[1] 2016年最高人民法院、最高人民检察院、公安部、国家安全部、司法部联合发布的《关于推进以审判为中心的刑事诉讼制度改革的意见》就规定:严格依照法律规定对讯问过程全程同步录音录像,逐步实行对所有案件的讯问过程全程同步录音录像。

第三章 "端饭"的程式
——刑事公诉絮语

> 公诉程序是侦查和审判的连接点,可以说公诉的状态决定了整个刑事司法的状态。
>
> ——〔日〕田口守一
>
> 在美国,刑事诉讼基本上是告发性的,由检察官起主要作用,而不是审问性的,由法官起主要作用。……一方面是检察官……他的不同寻常的权力和自由决定权,是美国刑事法律执行的主要特征之一。
>
> ——〔美〕E.阿伦·法恩兹沃思
>
> 我观察德国审判活动,虽然没有看到一直打瞌睡的检察官,却曾发现在法庭调查证据时,一个检察官在读一本小说。
>
> ——〔美〕本杰明·卡普兰

公诉,犹如一座桥梁,一头承接着侦查,一头开启了审判。

原始社会,无所谓国家,也就没有由国家专门机关提起的公诉。奴隶社会,虽然有了国家,出现了刑事诉讼,也存在着诉讼职能意义上的控诉行为,但控诉的主体是被害人,所以只能称之为私诉。及至封建社会,控诉职能虽然改由国家承担,其主体却是兼行使审判权的裁判官,因而控诉活动实已融入审判职能之中。只有到了近现代社会,随着检察机关的产生,控诉职能才从审判职能中独立出来,由检察机关专门行使,公诉形式也才真正出现,并渐渐取代被害人的自诉,成为当今世界各国刑事起诉的最重要方式。可见,人类刑事起诉制度的发展脉络是从私人起诉向国家公诉的变迁过程,由此也反映出人类社会对犯罪性质及其追惩机制的认识是在不断变化的。

从公诉运作的基本方式看,西方各国的刑事公诉通常都可以划分为三个程序环节:提起公诉/公诉请求、起诉审查和法庭公诉。提起公诉/公诉请求是指,代表国家行使公诉权的机关对侦查终结的案件予以审查后,确认被告人犯有依法应当受到刑事惩罚的罪行,提起公诉或者提出公诉请求的活动;起诉审查是指法院内部的特定机构依法对公诉机关提起公诉或者提出公诉请求的案件进行审查,确定案件是否符合起诉的条件,进而决定应否起诉,将案件交付审判的活动;法庭公诉则是指公诉机关对经起诉审查机关批准交付审判的案件,在法院开庭时,派员以公诉人的身份出席法庭公诉的活动,是提起公诉活动的继续和延伸。

对于侦查终结的刑事案件,检察机关审查后认为被告人的行为构成犯罪的,是否一定要提起公诉,因各国的起诉原则不同而有异。英美法系国家奉行起诉便宜主义原则,检察机关对于案件是否起诉享有几乎不受制约的裁量权,其作出的不起诉决定通常是终局的,包括法院在内的其他机构都无权予以撤销。[1] 大陆法系国家多数实行起诉法定原则,强调检察机关的客观义务,因而法官有权审查检察机关的不起诉行为是否属于应诉而不诉的情况,比如,在德国刑事诉讼中,设置了一种所谓的"强制起诉"制度,说的就是在特定案件中,检察官作出不起诉决定后,被害人有权将检察官的决定提交一定级别的法院,申请该法院裁断,法院接到申请后,有权调阅案卷,自行或者委托检察机关进行调查,一旦认为被害人申请正当,就应当作出准予提起公诉的裁定,检察官必须执行,正式提起公诉;日本为了对检察机关的不起诉决定进行有效的制约,除构建了一种类似于德国"强制起诉"制度的名为"准起诉"的制度外,还制定了"检察审查会制度",检察审查会由选举产生的 12 名成员组成,设在各地方法院及其分院所在地,其主要职责之一就是审查检察官不起诉决定的妥当性,经审查如果认为不起诉决定不当的,有权建议检察官纠正其不起诉的决定,2004 年日本修改刑事诉讼法时进一步赋予检察审查会的建议以强制性的效力。由此可见,与英美国家检察机关不起诉决定的几乎不受制约相比,大陆法系国家对检察机关的不起诉决定通常设置了一定的制约机制,以兼顾被告人权益和被害人权益的保护。

尽管各自在不起诉制约方面存在上述观念和制度方面的区别,但是对于检察机关决定提起公诉或者提出公诉请求的案件特别是重罪案件,西方法治国家的制约态度则基本相同,通常都在法庭审理以前设置了特定的起诉审查程序,由一个独立于检察机关

---

[1] 参见〔美〕约书亚·德雷斯勒、〔美〕艾伦·C.迈克尔斯:《美国刑事诉讼法精解(第四版)·第二卷·刑事审判》,魏晓娜译,北京大学出版社 2009 年版,第115 页。

的机构来审查检察机关提起公诉或者提出公诉请求的案件,看其是否达到了提起公诉的标准,以防止不符合起诉条件或者无须审判的刑事案件被提交给法庭进行审判,确保被告人的合法权益,提高诉讼效益。在这方面,各国的审查方式不尽相同,不过,大体上可以概括为两种模式:一种是英美法系国家的大陪审团审查起诉或者治安法官预审模式。在这种模式中,检察机关对侦查终结的重罪案件认为应该提起公诉的,基于被告人的自主选择往往还需要经过大陪审团的审查程序或者治安法官的预审程序予以批准后,方可提交法院进行审判。

大陪审团制度可说是英美法系刑事诉讼文化的特产。尽管由于各种原因,大陪审团已在其发源地英国被取消(1933年),而代之为治安法官的预审,但大陪审团在美国却扎下了根,并成为现代美国刑事诉讼制度中的一朵奇葩。美国联邦宪法第五修正案就规定:"无论何人,除非根据大陪审团的报告或起诉书,不受死罪或其他重罪的审判,但发生在陆、海军中或发生在战时或出现公共危险时服役的民兵中的案件除外。"由此,把大陪审团审查起诉确立为任何被控重罪在联邦法院受审人的一项宪法性权利。至于美国各州刑事诉讼中的审查起诉程序,则表现为:一部分追随了联邦的做法,由大陪审团对检察官提交的刑事案件在调查之后决定是否起诉,如果大陪审团认为有合理根据相信被告人有罪,则由检察官起草以大陪审团名义向法院提交"起诉控告书"(Indictment),否则便撤销案件。目前,除联邦系统外,全美约有20个州强制性规定重罪案件必须由大陪审团签署公诉书,还有几个州则要求死罪案件必须这样做。另外,加利福尼亚州等一部分州对于重罪案件的起诉则采取治安法官的预审程序,即对于检察官决定起诉的刑事案件,需提交治安法官进行预审,治安法官在有控辩双方及有关的证人到庭的情况下进行调查,当确信存在起诉的法定条件时,允许以"检察官起诉书"(Information)对犯罪发出指控。当然,也有些州允许检察官提起公诉时可以在大陪审团审查起诉程序与治安法官预审听证程序之间择一进行。还有少部分州则采取"二级审查"的方式,要求对检察官准备提起公诉的刑事案件先进行治安法官的预审,再由大陪审团审查起诉。总之,指导思想不同,做法自然也存在一定的差异。

大陪审团的组成人数为12至23不等,其成员是从同一选区的选民中挑选产生的,但必须保证来自社会的各个阶层,具有广泛的代表性。美国联邦最高法院一贯强调,在大陪审团的组成上不允许存在种族歧视,否则违宪,其签署的公诉书无效。大陪审团作出起诉决定时,必须有2/3或者3/4的陪审员投票同意。美国联邦最高法院在1962年伍德诉佐治亚州一案中指出,大陪审团处于检察官和被告人之间,以审查前者的控告是否以事实和证据为凭,而不是以行使"恐吓权力"或"恶意或个人的不良意图"作为依据,是"一座牢固地屹立于普通公民与过分热心的公诉人之间的防御堡垒"[1]。换言之,大陪审团是以外行的平民百姓制约公诉权,是防止作为行政机关的检察部门滥用起诉权损害无辜公民合法权益的有效工具,这在克林顿担任美国总统之后不久发生的"旅行门"案件中得到一定程度的体现。

克林顿上台不久,一下子就解雇了包括丰仟戴尔在内的白宫旅行办公室的7名政府雇员。所谓白宫旅行办公室,只是一个专门负责总统出访期间随行人员的各种旅行安排的事务性机构,与

1　Wood v. Georgia, 370 U.S. 375(1962).

政治、政党无甚关联,不随总统的更替而进行雇员的更换。所以,总统要想解雇这些雇员,必须具有相当合理的理由才行。克林顿总统是以旅行办公室的财务作业不合规定为由解雇上述 7 人的,换言之,他们被认为有可能违反了财务制度甚或以权谋私了。但这 7 名雇员却大呼冤枉,并指责白宫是滥用权力把他们免职了。此后不到 2 个月,参与解雇这 7 人的白宫顾问——克林顿的童年好友弗斯特突然在白宫开枪自杀,这使本来就很有争议的白宫旅行办公室解雇事件罩上了层层疑云,公众在心理上慢慢倾向于从"白宫阴谋"或至少是"白宫滥用权力"的角度来看待旅行部门事件。对此,白宫一方面竭力澄清弗斯特的自杀只是一个孤立的个别事件,与白宫的各项操作没有任何关系;另一方面,又宣称白宫旅行办公室主任戴尔有盗用公款的问题。美国联邦调查局开始对这 7 名雇员进行刑事调查,后由联邦检察官向法院提起公诉,指控戴尔两项盗用公款的罪名。由于这是由政府机构对一个普通公民发难的刑事案件,根据美国宪法,立即成立了由 23 名随机抽选的市民所组成的大陪审团,并展开对检察官提交的证据的秘密庭审调查和听证,审查其是否符合起诉条件。一般来说,大陪审团调查时仅听取检察官的证据,被告人无权向大陪审团提供有利于己的证据,也无权对检察官一方的证人进行发问,辩护律师也不能陪同被告人出席大陪审团的听证调查。大陪审团进行庭审调查并经过合议后宣布,检方提供的证据不足,免予对被告人提出起诉,并将被告人戴尔无罪开释。[1] 由此可见,即便总统或白宫怀着某种动

---

[1] 参见林达:《总统是靠不住的:近距离看美国》,生活·读书·新知三联书店 1998 年版,第 249—255 页。

机急于想通过作为其下属的检察机关将某人或某几人送上审判庭绳之以法,但只要证据不足,不符合法定的起诉条件,也可能会被大陪审团忠实地挡在法庭大门之外。大陪审团地位的独立性及作用的重要性当真不可小瞧! 不过,时移世易,在现代美国,类似上述案件中大陪审团切实发挥独立作用的情形已难得一见。实践中更常见的是,大陪审团已被检察官操控,沦为检察官的调查工具,如果检察官希望起诉,则大陪审团通常都会顺从其意见,即便有些案件证据不足。有检察官甚至声称,如果他要求的话,大陪审团甚至会指控一个"火腿三明治"。[1]

在此背景下,治安法官进行预审正逐渐成为美国的主流。与大陪审团审查程序的秘密性和通常不允许被告人及其辩护律师在场等状况不同,治安法官的预审程序是公开的,虽然预审的目的通常在于听审控方证据而非审查整个案件,但被告人及其律师都应全程参与该程序。在美国,治安法官预审程序结束后,案件指控被驳回的比例从2%到超过30%不等,但一般认为典型的驳回指控比例为5%~10%。[2]

另一种则是现代大陆法系国家的预审法官或者审判法官审查起诉模式。前者以法国为代表,后者以德国为典型。以德国为例,在重罪案件中,当检察机关决定提起公诉后,需要经过一个所谓的"中间程序",由将来可能主持本案审判的法官在不开庭的情况下,对案件进行审查,以确定该案件是否符合提起公诉的法定条件,进而决定受理或者驳回起诉。在德国,经中间程序的审查

---

[1] 参见〔美〕弗洛伊德·菲尼、〔德〕约阿希姆·赫尔曼、岳礼玲:《一个案例 两种制度——美德刑事司法比较》,郭志媛译,中国法制出版社2006年版,第54页。
[2] 同上注,第50、238页。

后，99%的案件被批准进入审判程序。

应当说，上述以美、德两国为代表的两种起诉审查模式的立法意旨和功能指向是基本相同的，均重在防止检察机关起诉权力的滥用，确保公诉质量，避免被告人受到无根据的追诉。当然，从比较法的角度来看，二者之间也存在重大区别，主要表现在：

其一，德国的中间程序是起诉"后"的程序；美国的起诉审查则是起诉"前"的程序，因为无论是治安法官的预审还是大陪审团的审查，都是决定是否同意检察官起诉的程序。由此，与德国中间程序的设计旨在让法官制约公诉权的行使有一点微妙区别的是，美国负责起诉审查的治安法官或者大陪审团在某种意义上是作为提起公诉权的分割力量来发挥作用的，或者说，是由治安法官、大陪审团与检察官共同行使着提起公诉权。

其二，德国的中间程序实行书面审查，证人可以不出庭；美国的起诉审查程序则实行言词审理程序，证人要亲自出庭作证。

其三，德国的中间程序由参与庭审的合议庭法官来主持进行（法国实行的则是预审与审判相分离的原则，在案件移送重罪法院审判之前，曾经参与过案件预审的法官不得担任重罪法院的法官）；美国的起诉审查法官原则上是与庭审法官相分离的大陪审团或者治安法官。

其四，美国的起诉审查程序功能相对单一，即防范对无辜之人的错误追诉；德国的中间程序则还同时肩负着防止错误放纵"真凶"的使命，因此当审查发现案件事实不清或者证据不足时，起诉审查法官可以采取自认为有效的方式查漏补缺，进行必要的诉讼调查。二者间的功能差异源于其各自刑事诉讼的目的不同，即英美法系刑事诉讼较为重视程序正当和对犯罪嫌疑人人权的保障,而大陆法系刑事诉讼则较为重视实体真实和"不枉不纵"。对此,后文还有具体的展开,故此处不再细说。

如果说,两大法系国家在起诉审查方面的视角基本相同,都较为重视防范检察官滥用追诉权的话,那么,它们在正式提起公诉的方式与法庭公诉的样态方面则存在较大的差异,在某种程度上甚至可以说是极端对立。

英美法系刑事诉讼中,在起诉审查主体批准对被告人提起公诉后,检察官应向法院提交一份记载一定事项的起诉书,表明起诉主张的内容。该起诉书必须写明被告人的姓名、年龄、职业、住址和足以确认被告人身份的其他基本情况以及罪状、罪名和适用的处罚条文,但是不得在起诉书中记载可能使审判官产生不利于被告人的偏见之材料,更不得随卷移送任何证据材料和证物,这就是理论上所说的"起诉状一本主义"。实行这种提起公诉的方式,意在使审判官开庭之前无卷可阅,无证据材料可看,因而也就了解不到证明案件事实的诉讼材料。正是在这个角度上,有学者把推行"起诉状一本主义"的刑事诉讼类型称之为"侦审中断式诉讼构造"[1],意思是说,提起公诉时不随案移送相关的卷宗和证据材料,侦查与审判之间的信息沟通渠道被切断,侦查人员对案件的认识、看法和意见也就无法在庭审之前传递到审判官那儿。

谈到这里,就不能不介绍一下英美刑事诉讼中与此相配套的一种较具特色的制度——证据展示制度。

所谓证据展示,根据美国联邦最高法院在布雷迪诉马里兰州

---

[1] 参见李心鉴:《我国刑事诉讼法学的两大现代课题——诉讼目的与诉讼构造》,载《中外法学》1991年第1期,第16—21页。

一案中的判决,是指在提起公诉之后,法庭审理之前,作为控诉一方的检察官有义务根据对方的要求向辩护律师展示他所掌握的证据,以保证辩护方的"先悉权";对方提出要求而检察官不向对方出示有利于被告的证据的,即违反正当程序。之所以设立证据展示制度,道理很简单,因为作为常识,在犯罪侦查和追诉阶段,以国家暴力机器为后盾的警察机关、检察机关在调查、收集证据方面的能力及其成效都大大强于势单力薄的被告人及其辩护人,控诉与辩护双方在审判之前所掌握的案件证据材料在种类及数量上通常都存在着较大的差距。一位英国法学家就曾强调指出:"辩护律师对从事案件调查只有很有限的资源能力和愿望。在作案与罪行被确定之间有限的时间范围内常常不允许律师进行充分的调查。警察承担着不偏不倚地从事案件调查从而搜查和保存相关证据的责任,尤其是那些具有诉讼意义的证据。因此,最重要的是全部被搜集的资料的完整性和诉讼各方均能获得这些证据资料。"[1] 在此情况下,若不互通信息,特别是如果检察机关不向被告人一方透露其所掌握的有关证据材料,被告人又无法通过诸如从法院那儿查阅和了解相关材料(因为检察官没有往法官那儿移送任何这方面的材料)的方式获知,这就极易导致法庭调查时控诉方搞"举证突袭",打对方一个措手不及的状况发生,在那种情况下,控辩双方在法庭上就很难做到平等对抗了,而这是与英美国家刑事诉讼对控辩双方平等对抗的设计宗旨和一贯追求是相违背的。证据展示制度由此而产生。一言以蔽之,它是为解决"起诉状一本主义"所带

---

[1] 〔英〕查尔斯·波纳德:《现在的课题:关于证据开示的一个案例》,载英国《刑事法评论》1994年第1期,转引自龙宗智:《刑事诉讼中的证据开示制度研究(上)》,载《政法论坛》1998年第1期,第9页。

来的问题而设立的。

在英美国家,证据展示最初实行的是"单行道"机制,即只规定检察官必须向辩护方展示证据,但辩护方没有相同的义务。不过,随着刑事诉讼实践的发展,证据展示制度也逐渐从"单行道"演化为"双行道",实行控辩双方相互展示证据的制度,以体现真正的"对等原则"。现在美国有些州甚至要求,辩护方无论是否从检察官一方获得证据信息,都必须向对方作出证据展示,否则法庭有可能将此证据排除在法庭之外,以制裁辩护方。美国俄亥俄州的弗兰克·威尔莫斯被控性侵一案的诉讼情况可资说明。弗兰克·威尔莫斯被控对4名与他和他妻子同住的精神障碍患者实施性侵。在审判中,威尔莫斯要求传唤一名关键的证人——大卫·米勒医生作证,称该医生会证实他本人是性无能,不可能实施被指控的罪行。但法庭拒绝了米勒医生出庭作证的请求,因为威尔莫斯的辩护律师在审判前未告诉检察官米勒医生的姓名,违反了俄亥俄州的证据开示规则。威尔莫斯被判有罪。[1]

关于证据展示的内容,各国的规定不一。根据美国《联邦刑事诉讼规则》第16条之规定,检察官方面应该展示的证据有以下几项:①被告人的陈述;②被告人的先前记录;③文件和有形物品;④检查、试验报告。不属于展示范围的材料有:①与本案的侦查或起诉有关的政府检察官或其他政府机构制作的报告、备忘录或其他政府内部文件;②控方证人或者可能成为控方证人者所作的陈述(法律有特别规定的除外)。而被告方在控诉方依据其要求首

---

[1] 转引自龙宗智:《刑事诉讼中的证据开示制度研究(上)》,载《政法论坛》1998年第1期,第9页。

先出示有关证据的前提下,应该展示以下证据材料:①被告方掌握的文件和有形物品;②检查和试验报告——如果这些证据是被告方准备在审判中作为证据出示,或者当其与被告方准备在法庭上传唤作证的证人的证词有关时,由该证人所准备的话。不属于被告方展示范围的材料有:①与本案的侦查和辩护有关的被告人或其律师或其代理人所制作的报告、备忘录或其他内部的辩护文件;②被告人对律师或代理人所作的陈述;③控方或辩护方证人,或者预期的控方或辩护方证人对被告人、被告人律师或代理人所作的陈述。[1]

证据展示制度是英美公诉环节的一根支柱,这一制度的有效实施依赖于相应的立法保障和司法监控。英国泰晤士河谷地区刑事法院对其受理的一起刑事案件的处理情况就足以说明这一问题。

一天清早,两名驾车巡逻的警官怀疑正行驶的一辆带篷货车有问题,在追逐了一段距离后将其拦截下来。经简单询问车上的三个人,警察决定对该车进行搜查。发现1台通常被罪犯用于跟踪警察电台频率的无线电跟踪器、6个瓶子,每个中装满2加仑汽油,适于制作可造成严重损害的燃烧弹。其他被发现的物品还表明燃烧瓶是准备马上用的。这三人被逮捕,其住房被搜查,三人被证实是"动物解放阵线"的活跃分子。在被问及有关问题时,这三人均保持沉默。候审时,三名被告被保释。警察和检察官连续开了几次会,研究此案的起诉。由于关于这个组织的有关材料是

---

[1] 参见《美国联邦刑事诉讼规则和证据规则》,卞建林译,中国政法大学出版社1996年版,第54—56页。

警察从某个资料中心的计算机中查到的,如果对外暴露有关记录,会对进一步调查该组织造成损害。在当地警方与相关的国家情报机构协商后,检控方经认真考虑拒绝了法官关于向辩护方出示电子计算机信息的要求。法官因此而对被告作出了无罪裁决。三名被告中的一人后来通过新闻媒体发表谈话称:"我们打算用这辆货车转移那些动物然后毁了这辆车,审判流产的惟一原因是检察官拒绝向我们的辩护律师出示那些警方从计算机获得的关于我们的资料。"[1] 当然,这种对应当展示而不予展示的证据予以排除,使其沦为无用之物的制裁只是英美国家对相关违法行为的诸种制裁措施之一,此外,法院还可以做出禁止该方当事人提出未经展示的证据等方面的决定。

"起诉状一本主义"的起诉方式孕育出英美国家法庭公诉活动的特色。

首先,法庭公诉的重心是法庭调查阶段。这是因为,审判官在开庭审判之前没有接触过控诉方的案卷和证据,庭审时对案件情况基本上一无所知,因而只有检察官积极充分地举证、问证、辩证,向被告方发起猛烈的诉讼"攻击",才有可能说服审判官认可自己的意见,判被告人有罪。说服的标准则是检察官的证明活动必须达到"排除合理怀疑"的程度,也就是说检察机关的证明活动必须能够排除一个正常人在该具体案件情况下所可能产生的怀疑,其实践中的表现则是,假若听审的陪审团中有一人在裁判表决中不认为被告人构成了犯罪,那么一般就认为检察官的证明活动

---

[1] 转引自龙宗智:《刑事诉讼中的证据开示制度研究(上)》,载《政法论坛》1998年第1期,第9页。

没有达到排除合理怀疑的程度,此案将被重新审判或者宣告被告人无罪。

其次,法庭辩论相对萎缩。由于公诉指控成败与否的关键是看法庭证据调查活动及其结果能不能赢得审判官的认可,因此,辩论阶段中控诉人的活动相对减弱,实践中甚至没有诉讼总结与辩论,也不一定会影响审判的进行。比如在英国,通常就没有公诉人再次辩论的程序,控辩双方在法庭调查后分别作一个总结发言,案件审理即告结束。

而在大陆法系国家中,提起公诉采行的则是一种被称为"案卷移送"的制度,即检察机关在向案件的管辖法院提起公诉时,不仅要提交指控被告人犯罪事实的起诉书,而且要随案向法院移交侦查起诉时所制作的卷宗材料以及获取的证据材料。比如,在法国,检察官在预审法官预审结束后制作的最终公诉书中,通常包括案情事实的摘要、被告人的品格、有利于和不利于被告人的证据。法国《刑事诉讼法典》第271条规定,预审法官批准起诉后,"如案件不应在上诉法院所在地审判,案卷由检察长移送重罪法庭开放时所在的大审法院书记室。各项证据亦转移至该法院书记室"。德国《刑事诉讼法》第173条第1项也规定:"依法院要求,检察院应当向法院移送迄今为止由它掌握的案件材料、证据。"

而法院之所以要求或立法之所以规定检察机关应把控诉材料和收集的证据材料移送法院,其目的在于,让法官在开庭审理之前就能通过阅卷看材料而对案情有相当充分的了解,以免在开庭审理时由于对案情一无所知而难以指挥和支配庭审进程,不能很好地履行主导庭审证据调查、查明案件真相的职责。用一句通俗的话讲,就是法官"不打无准备之仗"。有学者据此把推行案卷移送制度的刑事诉讼类型称为"侦审连锁式诉讼构造"。[1] 此话什么意思呢？简单讲，就是通过这种案卷全部移送的起诉方式，侦控人员对案情的认识和看法自然传递给法官，两者的心证得以有效联结起来，从而就审判人员来讲，刑事案件对他不再像失控的风筝那么难以把握，而是可以从容调控的"囊中之物"，在审判过程中，自然也就游刃有余。不过，这种提起公诉的方式也直接影响了大陆法系国家检察官法庭公诉的开展情况。由于法官在庭审前就已充分了解了案情，而且案卷证据材料都已由检察官转交到法官那儿，所以，在法庭审理过程中，调查证据的任务便通常由法官来完成，检察官仅起次要作用。法庭公诉的重心一般是放在法庭辩论阶段，在此阶段，控辩双方就案件事实及法律适用展开"近身肉搏"。

从上面的考察中，关于公诉，我们可以得出以下三点基本结论：

一是法庭公诉的积极性不同。在英美法系国家中，检察机关在排除合理怀疑的证明标准的压力之下，必然积极主动地开展法庭指控活动。如果举证不力，举证不充分，或者陪审团被辩护律师说服而对案件事实产生合理怀疑，被告人都将被宣告无罪。因此，公诉人的庭审公诉活动是否有力对公诉成败具有决定性影响，这就逼使公诉人在法庭审理中积极开展公诉活动。而在大陆法系国家中，法官出于查明事实真相的考虑，在法庭审理过程中往往对举证活动大包大揽，一定程度上影响了检察官公诉活动的积极性，出现检察官消极指控的现象自在情理之中。美国学者本杰

---

[1] 参见李心鉴：《我国刑事诉讼法学的两大现代课题——诉讼目的与诉讼构造》，载《中外法学》1991年第1期，第16—21页。

明·卡普兰就曾说过:"我观察德国审判活动,虽然没有看到一直打瞌睡的检察官,却曾发现在法庭调查证据时,一个检察官在读一本小说。"[1]

二是起诉审查的机制各具特色。英美法系国家的起诉审查程序通常是基于被告人的意愿启动的,并非必经程序,而且启动后通常要采取开庭的方式公开进行(大陪审团的审查程序除外),需要传唤当事人及有关的证人等,控辩双方可以进行适度的对抗,以体现对起诉权行使的慎重态度,防止错误起诉无辜的公民,因而具有鲜明的权利保障取向。而在大陆法系国家,一般来讲,重罪案件的起诉审查程序都是检察官或者法官依据职权启动的,是必经程序,被告人的意愿对此不构成任何影响,而且起诉审查通常采取秘密的书面审查方式,主持的法官还可以进行必要的职权调查活动,控辩双方的参与程度较低,在功能指向上具有兼顾被告人权利保障与不漏诉犯罪行为的特征。

三是提起公诉的重要性存在较大差别。在英美法系国家,提起公诉仅仅是公诉环节的前奏和序曲,旨在表明检察机关明确宣告其要追诉此犯罪行为,并使被告人了解其被指控的罪行。正如德国著名刑事诉讼法学家赫尔曼所指出的,美国的起诉书以单独罪状的形式指控每一罪行,尽管是基于事实,但这些起诉文件主要说明法律结论;正如对抗制中可以预见的,它告知被告人他或她必须抗辩的特定犯罪,被告人必须对每一罪状分别作出答辩。[2] 我国台湾地区刑事诉讼法学家陈朴生教授也认为,此种起诉书仅具

---

[1] 转引自金明焕:《比较检察制度概论》,中国检察出版社1991年版,第205页。
[2] 参见〔美〕弗洛伊德·菲尼、〔德〕约阿希姆·赫尔曼、岳礼玲:《一个案例 两种制度——美德刑事司法比较》,郭志媛译,中国法制出版社2006年版,第323页。

有"公判请求书"和"攻击被告通知书"的作用。与此不同,在大陆法系国家,提起公诉却占有较为重要的位置。由于不实行排除法官预断之原则,而且客观上还存在某种有意促成法官形成审前预断的需要,因而检察官在庭审之前要全案移送案卷材料及证据材料,而且起诉书比英美国家更为详细,包括指控事实的描述、指控的罪名和法条、相关侦查结果和有关证据的列举以及必要时对证据的评价等,以便审案法官庭前能够阅卷和了解案件情况,进而确定庭审调查的计划和重心工作。

那么,如何看待和评价两大法系的公诉运行机制呢?我们认为,这两种公诉运行机制各有利弊,某一国家适宜于建构什么样的公诉运行机制以及该种公诉机制的运作效果之好坏情况,主要取决于该国的诉讼价值取向,受现实的司法资源制约。

从理论上讲,英美法系的公诉运行机制较为可圈可点。一是诉讼的对抗性使公诉活动能在被告方全面的、挑剔性的质疑下受到充分的检验和审查,这就增加了控诉方的责任感,有助于提高公诉质量。二是法庭公诉被强化,有利于陪审团、法官在公开的法庭上更直接、更真实地感受公诉方的主张和观点。三是"起诉状一本主义"的制度设置,取消了法官庭审之前的阅卷、调查等实体性审查活动,加快了诉讼流程,有利于确保法庭审判的实质化、中心化,防止"先判后审",体现了诉讼的科学性与民主性。

不过,另一方面,我们必须注意,这种公诉运行机制的有效推行有赖于一定条件的支撑。比如,社会大众对于一定数量的有罪之人被放纵或者轻纵具有足够的包容性;为实现控辩对抗的形式平等和实质公平,客观上要求具有足够数量和水平的律师为被告人提供刑事辩护,等等。倘若一国社会公众普遍无法接受有罪之人被放纵或者被轻纵的代价,抑或律师数量太少或者水平太差,以致辩方无法与作为职业检察官的控方进行有效的对抗,则这种公诉模式的推行就相当危险,不仅难以发挥出应有的积极功能,而且极易导致司法权威的削弱或丧失。或许正是基于此种考虑,美国联邦最高法院不仅保障被告人获得律师帮助的权利,还将律师帮助解释为必须是"有效的"帮助,赋予被告人就律师的无效帮助提起上诉,要求推翻原判决的权利。所谓无效帮助,包括律师懒惰或者没有能力和没有履行辩护律师最低限度的职责,在审判期间没有对不正当程序提出反对。[1] 实践中,有死刑案件的被告人就因辩护律师在审理中打瞌睡而上诉成功。

相较之下,大陆法系的公诉机制因采行"案卷移送主义",审案法官庭前阅卷,因而容易导致法官庭前形成预断,一定程度上削弱庭审活动的实质化。不过,同时应当看到,这种公诉机制也具有自己特有的优势。

一方面,提起公诉活动被强化,使得法官可以通过庭前的阅卷和案件争点整理活动的开展,在庭审调查和辩论活动的主持中突出重点,抓住关键,提高庭审效率。

另一方面,法官积极介入庭审调查,可以在一定程度上弥补辩护律师水平不足或者案件没有辩护律师参与的缺陷,有助于避免因控辩双方实力失衡而导致的不公正裁判,也可以防止诉讼被辩护律师误导,从而不仅有利于控制犯罪,而且有利于救济弱势被告

---

[1] 参见〔美〕爱伦·豪切斯泰勒·斯黛丽、〔美〕南希·弗兰克:《美国刑事法院的诉讼程序》,陈卫东、徐美君译,何家弘校,中国人民大学出版社2002年版,第263、604页。

人的合法权益。

此外,只要法官的职业素养和独立性得到良好的保障,且从制度上切断法官与案件处理结果之间的利害关系,那么大陆法系的公诉机制在诉讼民主性和科学性方面的先天性不足就能被大大弱化。

谈完国外,再回过来看看国内的情况。对《刑事诉讼法》的修正轨迹进行分析,中国的刑事公诉状况大致可以分为四个阶段来认识。

1997年1月1日之前是第一个阶段,此时我国诉讼活动的开展依据的是1979年《刑事诉讼法》,公诉运行机制呈现出以下特点:

首先,免予起诉失控化。根据1979年《刑事诉讼法》,检察机关不仅有权自行决定不起诉犯罪嫌疑人,还有权自行决定对犯罪嫌疑人免予起诉。起诉与不起诉是现代各国刑事诉讼中普遍存在的诉讼制度,但免予起诉则是中国刑事诉讼中的特色制度。所谓免予起诉,是指检察机关在认为被告人的行为已构成犯罪,但依法不需要判处刑罚或应当免除刑罚时,作出认定犯罪不将被告人交付法院审判从而终结诉讼程序的一种制度。它具有双重效力,既在程序上终结了诉讼活动的进行,又在实体上作出了被告人有罪的评断和认定,因而其对被告人权利的影响之大不亚于法院的审判活动。

免予起诉在学理上可被视为广义的起诉便宜主义的一种形式。起诉便宜主义是不少国家特别是英美法系国家检察机关追诉犯罪时所采取的一项原则,具体是指,对实施了犯罪行为而又不符合法定终止情形之一的,根据被告人个人和犯罪等方面的整体情况,检察官认为不提起公诉更有利于国家和社会时,自行决定不起诉,就此终止刑事诉讼。比如,日本《刑事诉讼法》第248条就规定,"根据犯人的性格、年龄、境遇、犯罪的轻重及情况、犯罪后的情况,没有必要追诉时,可以不提起公诉"。按照日本学者鸭良弼的见解,起诉便宜主义重在合目的性、合理性,因此,在诉讼理论上又称之为起诉合理主义。[1] 但是西方的起诉便宜主义与中国的免予起诉有根本上的不同,前者仅仅具有程序终结的效力,没有对被告人进行实体上的定罪处分;后者则同时由检察机关行使了本来只能由人民法院才享有的定罪权,在实体上给被告人贴上了犯罪的标签。

  中国传统刑事诉讼体制中,检察机关的免予起诉权较之于起诉权、不起诉权的行使更缺乏制约,实践中常常沦为检察机关在案件办不下去或者办错时,赖以顾全面子的"台阶",以致指责之声不绝于耳。这在河南郑州市发生的当时全国最大的迫害记者事件中得到了充分的展现。1990年4月6日,曾连续多年被评为郑州市优秀新闻工作者的《郑州晚报》社记者殷新生,被郑州市检察院法纪处的工作人员在没有事先出示拘留证的情况下,以了解情况为由骗到郑州市看守所,予以刑事拘留。1990年4月16日,又被正式逮捕,案由为诬告陷害。检察机关所认定的"诬告陷害"又从何说起的呢?原来,殷新生于1989年9月15日起开始对河南郑州市金水区公安局杜岭派出所侦破的一起拐卖儿童案件进行追踪采访,追踪的结果是,有两对夫妇坚持说被拐卖的孩子属于自己,一是河南西部伊川县的苗全亮、李会玲夫妇;一是河南东部柘

---

[1] 参见〔日〕鸭良弼:《刑事诉讼法讲义(新版)》,第98页,转引自卞建林:《刑事起诉制度的理论与实践》,中国检察出版社1993年版,第160页。

城县的孟庆德、李雪芝夫妇。追踪调查中发现,拐卖小孩的嫌疑犯高清池声称孩子是其患有精神病的弟弟高清峰与李会玲所生,李会玲后与高清峰离婚。于是,殷新生等人开始怀疑孟家夫妇、高清池及其家人与这起拐卖儿童案有关(此后,于1989年11月23日由河南省公安厅所作的鉴定结果也表明,被拐卖的孩子与孟庆德、李雪芝夫妇无血缘关系)。为配合公安人员彻底查清此案,殷新生就自己与另外两家新闻单位记者在采访中所发现的种种疑惑向郑州市公安局审查站作了反映。郑州市公安局审查站经初步传讯孟庆德夫妇及与他们一同前来认领小孩的孟庆勤,再结合先前所接到的李会玲举报高家数人是拐卖儿童团伙的材料,认为不能排除孟庆勤等三人参与拐卖儿童的嫌疑并决定对他们进行收容审查。执行之前,审查站站长赵平法要求殷新生将口头反映的情况写成书面举报材料,殷便执笔以一同采访的三家新闻单位的名义写下了一张字条:"最近两个月来,我们三个新闻单位调查了一起拐卖儿童案,案情复杂,牵涉人员较多,柘城县大孟庄村的孟庆德、李雪芝、孟庆勤、孟凡祥等4人,在很大程度上怀疑是拐卖儿童团伙,现在在这4个人都在郑州,我们请求你们帮助审查,以求得此案早日结案。"字条落款是包括殷新生在内的三家新闻单位的三位记者的名字。这张记者出于社会热心和记者责任而写下的属于正当举报材料的字条没想到却构成了1990年4月检察机关指控殷新生构成诬告陷害罪的全部根据。郑州市检察院并据此展开了长期的侦查活动,直到1990年12月19日,在有关方面的强烈干预下,在看守所内已生活了近9个月的殷新生才得以取保候审。1991年7月10日,郑州市检察院将这起自行侦查的案件交郑州市中原区检察院向中原区法院提起公诉。中原区法院以"事实不清,证据不足"

为由将案卷又退回中原区检察院,法院院长还在退回的案卷中夹上了一张字条:"如果在中原法院开庭,我要亲任审判长,当庭宣布殷新生无罪释放。"中原区检察院起诉不成,郑州市检察院又于1992年3月13日将案卷移送至中级法院交换意见。5月27日,中院在充分研究后以殷新生的行为不构成诬告陷害罪向检察机关作了答复。不仅如此,1992年6月29日,中共郑州市委政法委召开专题书记办公会研究殷案,一致作出如下决定:"《郑州晚报》记者殷新生一案,……如果由郑州市定,那么书记办公会的意见是:这是个错案,立即纠正、撤案!"对于这起明显不符合诬告陷害罪的错案,郑州市检察院在长达3年多的反复侦查,调查、传讯了数十位证人,做了数百页的询问笔录,积累了6大本案卷,总页数达1040页,不惜耗费如此之大的人力、物力反复侦查,非要把殷新生以犯罪起诉到法院审判,到底为何呢? 据载,殷新生曾于1989年12月根据自己数月的调查,在《郑州晚报》上连续3期曝光了郑州市检察院越权介入一宗企业合同纠纷案的违法行为,并针对此事展开了一场小有规模的讨论,从而引起了郑州市检察院的强烈不满,当报纸连续讨论到第3期时,郑州市检察院突然派人找到殷新生,说市检察院某副检察长想找他交换一下意见,殷正好急于外出采访,遂未从命。尽管郑州市检察院多次进行了补充侦查,却怎么也难以说服法院对其有罪指控予以认同,于是,在上至中央有关领导下至郑州市有关部门多方督促以及诉讼期限的压力下,不得不于1993年3月9日依据省检察院的意见,对殷新生作出免予起诉的决定[1],靠着免予起诉制度体面地下了台,而被告人

---

[1] 参见《全国最大迫害记者事件全情告白》,载《中国青年报》1998年11月12日。

殷新生却永久性地背上了一个有罪的名声,在精神上留下难以抹去的痛楚烙印。

其次,起诉审查严格化。我国 1979 年《刑事诉讼法》规定了一种颇具庭审功能的庭前审查起诉程序。当时提起公诉实行"案卷移送主义",法官对检察机关移送过来的起诉书及全部案卷材料都要进行深入细致的庭前审查,并可以开展极其广泛多样的庭前调查活动,以判断检察机关的指控是否达到了起诉标准(与定罪标准相同,均为"事实清楚,证据确实充分"),当确认有确实充分的证据证明犯罪事实清楚时,便决定开庭审判,否则便退回检察机关补充侦查或要求检察机关撤回起诉,从而事实上承担了庭审的查明真相功能。

再次,公诉活动庭前化,把本来应当在法庭审理中开展的公诉活动挪到庭前进行。这主要表现为两个方面:一是指控方与法院庭前通气,就起诉书认定的事实、法律的适用和法官在案件审查中发现的问题及时交换意见,以期达成观点一致。二是开庭前指控方可以将法官审查后要求补充的或者自己新发现的证据材料送给法官,而且通常采取一种不正规的私下补送方式,其结果往往导致法官有意或无意地倾向于控方的主张,以至于法官决定开庭之时,往往也是公诉检察官心中的"石头"落地之日,于是控方在庭审中控与不控、如何指控都无关紧要了。

最后,法庭公诉形式化。这既表现为在法庭调查时,公诉人往往完全消极,不举证或少举证,也表现为公诉人法庭辩论时极为消极,不积极论证指控主张。

正是为了矫正上述偏差,完善我国的公诉制度,1996 年 3 月全国人大四次会议通过的《关于修改〈中华人民共和国刑事诉讼

法〉的决定》对我国传统公诉运行机制进行了重大改革,主要体现为以下三个方面:

一是废除了免予起诉制度,扩大了不起诉的范围,并对检察机关的不起诉权加强了制约。具体来讲,就是在原来的法定不起诉类型的基础上,又增加了两种不起诉类型:相对不起诉(也叫酌定不起诉)和存疑不起诉。[1] 相对不起诉是指对于被告人的行为已构成犯罪,只是情节轻微,依照刑罚规定不需要判处刑罚或者免除刑罚的,人民检察院既可以起诉,也可以不起诉的情况下,经过裁量最后决定不起诉的情况。存疑不起诉则是对于经过补充侦查仍然证据不足,案件处于既不能证实、也不能证伪的所谓"疑案"的情况,由人民检察院作出的不起诉。其中,相对不起诉的适用范围大致相当于原来的免予起诉的适用范围,只是在效力方面存在根本性的不同。

区别于免予起诉的定罪效力,相对不起诉只是在程序上终结了刑事诉讼的进行而没有作任何实体上的有罪认定,受到相对不起诉处理的被告人在社会上是以无罪者的身份示人的。常言道:

---

[1] 需要说明的是,2012年、2018年对《刑事诉讼法》的两次修正中,又分别增设了针对未成年犯罪嫌疑人的附条件不起诉和认罪案件中特殊的裁量不起诉,强化检察机关的不起诉裁量权,促进诉前分流。关于前者,现行《刑事诉讼法》第282条规定,对于未成年人涉嫌《刑法》分则第四章、第五章、第六章规定的犯罪,可能判处一年有期徒刑以下刑罚,符合起诉条件,但有悔罪表现的,检察机关可以作出附条件不起诉的决定。对于后者,现行《刑事诉讼法》第182条规定,犯罪嫌疑人自愿如实供述涉嫌犯罪的事实,有重大立功或者案件涉及国家重大利益的,经最高人民检察院核准,人民检察院可以作出不起诉决定,也可以对涉嫌数罪中的一项或者多项不起诉。从实践中看,前者只适用于未成年人刑事案件,且局限于特定的罪名和"可能判处一年有期徒刑以下"的刑罚条件,因而适用率不高;后者虽不受罪行轻重的限制,但需满足"经最高人民检察院核准"这一严格的程序要求,适用更是困难,目前尚未看到这方面的案例。

凡事有利有弊。酌定不起诉尽管更契合诉讼原理，也更利于被告人权利的保障，但其滥用的危害也更大，因为对于那些确实有罪的犯罪嫌疑人来讲，免予起诉毕竟只是免其刑，罪还是要定的，而酌定不起诉则是既免其刑又免其罪，因而一旦滥用，其给社会公众带来的司法不公感会更为强烈和震撼！酌定不起诉的滥用还有另外一个面向，由于比较隐蔽而不太引起人们的重视，但其危害也很大。这就是，对于情节显著轻微、本应作出法定不起诉的案件，但检察机关为了给侦查机关留个"台阶"下，作出酌定不起诉的处理，办案机关由此不需要向被追诉人道歉和赔偿，被追诉人还可能会对办案机关感恩戴德，感谢办案机关不予起诉之恩。

为防止不起诉特别是相对不起诉制度的滥用，1996年《刑事诉讼法》除规定负责本案侦查的公安机关可以通过要求检察机关复议或复核的方式进行制约外，还创造性地规定了一种更为有力的制约途径，即赋予被害人不服不起诉决定时自行向法院起诉的权利。具体而言，被害人不服不起诉决定的，可以自收到不起诉决定书后7日以内向上一级人民检察院申诉，请求提起公诉，人民检察院应当将复查决定告知被害人。对人民检察院维持不起诉决定的，被害人可以向人民法院起诉，而且，被害人也可以不经申诉，直接向人民法院起诉，这就是通常所说的"公诉转自诉"制度。然而，遗憾的是，从新《刑事诉讼法》通过以后20多年来的实施情况来看，这种立法预期在某种程度上落空了，实践中，基本上没有由被害人启动成功的"公诉转自诉"案例。

各级检察机关特别是最高人民检察院尽管也通过限定下级检察机关每年适用酌定不起诉的比例并作为考核指标等方式来防范酌定不起诉的滥用，但违反法律适用酌定不起诉的现象并不鲜见,突出表现在基于所谓服务大局、保障地方经济发展等政策性事由对一些明显不属于"情节轻微"的经济犯罪或职务犯罪被告人作出相对不起诉的处理。

二是弱化庭前公诉活动。1996年《刑事诉讼法》规定,控诉方在提起公诉时,不能再移送全部案卷材料,而只应向法院移送起诉书、证据目录、证人名单和所有犯罪事实的主要证据的复印件或者照片,也就是说,原则上庭审法官于开庭审判前只进行程序方面的审查即可,而不能再过多地了解和掌握案件的实体情况。与此同时,新法废除了法院可以在庭前将案件退回补充侦查或者要求人民检察院撤回起诉的规定,以减少或者消解检察官与法官在庭前进行私下沟通并就案件证据、事实认定等实体问题进行非正式磋商的现象。

三是强化法庭公诉活动。通过修法,一方面,提出证据并证明被告人构成犯罪的责任由原来法官承担改为由检察官承担;另一方面,通过法庭调查方式的改革和调整,强化了控辩双方参与的内容和空间,有助于调动和激发控辩双方的积极性。

不过,由于现实条件的限制以及修法时间的仓促,1996年《刑事诉讼法》关于公诉运行机制的规定也留下了不少缺憾。

比如,新《刑事诉讼法》为解决实践中存在的先判后审、庭前活动实质化与中心化、庭审活动形式化的问题,改革法官庭前审查的性质,将其限定为以程序性审查为主,规定只要有指控明确的起诉书、证据目录、证人名单和主要证据的复印件或照片,法院就应当开庭审判,而不需要同时审查案件是否已达到起诉的标准。由此来者不拒,似乎又走了极端,难以发挥抑制不当公诉的人权保障功能,也加剧了法院办案的负担。换句话讲,由于缺乏实质性的公诉审查程序,检察机关的提起公诉行为具有直接启动审判程序的效力,检察机关的滥行公诉行为得不到有效的司法审查和抑制,导致对于确实无罪的被告人来说,庭前没有任何的程序性救济渠道,其遭遇的刑事羁押等不利益状态只能寄望于到后面的庭审中去解决。

又如,此次修法在抛弃"全案移送"的起诉方式,而向英美的"起诉状一本主义"转向(尽管还存在很大差别)的同时,却忘记了像英美国家那样为确保控辩双方在法庭审判中平等对抗而设置一项必要的配套制度——证据展示制度。最高人民法院看到了这一缺漏的存在,并在1998年6月29日通过的《关于执行〈中华人民共和国刑事诉讼法〉若干问题的解释》第155条中稍微有所涉及,但对于检察机关应不应当在庭前向辩护方展示检察机关掌握的而未被辩护方了解的证据材料以及如果应当,又当如何展示等问题避而不论。实践中,虽有不少地方的司法机关自发进行着证据展示的探索,但因缺乏统一的指导和规范而不免乱象纷呈。辩护人的阅卷权得不到应有的保障,严重损害了被告人的诉讼防御能力。

还有,1996年《刑事诉讼法》规定检察机关起诉时应向法院一并移送的主要证据的复印件中的"主要证据"四个字过于模糊,可操作性较差,导致控辩审三方之间在理解上存在较大的分歧,实践中则主要由检察机关自行裁量和把握,这就带来了很多的问题。一些地方检察机关在职业利益驱动下,为求胜诉,故意向法院只移送一份或者两份证据,以便开庭时进行"证据突袭",打律师一个措手不及;也有一些地方检察机关囿于证据复印费用太高或者耗时太长,或者法院不太适应庭审改革的要求,难以在不进行庭前阅卷的情况下主持庭审，故在提起公诉时随案移送全部卷宗和证据材料，待法官阅完后再拿回来，从而出现了向传统公诉运行制度回归的现象，比如原河北省国税局局长李真受贿、贪污一案中，法官在开庭前通过阅卷制作了 130 多页的庭审提纲，并多次提审李真，中纪委领导、河北省委副书记、政法委书记等还于庭前听取了承办法官关于开庭准备情况的汇报。[1]

此外，实践中，出庭检察官不仅承担着公诉职能，而且有权对法庭审判活动进行法律监督，检察长或其委托的副检察长还可以列席同级法院审判委员会会议进行法律监督，从而公诉方相对于被告人一方处于优越的地位。加之，同为公权力机关，检察院和法院之间的关系普遍密切化，两相叠加，导致控辩力量失衡，1996 年《刑事诉讼法》所着力建构的控辩平等对抗、法官居中裁判的三角型诉讼结构在运行实践中变形与扭曲。

或许是认识到了 1996 年修法的局限性，2012 年修订的《刑事诉讼法》第 172 条规定"人民检察院认为犯罪嫌疑人的犯罪事实已经查清，证据确实、充分，依法应当追究刑事责任的，应当作出起诉决定，按照审判管辖的规定，向人民法院提起公诉，并将案卷材料、证据移送人民法院"，从而取消了移送"证据目录、证人名单和主要证据复印件或者照片"的制度，尽管没有同时恢复法官庭前通过阅卷对案件进行实质审查的传统，但一定程度上回归到了以前的全卷移送制度。从理论上来看，全卷移送有助于律师阅卷，不过，由于新《刑事诉讼法》规定辩护律师自案件审查起诉之日

---

[1] 参见乔云华：《地狱门前——与李真刑前对话实录》，新华出版社 2004 年版，第 358—361 页。

起,就可以查阅、摘抄、复制本案的案卷材料,因此,全卷移送制度的意义或许不如预期那样大。[1]

2018年10月,全国人大常委会对《刑事诉讼法》进行了第三次修正。从形式上看,这次修改基本延续了2012年《刑事诉讼法》规定的提起公诉模式[2],继续推进"以审判为中心"的诉讼制度改革。但从实质上看,由于新法增设的认罪认罚从宽制度的全面推行,我国刑事公诉制度发生了重大变化。在占据刑事案件绝大多数的认罪认罚案件中,实践中普遍达成的共识是,检察机关负有主导责任,其与辩护方进行沟通或协商,并在此基础上作出不起诉的处理或者提起公诉的决定,而一旦决定提起公诉,应当尽可能提出精准化的量刑建议,法院则根据案件情况分别采取速裁程序、简易程序或者简化的普通程序进行审理,庭审中法官主要审查被告人的认罪认罚是否具有自愿性和理智性,对检察机关有关定罪量刑的指控意见通常予以接受,不再作具体调查和审理,因而庭审往往很快就能结束,此类案件中庭前公诉实质化和法庭公诉形式化的色彩无疑更为浓厚。

认罪认罚从宽制度原本是为了保障以审判为中心的诉讼制度改革顺利推行而创设的,旨在通过刑事案件的分流(认罪认罚案件

---

[1] 参见左卫民:《进步抑或倒退:刑事诉讼法修改草案述评》,载《清华法学》2012年第1期,第95—106页。
[2] 法条基本未变,但最高人民法院2021年2月发布的《关于适用〈中华人民共和国刑事诉讼法〉的解释》第73条,较之原高法解释增加规定:"对提起公诉的案件,人民法院应当审查证明被告人有罪、无罪、罪重、罪轻的证据材料是否全部随案移送;未随案移送的,应当通知人民检察院在指定时间内移送。人民检察院未移送的,人民法院应当根据在案证据对案件事实作出认定。"这就进一步明确了检察机关的全卷移送义务。

与非认罪认罚案件)和诉讼程序的分野(普通程序与简化程序),提升诉讼效率,节约司法资源从而集中人力物力保障不认罪案件的实质化审理。不过,超出很多人预想的是,在"重实体,轻程序"的法律文化土壤中,认罪认罚从宽制度受到了办案机关特别是检察机关的高度推崇,适用比例迅速攀升,占到了提起公诉的刑事案件的70%以上,不少地方甚至达到95%以上。与此同时根据刑事诉讼法和"两高三部"《关于适用认罪认罚从宽制度的指导意见》,在适用认罪认罚从宽制度的案件中,检察院一般应当提出确定刑量刑建议,法院判决时一般应当采纳检察院指控的罪名和量刑建议。由此,在认罪认罚案件的办理中呈现出鲜明的以审查起诉为重心的特点。如何认识和看待此种现象?利耶?弊耶?值得深入讨论。

综上可见,改革不是吃饭穿衣似的机械活动,而是"牵一发而动全身"的系统工程,它既需要伟大和理性的立法者,也需要忠诚和智慧的实践者!

第四章 "吃饭"的姿态
——刑事审判漫谈

> 刑事审判其实展现了人类尊严的含义,显示一种文明尊敬地对待最卑劣的敌人——假定他们是无罪的,让他们能够平等地对抗,给予他们辩护人为其辩护。
> ——〔英〕萨达卡特·卡德里

> 对抗制审判是理论上处于平等地位的对立双方在有权决定争端裁决结果的法庭面前所进行的争斗。
> ——〔美〕达马斯卡

> 审问式审判可以被视为由官方主持的权力主义的和家长式统治的过程,它集中围绕法官的充分权力以进行等级制的、有组织的发现真相。
> ——〔德〕赫尔曼

审判是解决刑事冲突的最权威手段,也是社会正义的最后一道防线。

一般认为,现代社会中的审判是原告与被告在公开的法庭上各自提出自己的主张和证据进行争辩,法官站在第三方的位置上,基于国家权力对该争执作出裁判的一种程序。客观上存在着一个双方甚至多方当事人之间的冲突或纠纷,乃其要素之一;利益主张不同的冲突双方(或多方)把该争执交由一个与冲突各方无关的权威性的第三方处理,此其要素之二;在这种双方抗辩、第三方居间的"三方组合"格局中,按一定程序解决该纠纷,此其要素之三;权威性的第三方对案件的结果有最终的独自决定权,此其要素之四。刑事案件的审判与其他类型审判的最大区别在于,前者有一个专门的代表国家的官方机构即检察机关充任"原告"一方(单就公诉案件而言),犯罪受害人一般不能以原告的身份直接向法院提起刑事诉讼。

在任何一个国家,刑事案件均存在复杂案件与简单案件的区别,且大致符合"二八定律"。[1] 对于事实清楚、证据确实充分的案件特别是被告人认罪的简单案件,近现代各国一般采取简易化的审判方式乃至实行书面审理,程序差异整体不大,因而这里主要聚焦于疑难复杂案件特别是被告人不认罪案件的审判制度。

在近现代西方各国,主要存在着两种不同的刑事审判类型:对抗式审判和审问式审判。前者适用于英美法系国家,后者则主要为大陆法系国家所采行。

对抗式审判(又称辩论式审判等)主要奠基于相对哲学和公

---

[1] 比如,荷兰的有意向随机抽样调研表明,至少有88%的案件属于简单案件。参见〔荷〕威廉·A.瓦格纳、〔荷〕彼得·J.范科本、〔荷〕汉斯·F.M.克罗伯格:《锚定叙事理论——刑事证据心理学》,卢俐利译,中国政法大学出版社2019年版,第14页。

平竞争的理念之上。美国法学家朗·L.富勒就曾指出,相对哲学是英美独特的裁判哲学。[1] 依据这一哲学观念,刑事案件的事实真相应当由那些与案件结局有着切身利害关系的诉讼双方从有利于自己的角度通过对抗得到揭示,法庭审判也应当以诉讼双方的对抗性活动为主线进行。公平竞争则意味着起诉方和被告方应当是站在相同的基点上,平等地展开诉讼攻击与诉讼防御活动。所谓基点相同,就是指法官不能戴上"有色眼镜"去看待控辩双方的任何一方,也就是说,既不能因检察官是以国家和社会的名义参与诉讼就认为他当然有理、必然正确,也不能因为被告人是有犯罪嫌疑的一般公民而偏见性地认为他就是罪犯,应当严厉惩处而后快。为确保这一点,在对抗式审判中,被告人有权保持沉默。一旦他选择了沉默,公诉人便不得予以讯问,法官也不能把被告人的沉默视为"做贼心虚"或者态度不老实的表现而对其从重处罚。当然,被告人只要愿意,他可以以一个普通的证人身份出庭作证,为自己辩解。

在对抗式审判中,相对哲学和公平竞争的理念借着陪审团的参与而得以充分地体现和发挥出来。当然,此处的陪审团不是前一章中所提到的大陪审团,而是指参与法庭审判的小陪审团。其职责是根据法庭审理的情况,认定检察官对被告人的犯罪指控是否成立,并最终决定被告人是否有罪。而职业法官只能在陪审团作出有罪判决之后,对被告人判处相应的刑罚。由于陪审团通常是在开庭之前由随机抽出的12名普通公民临时组合而成的,对案件情况事先

---

[1] 参见〔美〕哈罗德·伯曼编:《美国法律讲话》,陈若桓译,生活·读书·新知三联书店1992年版,第24页。

一无所知,因此,陪审团要公正、准确地认定案件事实,作出被告人有罪与否的裁断,就必须认真听取控辩双方在法庭上开展的控辩活动,控辩双方的法庭控辩活动是发现案件真相的惟一途径。在此情况下,控辩双方就取得了对法庭审理活动的主导地位,为了胜诉,双方必然积极展开对抗活动。

具体说来,根据无罪推定的诉讼原则,控诉人担负着证明被告人有罪的责任,而且正如美国法学家 J.W.塞西尔·特纳指出的,"控诉人必须引用证据(必要时借助于法律上的推定)对案情作出起码表面上看来确凿无疑的证明,即必须具备法律所要求具备的用以证明他所断言的权利(或犯罪)存在的本质事实。显然如果他没有做到这一点,他就没有摆脱一开始就由他来承担的举证责任,相应地,被告人就不需要讲话(他无可答辩),法庭因而也一定会作出有利于被告人的决定"[1]。换言之,检察官要尽可能有效地举证、问证和辩证,努力营造出一种导向定罪的气氛,促使法庭做出对被告人定罪的判决。辩护律师则从维护被告人利益的角度出发,对检察官的指控证据和主张不遗余力地质疑和反驳。两相对照,就形成这么一幅紧张的局面:检察官竭尽所能,力图把零碎的证据拼装成一幅完整的"罪恶图画";辩护律师则是挖空心思,要把检察官辛辛苦苦拼装起来的"罪恶图画"一点点撕破,抛向空中。或者说,检察官通过举证、问证、辩证活动,尽力使其指控达到"排除合理怀疑"的地步;律师则像一位专打空当的拳击手,抓住检察官证据或主张中的某一弱点,穷追不舍,以证明检察

---

[1] 〔英〕J.W.塞西尔·特纳:《肯尼刑法原理》,王国庆、李启家等译,华夏出版社1989年版,第507页。

官的犯罪指控存在着难以消除的合理疑点。[1]

需要说明的是,法庭审判中控辩双方这种"你死我活"的对抗性活动主要借助于一种被称为"交叉询问"(cross examination)的方式展开。所谓交叉询问,就是对于双方各自所传唤出庭的证人,一般按照直接询问、交叉询问、再次直接询问和再次交叉询问的顺序进行调查。[2] 主询问由提出证人的一方进行,其目的在于使证人所了解的一切有利于自己一方的事实充分地展现在法庭上,直接询问中不能提诱导性问题;交叉询问则是由对方向该证人进行质疑性、反驳性的询问,企图找出证词中的破绽或揭露出证词中的不真实之处,以贬损其可信性,交叉询问中可提诱导性问题;再次直接询问则是由提出证人的一方针对反询问中暴露出的问题展开补充性询问,旨在强化证人证言的可信性和证明力。这种交叉询问根据需要可以依次进行若干轮,直到双方不再提出新的问题。实践中,交叉询问为庭审活动增添了很多的戏剧性色彩。这里我们通过1991年荣获"全美最佳律师"之称号的图伊特律师与检察官在一起刑事案件中对证人的交叉询问情况[3]作一透视。

三名黑人青年持枪抢劫一家杂货店,店主摁响了报警器,他们便匆忙逃走,没有抢到什么东西。店主也未受伤。后来警方根据

---

[1] 也有学者认为,对抗式审判实际上是围绕"讲故事"展开的,陪审员们通常是在两个相互竞争的故事中选择一个故事,或者从呈现给他们的材料中建构出第三个故事。See William Twining, *Rethinking Evidence: Exploratory Essays*, Cambridge University Press, 2006, p. 295.
[2] 参见王进喜:《美国〈联邦证据规则〉(2011年重塑版)条解》,中国法制出版社2012年版,第186页。
[3] 参见何家弘:《从观察到思考——外国要案评析》,中国法制出版社2008年版,第287—290页。

店主和两名过路人的陈述抓到了三名嫌疑人,并把他们送上了法庭。图伊特担任被告辩护律师。

第一位接受他交叉询问的证人叫史蒂夫,是个中年男子。当检察官克拉普曼对他的问话结束之后,图伊特不慌不忙地走上前去,问道:"史蒂夫先生,刚才在直接询问中,你作证说看见被告人托马斯从那家杂货店跑出来,而且他的帽子戴得很低,对吗?"

史蒂夫说:"那是我的证言,对。"

"你曾经就本案的情况对别的律师作过陈述吗?"

"我不记得了。"

"你不记得一位名叫汤姆森的年轻律师在大约一个月以前到你家去问及此案的事情?"

"噢,好像是有这么回事。"

"你和汤姆森谈话了吗?"

"谈了吧。"

图伊特转身走回自己的桌子旁,拿出一张纸,走到法庭书记员面前说:"你能把这页纸标上'被告方第1号物证'吗?"书记员按他的要求标上之后,他说了声"谢谢",然后走到史蒂夫面前,说:"我把'被告方第1号物证'递给你,并请你看看它。"[1]

史蒂夫说:"我正在看。"

"在这张纸上有你的签名吗?"

"有,在底下。"

"你是在那日期所表示的那一天签的名吗?"

---

[1] 按照伊利诺伊州的法律规定,律师必须在让证人看过其以前的书面陈述之后才能向其提问。

"是。"

"被告方第 1 号物证的内容和形式与签名时一样吗？"

"看上去是一样的。"

"你看该陈述有任何改动或变化吗？"

"好像没有。"

"那么这陈述中说：'这个从杂货店跑出来的男子穿一条牛仔裤，一件黑色的上衣，头上没戴帽子。'这是你的陈述，对吗？"

"可是我现在想起来他戴着帽子了。"

"你向汤姆森律师陈述是在本案发生之后不久，而且你当时肯定地说他头上没戴帽子，不是吗？"

"是的，可我现在想起那帽子了。"

"你是不是那种记忆会随着时间的过去而变得越来清楚的特殊人呢？"

"啊，不能这么说。"

"你的记忆在向汤姆森律师提供陈述时大概更为清楚和准确，难道不是吗？"

"这……这很难说。"

"谢谢你，就这些。"

第二位接受图伊特交叉询问的证人是个青年女子，名叫史密斯。图伊特走到证人面前，微笑着端详了好一会儿，彬彬有礼地问道：

"史密斯小姐，你刚才在接受询问时描述了你在本案发生时看到的从该杂货店跑出来的青年。你不仅描述了他衣服的颜色，还描述了他帽子上的标志。对吗？"

史密斯想了想才说："对。"

"史密斯小姐,你能告诉我你当时在干什么吗?"

"我当时刚从汽车里走出来。"

"你的汽车停在什么地方?"

"停在那家杂货店斜对面的停车场上。"

"非常感谢,史密斯小姐。"图伊特说完变转身向自己的座位走去。但刚走几步又停下来,回身问道:"史密斯小姐,顺便问一问,你平常戴眼镜吗?"

"不戴。"

"从来也没戴过?"

"从来没有!"

图伊特又走回证人面前,态度和蔼地问:"这么说,案件发生那天你没戴眼镜?"

"没有。"

"那么让我来问你一个问题——有没有一名眼科医生曾在视力检查之后建议你配戴眼镜呢?"

"没有,先生。"

"在去年3月,曾有一位眼科医生极力督促你配戴近视眼镜,这不是事实吗?"

"我不记得了。"

图伊特转向法官说:"目前没有问题了,法官阁下。"

后来,被告方胜诉了。主要原因就是图伊特通过交叉询问成功地给包括史蒂夫在内的控方两位证人的可信性打上很大的问号,并通过提出己方的证人加强了这种怀疑的合理性,使检察官的指控达不到"排除合理怀疑"的地步,所以,被告方胜诉,指控方败诉。

为充分保障相对哲学和公平竞争理念的真正实现,对抗式审判中的法官被塑造成一个消极、被动、中立的仲裁者角色。既然是"中立的仲裁者",那么法官就不是检察官或被告人任何一方的代理人,也不能站在被告方的对立面,而是监督双方在提出证据、交叉询问及法庭辩论时是否严格遵守程序规则,并在任何一方违反规则时予以纠正和制止,确保控辩双方在"游戏规则"的约束之下"公平竞争"。

法官之所以要"消极、被动",是为了不与控辩双方的积极性、主动性活动相冲突,而且这样有助于法官冷静地思考、准确地判断。英美国家有一句民谚,叫"动口的法官不动脑",说的就是这个道理。而所谓"消极、被动",是说法官和陪审团一般不能干预法庭的证据调查过程,既不宜单独提出证据,也不能过于主动地询问证人。

英国有一个叫休·英伯特·佩勒姆·哈利特的法官,就是由于说话太多,被控辩双方以法官干预太多,妨碍案件的公正审理为由提起上诉,并导致其法官生涯的结束。英国前民事上诉法院院长丹宁勋爵在对此案的上诉裁判中说道:"法官只能传唤诉讼双方请来的证人。同样,要由律师来轮流质询证人,而不是由法官来质询,以免影响他辩护的效果。法官的事情就是听取证词。只有在需要澄清任何被忽略的或不清楚的问题时,在需要促使律师行为得体以符合法律规范时,在需要排除与案情无关的事情和制止重复时,在需要通过巧妙的插话以确保法官明白律师阐述的问题以便作出估价时,以及最后在需要断定事情所在时,法官才能亲自询问证人。假如他超越此限,就等于是自卸法官责任,改演律师角色。但是这种改变对法官并没有好处。培根大法官说得很好,他说:'听证时的耐心和庄重是司法工作的基本功,而一名说话太多的法官就好比是一只胡敲乱响的铜钹。'"[1]一位美国学者也指出:"询问证人、尤其是自行传唤证人的司法权力只有在当事人推动的举证活动失败的情况下才会作为最后一道防线而得到利用。即使在这个时候,对这些权力的行使也是小心翼翼进行的,并且保持在严格限定的范围之内,一位作为当事人的官员也不会选择这样一种明显的中立姿态,以至于坚持一条不利于证明己方主张但却有助于揭示真相的调查路线。即使某一位官员偶尔这样做了,他也会受到上级法院的批评,因为他僭越了恰当的抗辩角色。"[2]

如果说休·英伯特·佩勒姆·哈利特由于偏离了法律对自己的角色定位,参与太多而引火烧身的话,那么,1991年引发美国洛杉矶骚乱的一起刑事案件的审判则从另一个角度反映出英美法官对证据调查与事实认定常常呈现的无能为力的状态。

1991年3月3日夜晚,美国加利福尼亚州洛杉矶市一位名叫罗德尼·金的黑人青年在公路上超速开车被巡警发现。警察命令金停车,金却加速逃跑。后来在10辆警车的追堵之下将金抓获。当金走出自己的汽车时,遭到了4名气急败坏的警察的一顿暴打,金被打得遍体鳞伤,一条腿被打断。此情此景正好被现场附近一位"摄影爱好者"用摄像机录了下来,并被在电视新闻中播放出来,在美国引起了轩然大波,以至于时任美国总统布什及许多政府高官都纷纷对此行为进行谴责或者表示遗憾。与此同时,罗德

---

1 〔英〕丹宁勋爵:《法律的正当程序》,李克强、杨百揆、刘庸安译,群众出版社1984年版,第52—53页。
2 〔美〕米尔伊安·R.达玛什卡:《司法和国家权力的多种面孔——比较视野中的法律程序》,郑戈译,中国政法大学出版社2004年版,第187页。

尼·金也将那4名打他的白人警察告到了法庭。结果,加利福尼亚州锡米峡谷镇法院判决宣告4名被告人无罪。由此激怒了黑人民众,并引发了洛杉矶地区的大规模暴力冲突。迫于压力,美国联邦检察机关以"侵犯民权罪"为由再次对4名白人警察提起公诉。1993年4月17日,陪审团作出判决:2名警察有罪,另2名警察无罪。随后主持法庭审理的戴维斯法官宣布2名被判罪的警察的刑期各为30个月。这一判决的量刑大大低于1987年公布的《联邦量刑指南》中对此种罪行的量刑标准。按照该指南,这种罪行的最低刑期为70个月,最高刑期为10年外加25万美元罚金。戴维斯法官为什么如此"超低限量刑"呢?他在判决中解释道,他本来就认为检察官的"第二次起诉有不公正之处"[1],而且,他认为黑人青年金对该案的后果负有"一定责任",他还明显表达了对2名白人警察的同情,但由于他在审判过程中对这些问题没有"发言权",加之,陪审团负责定罪事宜,他不能干涉陪审团关于定罪与否的评议活动,所以,他只好在量刑这一专属于他支配的环节采用"超低限量刑"的方法表达自己的意愿。[2]

有人据此对英美国家的刑事审判打了一个形象的比喻,说如果审判可以被比作一种对抗式的体育比赛(如足球赛等),那么法官是裁判员,其职责是保证"比赛"按规则进行,随时裁处"犯规"行为,最后宣布"比赛结果";律师(包括辩护律师,也包括公诉律师,因为在英美国家,不仅出庭公诉的检察官必须具有律师资格,而且检察机关有时也聘请律师代为公诉)则是教练兼队员,他

---

[1] 在美国,被告人就其同一行为享有免受双重追诉的权利。
[2] 参见何家弘:《从观察到思考——外国要案评析》,中国法制出版社2008年版,第64—76页。

一方面要指导己方"队员"——证人们——的行动,另一方面,也亲自参加"比赛"。虽然"裁判"在比赛场上享有极大的权威,但决定比赛胜负的是双方队员而不是"裁判"。此外,还可以用一句更简练的话来概括对抗式审判的特点,那就是"沉默的法官,争斗的当事人"。

当然,对抗式审判的正常运作离不开英美国家在漫长历史发展过程中逐步确立下来的一系列配套的诉讼制度和原则的支撑,如起诉时的一本状主义、开庭前的当事人双方事先充分准备制度以及法庭审判中的传闻证据排除规则等。

起诉一本状主义在前文中已经介绍过,因而这里只就其余的几种制度与规则展开说明。

所谓当事人双方事先充分准备制度,是指为防止对抗式的法庭审理陷入混乱无序或拖沓重复状态,提高审判的效率性和科学性,法律允许控辩双方在开庭之前进行一些必要的准备活动。一是双方可以互相了解对方手中掌握的证据材料,即前述的证据展示活动;二是证人彩排活动,即开庭之前,由律师和自己这一方的证人达成协议,告诉证人如何作证,让证人进行作证演习,以保证庭审调查能够朝有利于己方的方向发展;三是辩护律师能以控诉方的某个或某些证据系通过非法搜查、扣押、窃听等方式取得为由,要求法官予以排除,不允许其提交到公开的法庭上,以免不当地影响陪审团对案件事实的认定,检察官则极力对该证据的合法性进行解释和论证,捍卫该证据的效力;四是辩护方可以要求检察官对起诉书提供附加说明书,具体阐述控诉方的主张以及案件细节,以便辩护方把握辩护要点,准备辩护对策;五是双方还可以就分裂指控、延期审判、撤销案件及改变管辖法院等问题进行协商谈判。我们平常或许已经听说过的"辩诉交易"也是其中常见的活动之一。

传闻证据排除规则意在排斥证人、被害人、鉴定人、侦查警察等陈述者(即英美法意义上的证人)在法庭外的陈述,要求陈述者原则上必须以口头方式向法庭作出陈述并接受控辩双方的口头发问和调查。相应地,证人、被告人等在庭前阶段向侦查人员或者检察官所作的证言笔录,或者证人、被告人等在法庭外以书面形式提供的证词,若不经由该证人或被告人等在法庭上以口头形式转化提出,一般应为法庭审判所排除,只有在无法获得原始证据或者需要对直接证言进行补充等少数例外情况下才采纳为定案证据。

往深层讲,起诉状一本主义、开庭前的控辩双方事先充分准备制度、法庭审理中的传闻证据排除规则等,都与陪审团的参与和存在有一种因果性的关联。

在英美国家,由于陪审团在开庭之前临时组合而成,成员无暇也不能在庭前阅览控方的案卷和证据,所以,控方起诉时只需要提交一张起诉书即可;又由于陪审团基本上都是由不懂法的普通公民所组成,容易受到一些情绪化因素的影响,所以庭审之前应当经过控辩双方协商及法官裁决,把那些可能会对陪审团产生不当影响的非法取得的证据予以先行排除,这就是庭前当事人双方事先充分准备制度设立的主要考虑之一;此外,传闻证据排除规则可确保陪审团的成员更直接、更真实地观察控辩双方的证人作证时的言谈、神态及面部表情等,对案情获得更客观、全面的印象和了解。最后,集中审理规则有助于陪审团的成员在对案件的调查情况记忆清晰、印象深刻的情况下作出公正、合理的判决,反之,如果审判一而再、再而三地开庭,而且迟迟不决,那么,到了最后由陪审团作出裁判的时候,陪审团成员对于先前所进行过的法庭调查情况就会淡忘或记忆模糊,这必然会影响到陪审团裁判的正确性。凡此种种,都印证了美国法学家本杰明·卡普兰说过的一句话:"美国法律的许多特色都环绕在陪审制度的四周,就像铁砂环绕着磁石一样。"[1]

英美国家为什么建构起这么一种对抗式的审判制度呢?

考察一下英美刑事诉讼的发展史,就会发现,这首先要归功于古典自由主义政治哲学的影响,这种审判制度是对诉讼民主追求的产物。英美社会认为,刑事审判是解决国家与个人之间发生的争执的一种活动,为防止弱小的被告人成为国家专制意志的牺牲品,应当把被告人交给一个由与被告人身份平等的普通公民所组成的陪审团来审理和决定其是否有罪,而且,被告人及其辩护律师还应有权通过积极、广泛的法庭辩护活动去直接影响陪审团的裁判活动,只有如此,审判才称得上是公平和民主的,被告人的权利和自由才能得到切实的保障。

其次,英美社会普遍认为,以控辩双方为主展开庭审调查和论辩的对抗式审判是发现案件事实真相的最有效方式。按照伯恩斯等人的说法,就是"没有一种已知的替代物,作为一种企及真相的手段,可在有效性与正当性方面与对抗制匹敌"[2]。他们的理由主要有三方面。

一是由于案件裁判结果与控辩双方都有切身利害关系,因而

---

[1] 〔美〕哈罗德·伯曼编:《美国法律讲话》,陈若桓译,生活·读书·新知三联书店1992年版,第35页。
[2] 〔美〕詹姆斯·M.伯恩斯、〔美〕杰克·W.佩尔塔森、〔美〕托马斯·E.克罗宁:《美国式民主》,谭君久等译,中国社会科学出版社1993年版,第17页。

控辩双方都有举证、问证和质证的积极性。就辩护方而言,诉讼的成败直接关系到被告人是否会受到定罪处罚,其有参与的积极性自然不难理解;而对于控诉方来说,诉讼成败不仅反映着检察机关的工作成效,而且关系到国家利益、社会利益是否得到保障,所以,控辩双方都会为了维护己方利益,积极开展法庭活动。

二是由于控辩双方通过交叉询问机制对同一证据的论证和反驳,有助于法庭从不同的角度对证据进行全面、深入的考察,防止裁判者受偏见的影响。正如美国哈佛大学教授朗·L.富勒所说,各方当事人对证据的论辩就"好比把钻石稳定于一个角度,使它单独的一面特别惹目",那么双方"律师们的辩论等于使案件置于正反两种意见之间悬而未决,使案件的正确类属如此维持在未确定状态中,便有时间可以探索它的一切特性和微妙差别"[1],陪审团和法官便得以全面、深入地洞察案件的细枝毫末。英国大法官埃尔登勋爵也说过"真实情况最易为争诉双方的有力陈词所供出"[2]。

三是由于法官保持中立和被动状态更有助于查明事实真相。法官如果过于主动,就很难避免证据调查过程中逐渐偏向控方或辩方,从而影响对案件真相的查明。英国上诉法院的一位著名法官就认为,假如一名法官亲自检验证人的证词,"那就是说,他自甘介入争论,从而有可能被甚嚣尘上的争吵遮住明断的视线"[3]。

---

1 〔美〕哈罗德·伯曼编:《美国法律讲话》,陈若桓译,生活·读书·新知三联书店1992年版,第32页。
2 〔英〕丹宁勋爵:《法律的正当程序》,李克强、杨百揆、刘庸安译,群众出版社1984年版,第52页。
3 同上注。

此外,英美社会还普遍认同,法官的超然、中立与当事人双方的充分参与能够使审判程序保持一种公正的外观,有助于当事人接受判决的结果,促进司法制度的合作性。

在谈了这么多有关对抗式审判的问题之后,让我们来看一个发生在法国的真实案例,并据此揭开运行于大陆法系国家的审问式审判模式的"盖头",瞧一瞧其"庐山真面目"。

法国某地的一个小伙子因一本杂志作媒介与一位几千里外的外国女子谈起了恋爱。后来,那位姑娘因此到法国来旅行,见面后,小伙子的感情更趋热烈,而那姑娘则对小伙子的相貌有些失望,但她不露声色,每天仍与那个自以为是她的未婚夫的人相会。后来,姑娘突然通知他绝交,小伙子冲动之下用匕首残忍地杀害了那个不幸的姑娘。此案到了重罪法庭。代理检察长的任务很简单,他认为小伙子的行为没有什么好辩解的,姑娘在结识了与她通信的人之后,有权收回自己的许诺,况且经过法医对尸体的检查,证实姑娘还是个处女,她没有委身于他,也没有背弃他而委身于别人。这个结论有点轻率了,以后的情况将证明这一点。人们都知道有一些"可变的处女膜",也就是说,年轻姑娘可以和男人发生性关系,而过后的临床检查却不能证明。

辩论中,审判长想起那姑娘的手提包在出事以后被封存起来,一直未经检查。负责预审的是法院中一位最有经验的预审官,但他也曾认为,在如此简单的案件里,被告人对受害人没有表示丝毫的责备,所以这种检查没有什么意义。

但是,审判长当众表示,常常会在封存的物品中发现一些实情。于是,派人清点手提包,特别注意到里边有一个日记本。姑娘在日记中用英文记录了她每天的时间安排以及她一天的感想。他看了这份材料,在继续辩论时,他让人翻译了日记。结果,这个私人笔记本的发现彻底改变了本案的一些根据。日记的头几页显示出姑娘曾向年轻人明确地允诺了,而后几页则告诉我们,她在法国又结识了另一个男子,对这人的爱慕胜过了对她的未婚夫,这正是起初无法说明的那绝交的原因。最后的判决是宽容的,而这是在辩论开始时所不能指望的。[1]

上述案例中法官的所作所为对于对抗式审判来说通常是不大可能的,但它却是审问式审判中法官的正常表现。

审问式审判又可称为非对抗式审判,是大陆法系国家通常采行的一种审判模式,其基本理念是"职权调查"和"实体真实"。换句话讲,这种审判强调法官负有查明案件客观真相的责任,法官为此可依职权积极主动地收集、调查一切有助于查明案情的证据,而不受控辩双方所提供的证据材料的限制。

在此理念影响下,与对抗式审判中法官的自我克制形象适成相反,大陆法系中的法官成了庭审过程中最忙的人,他讯问被告人,询问证人,出示或调查其他形式的证据,始终扮演着法庭审理过程中的主角,根据最符合自身认知需要的顺序调查证据。所有的证人都是法庭的证人,从证人身上获取信息是法官而非当事人的主要职责。法律不允许当事人去影响证人作证,不鼓励律师与未来的证人进行接触,更遑论帮助证人准备在法庭上的证词。接触证人,将会削弱证人证言的可信程度;"训练"证人作证,很容易被视为在"收买"证人。在审判中,通常情况下,法官首先会让证

---

[1] 参见〔法〕勒内·弗洛里奥:《错案》,赵淑美、张洪竹译,法律出版社1984年版,第261—262页。

人对他所了解的案件事实作连续性的陈述。只有在帮助证人表达自己、阐明要点,抑或防止其陈述离题万里时,法官才会通过提问打断证人的陈述。此后,法官才可以进入询问阶段。法官的询问更像是非正式的谈话,而非严格意义上的一问一答。在法官结束询问后,双方当事人可以向证人提问,试图找出被遗漏的有利于己的信息点,或者强调已经由证人确认的某些特定要点。[1]

需要指出的是,大陆法系国家的审问式审判不采用陪审团制度,虽然也允许普通公民作为陪审员参与法庭的审判,但陪审员是与职业法官一道组成一个混合审判庭,这在学理上称之为"混合陪审制",而且,陪审员与职业法官之间没有职能上的区分,二者共同行使定罪权和量刑权,不过由于陪审员不熟悉法律,在职业法官面前说话很难有什么分量,以致实践中,许多大陆法系国家的陪审员常常唯法官是从,很难起到明显的制约职业法官的作用。据德国刑事诉讼法学家赫尔曼介绍,在德国,陪审员对定罪问题的影响程度仅为14%,对量刑问题的影响仅为6.2%。[2]

根据19世纪一位英国学者的观察,法国法官"会声色俱厉地威吓被告人,嘲讽之,以一种克制了愤怒的颤抖口吻嘲讽被告人。法官歪曲被告人的答案,巧妙地刺探犯罪的动机。他会瞟一眼陪审团,对他们'旁白';他会从道德上讨好被告人。总之,他会采用我们理想中的英国法官所几乎不采用的一切手段"[3]。美国法学

---

1 参见〔美〕米尔吉安·R.达马斯卡:《比较法视野中的证据制度》,吴宏耀、魏晓娜等译,中国人民公安大学出版社2006年版,第193页。
2 参见〔德〕赫尔曼:《中国刑事审判改革的模式》,1994年北京刑事诉讼法学国际研讨会论文。
3 〔瑞士〕萨拉·J.萨默斯:《公正审判——欧洲刑事诉讼传统与欧洲人权法院》,朱奎彬、谢进杰译,中国政法大学出版社2012年版,第17页。

家埃尔曼在考察后也指出:"在大陆法系国家,人们期望法官通过揭露事实真相来独立地指导诉讼。在可能的条件下,他可以在当事人的帮助下这样做,但他也可以相当独断的方式,使用双方当事人所反对的方法(这些方法可能发现于当事人利益有害的事实)。"[1]应当说,这一看法具有充足的法律依据。因为德国《刑事诉讼法》第244条就规定:"(一)询问被告人后,进行证据调查。(二)为查清真相,法院依职权应当将证据调查涵盖所有对裁判具有意义的事实和证据材料。"这就是所谓的法官查明义务。关于法官查明义务的范围,德国联邦最高法院的一贯判例认为,这种查明是一种全面的案情查明,应当涵盖法院获知或者应当获知的、须运用一定证据加以证明的情况。[2] 法国《刑事诉讼法》第310条也规定:"审判长享有自行做出决定的权力,依此权力,审判长得本着荣誉与良心,采取其认为有利于查明事实真相的一切措施;……在庭审过程中,审判长得传唤任何人;必要时,可以签发拘票传唤任何人,并听取他们的陈述,或者根据庭审的进展情况,让受传唤人提交有利于查明事实真相的一切新的证据材料。"

科学家早已发现,宇宙中存在能量守恒定律,这一定律也适用于刑事审判场域中。在法庭审理这一特定的时空中,能量总和是固定的。法官动能强,则控辩双方的动能必然较弱。事实确实如此。在审问式审判中,与法官的绝对主导性地位相适应,检察官与辩护方只是"法官活动的适格观察员"(赫尔曼语),通常只能在法

---

[1] 〔美〕埃尔曼:《比较法律文化》,贺卫方、高鸿钧译,生活·读书·新知三联书店1990年版,第174页。

[2] 参见《德国刑事诉讼法》,宗玉琨译注,知识产权出版社2013年版,第194页脚注部分。

官对证据调查完毕后作一些补充性的提问,而且还必须经过法官批准,当然法官原则上必须同意。美国学者本杰明·卡普兰也指出:"大陆国家法庭审判中律师和检察官相对被动,辩护律师的提问不过稍多于检察官而已。"[1] 这种以法官为主进行证据调查的方式几乎不可能有控辩双方交叉询问活动的余地。加之,大陆法系国家的律师和检察官普遍缺乏交叉询问的培训和经验,以至于德国现行《刑事诉讼法》第 239 条中尽管已经规定了交叉询问制度,但实践中几乎没有被使用过;法国 1993 年 1 月 4 日通过的法律也曾经规定刑事审判采取交叉询问方式,但现在法国刑事诉讼法律规范中没有再保留这些规定了。[2]

如果说对抗式审判好似一场体育比赛的话,审问式审判则是一个"由官方主持的权力主义的和家长式统治的过程","它集中围绕法官的充分权力以进行等级制的、有组织的发现真相"[3],控辩双方处于受限制的从属地位,其最大的特征也可以用一句话概括,即"主动的法官,相对消极的当事人"。

毋庸置疑的是,审问式审判的正常运转也有赖于一系列配套制度的扶持。这主要表现为三方面:起诉时的案卷移送制度、庭审前的法官阅卷活动和庭审中书面证据的大量运用。

案卷移送制度前已提及,这里不再多说。至于法官的庭前阅卷活动,其实是与案卷移送制度血脉相连的。公诉机关之所以在

---

[1] 参见金明焕主编:《比较检察制度概论》,中国检察出版社 1990 年版,第 205 页。
[2] 参见〔法〕贝尔纳·布洛克:《法国刑事诉讼法》,罗结珍译,中国政法大学出版社 2009 年版,第 487 页。
[3] 〔德〕赫尔曼:《中国刑事审判改革的模式》,1994 年北京刑事诉讼法学国际研讨会论文。

提起公诉时要随案移送全部的卷宗材料和证据材料,主要是为了便于法官在开庭之前就能阅览这些材料,并根据阅卷情况,设想一下开庭审判中要注意的问题及大体的审判思路,必要时还可以自行收集、调取自己认为必需而控方没有移送的其他证据。比如,法国《刑事诉讼法》第 283 条规定,重罪法院庭审之前,"审判长如认为预审尚不完备或者预审终结以后又发现新的材料,得命令进行其认为任何有益的侦查行动。此种侦查,由法庭审判长(庭长)进行,或者由其一名陪审官进行,或者由审判长委托授权的预审法官进行"。而法官开展如此琐碎、细致的庭前阅卷和调查活动的目的是实现法官对法庭审理过程的主导权和控制权,因为法官要使其主宰下的法庭审判过程有条不紊地开展,就必须在开庭之前做到心中有数,对案件的基本情况及其争议焦点有一个相当的了解。正如德国法学家拉德布鲁赫所指出的那样:"在主审程序中的主审人并不满足于一个不偏不倚主持审讯的位置;他自行审理、讯问被告、询问证人,基于检察官和预审法官所提供的预审程序的案卷,他必定在主审程序开始之前,已对事实状况有一个主观印象。"[1] 由此,法官的庭前阅卷和调查活动构成了大陆法系审问式审判得以顺利开展的基本前提。

此外,在书面证据的运用方面,正如有学者所指出的,大陆法系的审判仅仅是对深藏在卷宗之中的官方调查结果的复查,这一点无疑会让许多普通法系的学者感到震惊。[2] 大陆法系国家尽

---

[1] 〔德〕拉德布鲁赫:《法学导论》,米健、朱林译,中国大百科全书出版社 1997 年版,第 125 页。
[2] 参见〔美〕米尔吉安·R.达马斯卡:《比较法视野中的证据制度》,吴宏耀、魏晓娜等译,中国人民公安大学出版社 2006 年版,第 303 页。

管也确立了与英美法系传闻证据排除规则有类似功能的直接言词原则,要求证人、当事人原则上必须以口头的方式向法庭陈述,庭审法官必须亲自听取其口头陈述并进行调查,但由于法官在庭审之前就已通过阅卷及自行调查活动而对案件事实和法律适用形成了一定的印象和看法,因而审判实践中往往便不再强调口头举证,而对当事人特别是控方提供的书面证据具有较大的宽容性和依赖性。[1] 比较刑事诉讼法学家达玛斯卡就此指出,在欧陆国家,"从外观上看,这项原则(直接言词原则——引者注)被奉为神圣,审判法院必须听取证人证言,但预审程序仍然继续发挥着重要作用。主审法官往往会事先研究案卷并且在审判过程中反复征引案卷中所包含的材料。……对证人的质证仍然只是例行公事似的进行,以至于来自于书面案卷中的信息总是持续不断地冒出来。关于俄罗斯程序的一个广为人知的说法只要稍加改动就可以适用于欧陆司法系统:案卷仍然存在于审判之翼中,就像提示台词者在业余演出中那样必不可少"[2]。"大陆法系的检察官可以相对容易地引入证人的庭外陈述作为证据"也许是两大法系证据制度最重要的差异。[3] 布伦·麦基洛普(Bron Mckillop)通过旁听与观察法国轻罪案件审判后得出结论,法国轻罪案件不是由庭审中口头方

---

[1] 参见〔瑞士〕萨拉·J.萨默斯:《公正审判——欧洲刑事诉讼传统与欧洲人权法院》,朱奎彬、谢进杰译,中国政法大学出版社2012年版,第37页。

[2] 〔美〕米尔伊安·R.达玛什卡:《司法和国家权力的多种面孔——比较视野中的法律程序》,郑戈译,中国政法大学出版社2004年版,第80页。

[3] 参见〔美〕米尔吉安·R.达马斯卡:《比较法视野中的证据制度》,吴宏耀、魏晓娜等译,中国人民公安大学出版社2006年版,第103页。

式作证的证据,而是由卷中记载的有罪证据而定罪的。[1] 在德国,除少数例外情形,书面传闻都具有可采性。[2]

概言之,在大陆法系国家,书面证据的运用其实是法官的庭前阅卷和调查活动在法庭审判中的衍生品。出于心理学上的原因,对于不允许庭审中使用书面证据特别是控方案卷中所记载的书面证据,法官本能上是予以排斥的,而且,在担负着查明案件真相职责的法官看来,传讯证人到庭口头重述一下他早已看过的书面证据的内容常常是不必要的,徒增司法资源的浪费,实为多余。

应当说,表面上的制度差别本属正常之事,正所谓"有人辞官归故里,有人星夜赶科场",选择不同而已,真正让人感到惊奇的是生活在不同审判制度中的人们普遍怀有的那种"孩子还是自家的好"的想法。

如同英美社会认为对抗式审判是目前发现的无可匹敌的"企及真相的手段"一样,大陆法系国家的官员和学者也普遍确信审问式审判不仅是效率较高的审判方式,而且还是最好的认定事实、查明真相的途径。前法国外交部长吉古夫人1999年6月在参议院的讲话中就认为:"控辩制本性就是不公正的。它恃强凌弱。它恶化了社会与文化的差异。它对于那些能请一个或多个律师的富人有利。我们的制度无论在效率还是在对个人权利的保障方面都更

---

[1] See Bron Mckillop, Readings and Headings in French Criminal Justice: Five Cases in the Tribunal Correctionne ,l 46 Am. J. Comp.L. p. 774(1998).
[2] 参见〔美〕米尔吉安·R.达马斯卡:《比较法视野中的证据制度》,吴宏耀、魏晓娜等译,中国人民公安大学出版社2006年版,第280页。

好。"[1]究其原因,主要有以下三方面的理由:

一是职业法官整体上具有更丰富的司法经验和更多样的司法手段,较控辩双方尤其是被告方具有更强的查明真相的能力,确立法官的主导地位实乃因材施用之举。

二是控诉方与辩护方是利益冲突的双方当事人,在刑事审判中处于对抗状态,提出证据与调查证据时必然都带有情绪和价值上的偏向,而法官则是与案件利害关系无涉的,处在客观的立场上,由其主宰证据的收集与调查更有利于查明真相。

三是如同赫尔曼教授所说,制作判决的法官最了解他所需要的信息是什么,应对被告人和证人提出的疑问有哪些,因而法官自己积极主动地开展证据的收集和调查活动,为其最终制作裁判书做好充分的准备,就是相当自然的事情。相应地,限制控辩双方的活动空间,使其处在协助、配合法官调查的位置上,能够较好地减少和防止控辩双方对法官按照自己的想法探寻真相活动的冲击,提高了诉讼效率。

不过,无论两大法系国家的学者和司法人员对其各自的审判制度如何看好,当前学界普遍认为,对抗式审判和审问式审判都存在着一定的不足和问题。

审问式审判的最大问题是,法官在开庭审判之前就已看过警察、检察官的调查案卷,对于哪些问题比较清楚,哪些问题应在庭审中重点调查,在开庭之前可能就已计划好了,因而不是一个开放式的审判。赫尔曼教授曾经打过一个比方,说案卷中实际上放着

---

[1] 〔瑞士〕萨拉·J.萨默斯:《公正审判——欧洲刑事诉讼传统与欧洲人权法院》,朱奎彬、谢进杰译,中国政法大学出版社 2012 年版,第 18 页。

警察、检察官的"眼镜",法官不过是把警察、检察官的"眼镜"戴在了自己的脸上,用警察、检察官的眼镜来看问题。心理学告诉我们,一个人看什么、听什么与照相是不同的,人往往是带着主观色彩的。这样一来,法官就被改变了,一半是警察、检察官,一半是法官。[1] 另有德国学者在调查的基础上指出,德国实践部门的人都认为,实际上大多数案件在审判之前就已经被决定了。审判不过是警察在侦查阶段所收集证据的生动简要的展示和确认。[2] 在此情况下,法官要保持不偏不倚、公平地对待控辩双方的交涉,自然是十分困难的,这既可能使法官由于偏听偏信而对事实的认定发生错误,又可能使被告人的权利得不到充分保障。此外,由于审判法官必须对被告人提出并不令人愉快的问题,要试着去发现矛盾之处,又要尽可能地运用成功的询问策略,由此可能导致被告人常常将法官误认为敌人,这就会妨碍被告人对裁判结论的认同和接受。[3]

对抗式审判的问题则主要表现在:

其一,法官消极化,使得辩护人成为被告人的"必需品"而非"奢侈品"。为此,国家必须建立发达的刑事法律援助制度,保障被告人的诉讼权利和促进案件实体真实的发现,因而对国家的财政支付能力提出较高的要求。

其二,当事人拥有的司法资源不均衡,极易导致实质上的司法

---

[1] 参见〔德〕赫尔曼:《德国刑事司法制度》,1993 年 1 月之讲话录音。

[2] 参见〔德〕莱因荷德·齐柏里乌斯:《法学导论》(原书第四版),金振豹译,中国政法大学出版社 2007 年版,第 134 页;〔德〕托马斯·魏根特:《德国刑事诉讼程序》,岳礼玲、温小洁译,中国政法大学出版社 2004 年版,第 233 页以下。

[3] 参见〔德〕克劳思·罗科信:《刑事诉讼法(第 24 版)》,吴丽琪译,法律出版社 2003 年版,第 410 页。

不公。对抗式审判的理论基础在于,控辩双方平等武装,公平对抗,法官居中裁判。但实践中,控辩双方司法资源的不均衡很可能使这种理想化为泡影。英国上诉法院从 20 世纪 80 年代和 90 年代的大量不公正案例中就认识到,刑事诉讼抗辩性的缺陷在于,控辩双方拥有的司法资源不均衡。[1] 侦控机关通常掌握着强大的司法资源,为了使被告方能够平等地获取与案件有关的信息、提出证据并质疑对方的证据,英美国家确立了平等武装原则,通过增加控方证明上的困难来解决控辩双方实力不对等的问题。但实践证明,这一举措并不能完全解决问题,辩方难以充分抗辩的现象仍然相当严重,无辜者被错误定罪的风险不容忽视。据《美国错案报告》的调查,自 1989 年至 2003 年的 15 年间,美国利用 DNA 证据等方式洗清了 328 例冤案,这 328 人无辜地在监狱待了 10 年以上,有 4 人发现是错案时已经病死在监狱里了。[2]

其三,法官完全依赖于当事人双方通过对抗的方式查明真相,袖手旁观,"坐山观虎斗",不仅所耗甚巨,而且很难完全把握案件真相。因为当事人双方存在利益上的偏向和资源、能力方面的限制,在极为复杂的程序规则和证据规则的规约之下,庭审进程极易被各自怀有不同用心的当事人引向歧途,大量的有用信息可能逃逸出判决者的视野,判决的事实基础可能并不完整,乃至出现一些不可思议的荒诞现象,下面两起案例就是明证。这两起案件都是美国伊利诺伊州北区联邦检察官办事处于 1991 年出庭公诉

---

[1] 参见〔英〕麦高伟、〔英〕杰弗里·威尔逊主编:《英国刑事司法程序》,姚永吉等译,法律出版社 2003 年版,第 311 页。
[2] 参见甄贞等编著:《法律能还你清白吗?——美国刑事司法实证研究》,法律出版社 2006 年版,第 2 页。

的贩毒案件。

在第一起案件中,三名被告人被指控曾在芝加哥南部地区向很多人大量推销毒品。检察官在法庭上提出了非常有力的证据证明被告人有罪。其中对陪审团影响最大的是两名证人的证言,一人叫哈里斯,一人叫伊万斯。他们对三名被告人的贩毒事实了如指掌,而且对毒品交易的细节讲得头头是道,有声有色。据说,陪审员们当时在法庭上都对这两名证人的证言表现出极大的兴趣,他们对陪审团最后认定三名被告人有罪起了重大作用。然而,陪审员们并不知道哈里斯和伊万斯都是鲁肯家族的"大将",也不知道这场审判实际上是贩毒集团之间的"特殊战争"。检察官们当然知道哈里斯和伊万斯的真实身份,也知道鲁肯家族是利用司法机关消灭其在毒品市场上的竞争对手。但是,为了在法庭上胜诉,他们没有将这些告诉法官和陪审团,他们还故意向陪审团隐瞒了哈里斯和伊万斯吸毒的事实。

在第二起案件中,公诉方的主要证人名叫考比特,他在法庭上的精彩表演显然也给陪审员们留下了极为深刻的印象。由于考比特本人也有违法行为,所以他被关在看守所里。这也是对他的一种保护,而且他在看守所里还得到了"特殊优待":考比特在看守所不仅可以与来访的女子发生性关系,而且可以按时吸毒!

肩负客观、公正执业使命的联邦检察官在胜诉愿望的驱使下,偏于一己之私而背离职业道德竟至于此,不能不让人慨叹!至于辩护律师,违背职业伦理规范从事刑事辩护的情况更是有过之而无不及。

其四,在对抗式审判中,律师控制着进入诉讼的所有证据资料,而且可以事先会见证人,对证人作证进行"彩排",对证人的证词进行整理、润饰、增加和删减,使证人经过充分训练后得以在庭上自如地应付对方当事人的交叉询问。对此,美国学者弗朗克在20世纪40年代就进行了批评,认为对抗式审判中的各种游戏规则,包括证人制度和交叉询问制度,不但没有促成对真相的挖掘,反而扰乱了法官和陪审员的视线,甚至误导了他们。他对这种庭审方式作了一个形象的比喻,"就好比是医生正在做临床手术,而我们却朝他的眼里扔胡椒面儿"[1]。

由此观之,西方两大法系的庭审程序都不是尽善尽美的,"都无法免除蕴含某种内在矛盾的宿命"[2]。单就事实的准确认定而言,正如美国学者达马斯卡所指出的,至少从19世纪以来,两种对立的制度中,哪一个更可能产生准确的事实认定,是一个激烈争论但至今尚未解决的经验性问题。[3] 有德国学者也认为,根据有关的(社会)心理学理论,德国与英美的刑事诉讼程序设计都不能保证"客观中立"的信息加工。[4] 而在权利保障方面,需要指出的是,即便是备受推崇的对抗式审判模式也不能代表英美法系刑事审判的全貌,仅能体现重罪庭审的特点。比如美国,在数量达重罪案件4倍之多的轻罪案件中,被告人通常像羊群一样被驱赶着上了法庭,然后在没有律师辩护的情况下被迫认罪;警察、检察官、辩

---

[1] 宋冰:《读本:美国与德国的司法制度及司法程序》,中国政法大学出版社1998年版,第11页。
[2] 〔日〕谷口安平:《程序的正义与诉讼》,王亚新、刘荣军译,中国政法大学出版社1996年版,第17页。
[3] 参见〔美〕米尔吉安·R.达马斯卡:《比较法视野中的证据制度》,吴宏耀、魏晓娜等译,中国人民公安大学出版社2006年版,第8、199页。
[4] 参见〔德〕贝恩德·许力曼等:《案卷信息导致的法官偏见:关于与英美模式比较下德国刑事诉讼程序优缺点的实证研究》,载何挺等编译:《外国刑事司法实证研究》,北京大学出版社2014年版,第84页。

护律师和法官在面对轻罪案件时的所作所为跟他们处理重罪案件时简直判若两人。[1] 故不能简单地认为对抗式审判是一种不存在差异的、完全同质化的审理模式,而需要细致分析和评判其在不同类型案件中的实际表现。

我们认为,从刑事审判制度改革的世界性趋势来看,理想审判模式的构建应当是在吸收、综合二者的基础上进行制度创新,一方面,抽取对抗式审判中的交叉询问制度,以控辩双方为主展开证据的提出和调查活动,在二者辩证法式的对抗与调查中,逐步揭示案件真相;另一方面,又要抛弃对抗式审判中法官过于消极被动的做法,合理借鉴审问式审判中的相关制度,赋予法官一定范围内的证据调查权,以对当事人双方故意避开或忽略的一些事项进行补充调查,甚至可以考虑赋予法官在特定情况下主动调取某些证据,并将其纳入庭审调查范围的权力,从而既发挥控辩双方活动的积极性,又使法官不失去对法庭审判进程的控制,并能在发现问题时及时矫正和解决,充分兼顾诉讼民主性与查明真相的客观需要。

正是基于对各自审判模式所存在问题的反思,两大法系国家对刑事审判制度都在不断地进行着调整和改革。

比如,英国法院系统在20世纪80年代后期就认识到,依靠对抗式审判本身来制止司法不公是不够的,应当在审前和审判程序中引入更多的纠问式因素,强化法官的审判职权和对审判结果的责任。1992年英国上诉法院在沃德案件的判决中认为,审判法官有一种责任,负有在适用法律、诉讼程序、审判方法上进行改进的

---

1 参见〔美〕亚历山德拉·纳塔波夫:《无罪之罚:美国司法的不公正》,郭航译,上海人民出版社2020年版,第10、56页。

任务,以便将对无辜者定罪的危险降到最低点。[1]

大陆法系国家更不用说了,在诉讼民主性和科学性的思潮指引下,通过立法修正或者法院判例不断强化着庭审的对抗性色彩,强化了控辩双方参与庭审活动的积极性和充分性。比如,法国近十余年来对刑事诉讼法修改的重点之一就是强化程序的对抗性,落实公开原则、言辞原则和对审原则。[2]

中国传统的刑事审判理念在对"职权探知"和"实体真实"的强调方面较之于大陆法系国家有过之而无不及。中国传统上把法院的审判视为惩治犯罪、稳定社会秩序的最后一个司法环节,是完成政治任务的工具和手段。为抢占法庭审判这一打击犯罪的"阵地",法官自然应当完全掌握这一程序的控制权和主导权,而不能任由控辩双方尤其是辩护方牵着鼻子走。相应地,法庭推行着一种更为极端的审问式审判制度,或者可以称之为超审问式审判类型,法官职权活动超强化、控辩双方诉讼活动相对弱化是其基本特征。

在开庭审判之前,根据我国 1979 年《刑事诉讼法》第 108 条、第 109 条、第 126 条的规定,法官要对检察机关移送过来的起诉书及全部案卷材料进行深入细致的审查和判断,不仅从程序上把握刑事指控的证据是否充分,能不能支持起诉主张的合理性,而且还要从实质上确定起诉所依赖的证据是否真实可靠,查清案件的真实情况,并在此基础上,对案件作出初步的法

---

[1] 参见〔英〕麦高伟、〔英〕杰弗里·威尔逊:《英国刑事司法程序》,姚永吉等译,法律出版社 2003 年版,第 312 页。

[2] 参见金邦贵主编:《法国司法制度》,法律出版社 2008 年版,第 385—404 页。

律评断和相应的处理。具体而言,当确认有充分、确凿的证据证明犯罪事实清楚时,便决定开庭审判;当认为不构成犯罪时,便退回检察机关补充侦查或要求检察机关撤回起诉。而根据诉讼常识,确定被告人的行为是否构成犯罪的活动理当属于法庭审判中解决的核心问题,但在传统审判体制中却被挪到庭前阶段处理,这就使法官的庭前活动具有了实质审判的性质。正是为配合庭前实质审判活动的顺利进行,1979年《刑事诉讼法》还规定,法官在开庭审判前有权开展极其广泛多样的庭外调查活动,如讯问被告人、询问证人、被害人以及在必要时进行勘验、检查、搜查、扣押和鉴定活动等,有学者据此认为"强调法官进行深入细致的庭外调查是中国刑事审判程序的一大特点"[1]。不仅如此,法官为查清案件事实,可以积极主动地搜集、评判控诉方未提出的证据材料,而不受起诉主张和证据范围的限制。总而言之,法官通过庭前阶段的阅卷以及"背靠背"的秘密调查,对案情形成了相当成熟的认识和看法,有时甚至还草拟出了判决书。对此可用一句话来概括,即法官的庭前活动是秘密的、不正规的,但具有实质化的内容和中心化的地位。

缘缘相因,庭前活动的中心化、实质化必然导致我国公开的法庭审判活动的形式化和边缘化。

实践中,由于法官通常是在基本认定被告人有罪的情况下才开庭审判的,带有较强的预断倾向,因而必然有意无意地把法庭审理过程变成证明或推演这种预断的形式,庭审中,法官几乎包揽了所有证据的提出与调查活动,而这些证据大多是检察官庭前移送

---

[1] 陈瑞华:《刑事审判原理论》,北京大学出版社1997年版,第343页。

过来的不利于被告人的书面证据,法官很少传唤证人出庭作证,一般只是"摘录式"地宣读一下侦查、控诉人员收集的证人证言笔录了事。换言之,法官几乎代行了控方的公诉职能,检察官无须也几乎不可能充分开展庭审活动,法官倒成了实质意义上的"第一公诉人",往往自觉或者不自觉地站到了辩护方的对立面,这就使得审判原本应以在控辩双方之间存在的横向对抗关系为主转化为,以法官与辩护方之间的纵向对抗关系为主。面对怀有预断且以公诉人面目出现的法官,辩护方的活动难以充分开展,效果较差。处处受限的辩护律师往往不得不把精力和希望放在法庭辩论阶段,但由于法官早已"成竹在胸",以致无论多么精彩激烈的法庭辩论,到头来大都只有形式意义,而无法成为裁判形成的真正来源。这种现象受到了学界的普遍关注和批评,有学者早就一针见血地指出:"在刑事诉讼立法实际工作中,大家习惯于公安司法机关说了算,职权诉讼有余,'两造'诉讼不足,尤其是在刑事诉讼中,如何充分调动和发挥控辩双方的主动性和积极性,从立法到实际工作都有很大缺陷。"[1]

正是由于认识到传统刑事审判存在的问题,1996 年修正后的《刑事诉讼法》在借鉴英美法系对抗式审判制度的基础上,对我国传统刑事审判制度进行了较大的改革,基本上确立了控辩对抗的格局,一定程度上出现了"当事人主义化"的趋势。

具体说来,法官庭前审查的内容基本上被限定于程序性问题,法官在开庭前不能再对被告人是否有罪,证据是否确实、充分

---

[1] 樊崇义主编:《刑事诉讼法学研究综述与评价》,中国政法大学出版社 1991 年版,第 698 页。

等实体问题进行审查;改变了法庭调查的顺序和方式,由原来的法官出示证据并主导证据的调查改为由控辩双方各自向法庭出示证据,并以控辩双方为主进行法庭调查,而且控辩双方由原来只能在法庭辩论阶段进行辩论改为在法庭调查每一种证据时都可以发表意见并展开相互辩论,如此等等。这些修改无疑大大强化了控辩双方在刑事庭审过程中的参与积极性和参与效力,相应地削弱了法官对法庭审判过程的职权干预范围和干预深度。

当然,由于重打击犯罪的立法指导思想以及现实社会条件制约等方面的原因,1996年修正后的《刑事诉讼法》所构建的刑事审判制度仍然保留了相当浓厚的审问式审判的色彩。法官开庭前仍然可以阅读和了解证据目录、证人名单和主要证据复印件或者照片等证据材料,尽管其范围已被大大缩小,但形成庭前预断的危险并未消除;法庭调查以公诉人对被告人的讯问(以往是法官对被告人的讯问)开场,被告人没有沉默的权利,只有如实陈述的义务,如果拒绝回答或者作虚假回答,将被法庭以"态度不老实"为由从重处罚;法庭调查中,控辩双方向被告人、证人、被害人或鉴定人的讯问或询问都必须经过审判长批准;交叉询问制度并未明文规定于法律中;法庭审理过程中,法官仍然有权根据查明案情之需要在控辩双方不在场的情况下开展勘验、检查、扣押、鉴定和查询、冻结等广泛多样的调查活动,由此获得的证据材料也可以不经控辩双方当庭质证就作为法院定案的依据等。

综上可见,1996年修正后的《刑事诉讼法》所确立的刑事审判制度大体上属于以审问式审判为主的混合型审判制度。

以上所讲的仅仅是"纸面上的审判模式",倘若对我国实践中运行着的刑事审判制度加以考察的话,则不难发现,在1996年修正的《刑事诉讼法》实施期间,证人仍然极少出庭作证[1],书面证据仍然在庭审中广为运用,而且多是采取摘录式宣读调查的方式。比如,2009年引发全国关注的李庄案一审庭审中,辩方申请8个控方证人出庭,其中7个证人是在押的控方证人,但没有一个证人到庭作证,且控方对辩方提出异议的证言只宣读不让看。[2] 概言之,法庭质证程序仍然在很大程度上流于形式,此乃问题之一。

问题之二是,法官庭前或者庭后阅卷依然是其作出裁判的必经步骤和实质基础。实践中,法院基本上是以书面的言词证据为依据作出被告人是否有罪、罪状为何、罪责轻重、如何量刑等判决的。即便是辩护人对控方案卷提出有力的质疑,如提供了相反的证人证言,法官通常仍倾向于相信控方案卷而怀疑辩护方提供的证据,并习惯性地在判决书中使用控方案卷中的材料来反驳辩护人的辩护,并据此作出判决。这在无罪辩护案件中表现得尤为突出。

问题之三是,公诉人在庭审中不是与辩护方平等对抗的一方当事人,而是在承担公诉职能的同时,还对审判活动享有法律监督权的特殊诉讼主体。特别是检察长列席审委会制度的存在,在理论上明显违背了"平等武装"原则[3],扭曲了诉讼结构,削

---

[1] 据调查,刑事审判中证人出庭率普遍在5%以下,有的地方甚至不足1%。参见左卫民、马静华:《刑事证人出庭率:一种基于实证研究的理论阐述》,载《中国法学》2005年第6期,第164—176页。
[2] 参见《李庄律师被控辩护人伪造证据妨害作证罪第一审辩护词》,载找法网(https://china.findlaw.cn/bianhu/gezuibianhu/fhsfglcxz/fanghaisifazui/bfrfhzzz/10166_3.html),2010年5月27日访问。
[3] 根据欧洲人权委员会的看法,不必证明存在实际的不公,只要在赋予一方影响法庭机会的时候,却不赋予另一方,就违反了平等武装的原则。参见〔瑞士〕萨拉·J.萨默斯:《公正审判——欧洲刑事诉讼传统与欧洲人权法院》,朱奎彬、谢进杰译,中国政法大学出版社2012年版,第131页。

弱了审判权威。

问题之四是,合议庭独立审判并未实现。实践中,院庭长审批案件、审委会讨论案件、政法委协调案件等正式或者非正式的制度仍然普遍盛行,审判难以自治,法庭审判的实质地位并未真正确立起来。

由此可见,较之于《刑事诉讼法》的规定,实践中运行着的刑事审判更为复杂纠结,可以说是一种以审问式审判为底色、杂糅着对抗式审判和社会主义司法元素的混合型审判模式。

基于渐进改革的修法指导思想,2012年《刑事诉讼法》(修正案),对普通审判程序的修改并不多,主要表现在两个方面:一是与上一章中讲到的提起公诉模式的变革相一致,法院在开庭前可以审阅所有的案卷材料和证据;二是为解决审判实践中突出存在的证人出庭率低、警察不出庭等问题,提升庭审质量,修正案明确规定了证人、鉴定人以及警察应当出庭作证的案件范围,赋予法院强制证人到庭的权力以及对逃避出庭或者出庭后拒绝作证的证人的处罚权,还增设了控辩双方有权申请法庭通知专家辅助人出庭协助质证的制度。这些修改内容在2018年《刑事诉讼法》修正时全部得到了维持。

不过,根据现行《刑事诉讼法》第192条的规定,证人只有在同时符合"公诉人、当事人或者辩护人、诉讼代理人对证人证言有异议,且该证人证言对案件定罪量刑有重大影响,人民法院认为证人有必要出庭作证"这三个条件的情况下,才应当出庭作证;"人民警察就其执行职务时目击的犯罪情况作为证人出庭作证",适用证人出庭的有关规定;鉴定人只有在同时符合"公诉人、当事人或者辩护人、诉讼代理人对鉴定意见有异议,人民法院认为鉴定人有必要出庭"这两个条件的情况下,才应当出庭作证。由此可见,证人、警察、鉴定人是否出庭作证,关键取决于法院是否认为有必要。

近些年来,随着赵作海案、呼格吉勒图案、聂树斌案、于英生案、张氏叔侄案、念斌案、陈满案、张玉环案等一系列冤错案件的纠正和平反[1],庭审形式化的问题再一次浮出水面。在这些案件中,由于庭审没能起到应有的审查把关作用,以致"防线失守",案件一错到底。

比如,在河南赵作海杀人冤案中,DNA 鉴定证据无法证明无头尸与被害人的一致性,作案凶器一直没有找到,法庭对于赵作海提出的遭到刑讯逼供的问题没有启动调查程序进行查证等,在诸多证据疑点没有在质证程序中得到解决的情况下,法院作出了留有余地的裁判。

又如,浙江张氏叔侄奸杀冤案中,对死者王某的尸检发现,其 8 个手指头中均检测出陌生男子的 DNA,法院本应对该证据进行深入调查,却没有充分重视,而在判决书中解释道:因为手指是开放部位,所以死者 8 个手指头中有陌生男子的 DNA 是很正常的。

在这种背景下,2014 年 10 月党的十八届四中全会通过的《中共中央关于全面推进依法治国若干重大问题的决定》提出,推进以审判为中心的诉讼制度改革,确保侦查、审查起诉的案件事实证据经得起法律的检验。为贯彻落实以审判为中心的

---

[1] 有记者通过梳理 2014 年至 2020 年"两高"工作报告中提到的 26 件"平反案件",对 38 位冤案"平反者"进行"画像",发现:四分之三的冤案"平反者"涉案时年龄分布于 20 及 40 岁,其中年龄最小者为张志超,当年未满 16 周岁;26 起案件中,曾被判故意杀人罪、强奸罪的冤案"平反者"最多;在罪名成立后,29 人的改判时间历经了 10 年以上,其中 6 人历经 20 年以上,最终 27 人无罪释放,2 人被重新定罪量刑;陕西"范太应涉嫌杀人案"成为成功防范冤假错案例。参见李玉坤等:《38 名冤案"平反者"画像:29 人改判历经 10 年以上》,载《新京报》2020 年 8 月 26 日。

诉讼制度改革要求,最高人民法院、最高人民检察院、公安部、国家安全部、司法部先后印发《关于推进以审判为中心的刑事诉讼制度改革的意见》《关于办理刑事案件严格排除非法证据若干问题的规定》;最高人民法院在出台《关于全面推进以审判为中心的刑事诉讼制度改革的实施意见》的基础上,2017年又专门制定和发布了深化庭审实质化改革的"三项规程",即《人民法院办理刑事案件庭前会议规程(试行)》(以下简称《庭前会议规程》)、《人民法院办理刑事案件排除非法证据规程(试行)》(以下简称《非法证据排除规程》)和《人民法院办理刑事案件第一审普通程序法庭调查规程(试行)》(以下简称《法庭调查规程》)。《庭前会议规程》规定,法院在庭前会议中可以依法处理可能导致庭审中断的程序性事项,组织控辩双方展示证据,归纳控辩双方争议焦点,开展附带民事调解,以确保法庭集中持续审理,但不得处理定罪量刑等实体性问题;《非法证据排除规程》针对非法证据排除程序适用中存在的启动难、证明难、认定难、排除难等问题,明确了法院审查和排除非法证据的具体规则和程序;《法庭调查规程》将证据裁判、程序公正、集中审理和诉权保障确立为法庭调查的基本原则,规范了开庭讯问、发问程序,落实证人、鉴定人出庭作证制度,完善各类证据的举证、质证、认证规则。概言之,"三项规程"通过对庭前会议、非法证据排除、法庭调查等关键环节、关键事项的基本规程的明确和细化,旨在解决庭审虚化、非法证据排除难、疑罪从无难等问题,提高刑事审判的质量、效率和公信力。

然而,在重视犯罪控制和社会稳定的司法导向、强调侦控审机关之间互相配合的诉讼原则、重视卷宗审判的诉讼传统以及法院普遍面临"案多人少"的司法困境等因素的综合影响下,证人出庭率低、庭审书面化的状况至今并未出现大的改观。此为现状之一。

刑事庭审的现实图景依然是:证人出庭是例外,证人不出庭才是常态;在开展庭审实质化试点的地方,证人出庭的数量和比例尽管有所提高,但存在为了出庭而出庭的"凑数"现象,出庭的大多是对案件事实证明无关紧要的证人,关键证人往往没有或者难以出庭。法庭调查仍然主要围绕以口供为中心的控方证据体系来展开,被告人一方很少举证;侦查机关"情况说明"类的书面材料时常可见;对未出庭证人、警察的证言笔录或书面陈述仍然采取概括性或摘要性的举证方式予以调查,且一般采取"打包"的方式,辩方很难开展实质、有效的质证活动;法官仍然主要基于自己的阅卷活动(而非庭审活动),采取印证模式认定案件事实,做出案件处理。这在曾经引发全国关注的海口案等案件中有突出的反映。

2020年6月16日,在海口中院开庭审理一起有20名被告人的刑事案件的过程中,因为反对"打包"质证及申请回避等事项,先后有两位律师被强行从庭审现场带出法庭。担任被告人王绍章辩护人的李长青律师指出,法院要求的一揽子对证据进行质证的方式违反规定,审判长命令法警拿掉李长青律师的话筒,并宣布:"不接受法庭质证方式的,通通都出去!"鉴于此种情况,李长青律师当庭申请审判长回避,审判长说李长青律师是在干扰法庭秩序,命令法警将李长青律师带离法庭,并表示将就李律师的行为向相关部门发送司法建议。在李长青律师被强行带离法庭后,另一位律师张维玉也因为申请法官回避,被法警强行带出法庭。[1]而在另一起"律师集体退庭"案件中,律师在庭审中发现,法庭书记员将公诉人的举证内容提前记录在案,使得后续的法庭辩论失去意义。[2]

现状之二是,非法证据排除程序的启动次数虽然较之以前有所增加,但是非法证据排除难的问题依然没有得到有效解决。对于出庭作证的侦查人员,辩方难以开展有效的质证活动;非法证据有时尽管被排除,但潜规则往往是:"排非"不会对案件的定罪与否构成实质性影响,而仅仅影响定罪事实的多少或者处罚的轻重。

比如,在一起毒品犯罪案件中,辩护律师基于寻找到的被告人不在现场的直接证据,向检察机关申请查阅侦查讯问录音录像,并通过审查侦查讯问录音录像,发现侦查讯问人员的手指始终停留在计算机键盘中间的几个字母上反复敲击的"假装打字"问题和事先备好讯问笔录的问题,使得法庭不得已排除了被告人在侦查阶段供述贩卖毒品累计40公斤的口供证据,最终打赢了"生命保卫战"。[3] 但此案被告人依然获罪,只是避免了死刑判决而已。该案辩护律师所述法庭调查中的如下一幕,在中国语境下完全可以称得上精彩:

"现在恢复法庭调查,请保持肃静!"审判长推了推架在鼻梁

---

[1] 参见《海口中院审理王绍章涉黑案,两位律师被强行带出庭审现场》,载搜狐网(https://www.sohu.com/a/402340278_120717237),2020年10月30日访问。
[2] 参见《"把律师赶出法庭",法治将百思不得解》,载《南方都市报》2015年1月25日。
[3] 参见张智勇:《保命之战的辩护,打掉40公斤毒品——程序正义比真相更重要》,载微信公众号"刑事法律圈"2020年10月22日。

上的眼镜,看向出庭说明情况的警察,问道:"侦查人员,你平时打字用的什么输入法?"

"平时用的拼音。"

法官追问:"你再仔细回忆一下呢?"

出庭警察答:"有时候也用五笔,我都是切换着用的,不固定。"

"好"。法官转头看向律师:"辩护人,你还有什么想问侦查人员的?"

律师把发问提纲一合:"没有了。"接着说道:"辩护人说没有问题,是因为侦查人员回答的上述答案,已经足以说明被告人的言词证据系非法证据,不能作为定案根据。"

"请法庭允许辩护人播放一段同步录音录像,这份录像就是本案侦查机关存在非法取证的铁证。"律师一字一句地说道。

侦查人员"假装打字"的那段时长仅几分钟的视频片段借助法庭内的大荧幕终于得以播放。看完后,法庭上久久没有人说话。律师的排非申请最终得到了法院的认可。

现状之三是,就庭前会议制度的运作情况看,实践中存在两种"走偏"现象:

一种是庭前会议"过场化"。对于应当解决的程序性事项议而不决,庭审中重复进行,不能发挥整理争点、促进庭审顺利进行的功能。

另一种则是庭前会议过于实质化。将本应在庭审中开展的举证、质证和采证活动前移到庭前进行,从而不当地侵蚀了庭审活动。

解决上述林林总总的庭审问题,根本出路是让法官回归中立性,实现庭审实质化。最高人民法院 2021 年 2 月发布的《关于适用〈中华人民共和国刑事诉讼法〉的解释》在这方面又进行了一定的努力。首先,强化庭前会议的功能发挥。该解释第 228 条规定,对可能导致庭审中断的程序性事项,法院可以在庭前会议后依法作出处理,并在庭审中说明处理决定和理由;控辩双方没有新的理由,在庭审中再次提出有关申请或者异议的,法庭可以在说明庭前会议情况和处理决定理由后,依法予以驳回。该解释第 232 条则规定,法院在庭前会议中听取控辩双方对案件事实、证据材料的意见后,对明显事实不清、证据不足的案件,可以建议人民检察院补充材料或者撤回起诉;建议撤回起诉的案件,人民检察院不同意的,开庭审理后,没有新的事实和理由,一般不准许撤回起诉。第 233 条进一步规定,对召开庭前会议的案件,可以在开庭时告知庭前会议情况;对庭前会议中达成一致意见的事项,法庭在向控辩双方核实后,可以当庭予以确认;未达成一致意见的事项,法庭可以归纳控辩双方争议焦点,听取控辩双方意见,依法作出处理。控辩双方在庭前会议中就有关事项达成一致意见,在庭审中反悔的,除有正当理由外,法庭一般不再进行处理。其次,强化对调查人员、侦查人员或者有关人员出庭的要求。该解释第 249 条第 2 款增加规定,控辩双方对侦破经过、证据来源、证据真实性或者合法性等有异议,申请调查人员、侦查人员或者有关人员出庭,人民法院认为有必要的,应当通知调查人员、侦查人员或者有关人员出庭。

当然,以上举措可能远远不够,庭审实质化的实现还需要进行更深入的制度完善,而且要求相应的理念重塑、体制重整和机制重构。此外,深一层思考,有一个比较宏观性的问题仍然有待学界和实务界回答:未来我国刑事审判程序改革应当更多地借鉴与我国法制传统相近的大陆法系的制度经验,还是向更具对抗性色彩的当事人主义化的方向推进?无论如何抉择,我国刑事审判程序改革都任重而道远!

第五章　事实越辩越清吗？
——刑事辩护趣话

> 交叉询问是为查明事实真相而创设的最佳法律装置。
> ——〔美〕威格莫尔

> 欧洲和拉丁美洲的律师和检察官几乎就不晓得交叉询问艺术。
> ——〔美〕埃尔曼

> 刑事辩护制度是决定现行法生死存亡的核心点。
> ——〔日〕田宫裕

一提起辩护,人们的脑海里或许立即会闪过西方影视片中律师口若悬河、舌卷狂澜、鏖战法庭的激烈场面。

不错,这就是辩护活动的一个重要侧面,但却不是其全部。辩护是与控诉相对而言的,准确些讲是指被告人及其辩护人为维护被告人的合法权益从事实和法律方面反驳控诉,提出有利于被告人的证据和主张,证明其无罪、罪轻或者应当从轻、减轻、免除其刑事责任的诉讼活动。

在人类社会发展的初期,或者是由于刑事诉讼极不发达,或者是由于被告人处于客体化、无权化状态,从而不可能生长起真正意义上的辩护制度,换言之,辩护制度是近现代社会催生出的一朵文明之花,其重要意义随社会的发展日益彰显,日本有学者甚至视之为"决定现行法生死存亡的核心点"[1]。因此,了解辩护制度的运作机理及其效果便成为认识刑事诉讼的重要一环。

不过,需要指出的是,不要以为在所有的国家中,刑事案件的辩护活动都是那么惊心动魄的,不同的诉讼价值取向和诉讼结构都对辩护制度的形成和运行状况起着决定性的影响。现代英美法系与传统大陆法系[2]的辩护制度便呈现出两种不同的运作景观。

现代英美法系刑事诉讼中,辩护律师在法庭审理中的辩护自由度之大,我们大概已经有所了解。其中有些辩护人为追求辩护成功所使用的辩护方式在我们听来简直是匪夷所思!比如,美国一位刑事辩护律师为引起陪审团的同情,竟安排其委托人——被告人的幼子在他作最后辩护时爬到他面前。此时,该律师恰好在说:"请不要毁掉这个好人——小吉米的老爸。噢!吉米!"然后抱起孩子,把他交给他老爸。当然,如果出庭公诉的地方检察官反对并把他们分开的话,这样效果可能更有利于辩护方,因为陪审团马上会产生反感。[3] 另一个律师则干脆采用更为别出心裁的技巧

---

[1] 〔日〕西原春夫主编:《日本刑事法的形成与特色——日本法学家论日本刑事法》,李海东等译,法律出版社、成文堂1997年版,第431页。

[2] 之所以限定在传统大陆法系,是因为通过改革,当代大陆法系国家的刑事辩护制度与英美法系刑事辩护制度的差别正日渐缩小。

[3] 参见黄列:《美国律师在诉讼中的道德危机》,载《外国法译评》1996年第2期,第6页。

来分散法官和陪审团对重要问题的注意力,他在一支点燃的雪茄烟里插进一段金属线,那样的话,当他的对手作最后辩论时,陪审团的注意力就会集中在那支雪茄上几乎要掉下但绝不会马上掉下的逐步加长的灰烬上。[1]

那么,英美国家的律师辩护天地为什么如此广阔？这与其法庭审判理念及相应的程序设计有关。前已指出,英美国家的刑事审判遵循公平竞争的理念,法庭审判以控辩双方的举证、问证、辩证活动为主线,法官保持消极姿态,原则上不能主动参与案件的调查与辩论,这就使包括辩护律师在内的控辩双方特别活跃、咄咄逼人。由于整个辩护的范围、内容、方式、顺序都由辩护方自行决定而很少受制于法官,因而英美的法庭审理过程常常成为辩护律师与公诉人在陪审团面前的卖弄。正如有学者所总结的,大陆法系的法院在诉讼程序上主动的地方比英美法系的法院多;英美法系的律师在诉讼程序中的活动比大陆法系的律师多而显得重要,英美法系的诉讼程序因为各造律师颇为活跃,显得比大陆法系的诉讼程序有声有色,比较引人注意。[2]

在传统大陆法系国家的法庭审判中,律师和检察官相对被动,法官控制着法庭审判的进程,对辩护方辩护的范围、内容、方法乃至辩护语句的表达都可以根据法官个人的好恶和情绪进行限制和干预,律师只能请求法官代为提问或者在取得法官许可后,直接向证人发问。在法国一起刑事案件的开庭审理过程中,法官竟然对正在向证人提问的律师不满地说:"律师先生,我觉得你提的问

---

[1] 参见黄列:《美国律师在诉讼中的道德危机》,载《外国法译评》1996年第2期,第6页。
[2] 参见杨兆龙:《大陆法与英美法的区别》,北京大学出版社2009年版,第47页。

题稍嫌多了些。我想提醒你,只有我才有权向证人提问。"[1] 而在德国,有学者在考察后也指出:"在墨守成规的德国法院里,出庭律师并不怎么重要。对证人的询问也主要由法官完成。'一位有经验的德国律师告诉我,他很小心,一般不向证人提出三个以上的问题。当然律师经常会提出超过三个问题,但是从这话中我们可以看出在法庭程序中律师地位的有限。'"[2] 法庭留给辩护方的活动空间之小,由此不难想见。辩护自由度的大小也就构成了现代英美法系与传统大陆法系辩护制度的一大区别。

现代英美法系与传统大陆法系辩护制度的区别之二表现在辩护内容方面。我们在日常生活中,常听人说起这么一句话:以事实为根据,以法律为准绳。其意是说,任何一个争执的解决都必须奠基于事实认定清楚、法律依据正确的基础之上。事实上这也是世界各国刑事诉讼的开展所共同关注的核心问题,是贯穿于刑事审判始终的一根红线。在审判过程中,被告人及其辩护人也只有从事实和法律两个不同的角度对检察官的指控进行有力的反驳,并提出和论证对被告人有利的辩护证据、法律主张才能达到自己的辩护目的。尽管如此,在事实辩护与法律辩护之间,现代英美法系与传统大陆法系国家中的被告人一方对辩护重心的选择往往是截然相反的。大致说来,现代英美法系的辩护律师比较偏爱事实辩护,传统大陆法系的辩护律师则往往在法律辩护上倾注较多的心力。在英美国家,辩护律师通常对专门的法律辩护用心较少,而把

---

[1] 〔法〕德尼·朗克罗瓦:《法国司法黑案》,龚毓秀、徐真华译,四川人民出版社1988年版,第197页。

[2] 〔美〕迪特里希·鲁施迈耶:《律师与社会:美德两国法律职业比较研究》,于霄译,上海三联书店2010年版,第36页。

获取胜诉的希望主要寄托于证据的论证和事实的查明上,并为此投入主要的时间和精力,事实辩护不仅是法庭审理中的辩护重点,也是庭前阶段辩护方开展准备工作的重心。前述英美国家刑事诉讼实践中常见的证人彩排现象,便是这方面的体现。有时候,律师甚至组织所谓"形成心证法庭",让证人在一些自称已被选为陪审员的人们面前作证,然后律师和证人进行讨论,看证人是否忘掉了有利于己方的事实,是否很恰当地作了证,是否能取得裁判官的好感。据报道,美国前司法部长米斯在1987年的伊朗门听证作证前,受到司法部长达30个小时的排练。美国前总统克林顿在与莱温斯基的性丑闻案听证前,也接受了这种形式的排练。律师如此大费心机,进行"证人彩排"的主要目的就是为了该证人在法庭调查中能够很好地完成作证任务,既提供有利于己方的信息,又能应对好对方律师提出的尖锐、古怪的问题。

在英美国家,可以这样说,对证据质证清楚了,事实的轮廓便一步步显露出来,胜负的种子也就在陪审团的心中生根发芽了。换言之,对证据的质证就是事实辩护的基本手段和主要形式。我们常说的"摆事实,讲道理"中的"摆事实",在刑事诉讼中就可替换为"摆证据",并且论证证据的可采性与证明力。英美国家刑事审判中,辩护律师通常是紧紧围绕着犯罪行为是否存在、犯罪发生时被告人是否在场、有无警察圈套、正当防卫、精神障碍等依照刑法规定直接影响着被告人是否构成犯罪的问题而展开举证、质证活动的。法庭审判几乎全为控辩双方对各自提出的证据的质疑与证明的论争活动所充斥,"火药味"非常浓,这也是英美法庭审判的一个鲜明特征。

当然,从法理上看,事实辩护不可能完全脱离法律辩护,法律辩护常常是融于事实辩护之中的,这一点在英美国家刑事审判中体现得更为明显。在英美国家,法律辩护与事实辩护是紧密结合的,二者之间没有截然的界限,法庭辩论与法庭调查的程序划分也不十分明显,控辩双方在法庭调查阶段就常常不得不同时表明被告人有罪或者无罪的意见,法律辩护是依附于事实辩护的。主要原因在于,英美国家的侦查实行"双轨制"的运作方式,警察、检察机关作为一方,为指控犯罪展开进攻性侦查活动,被告人及其辩护人则作为另一方,为准备辩护、反驳指控进行防御性调查活动。在开庭审理之前,双方往往都搜集了一些有利于各自一方的证据材料,以至于对同一案件情节,依据双方获取的证据所展示出来的情况可能截然相反。比如,关于犯罪现场,侦查机关的勘验检查与辩护一方进行的勘验检查结论就不一定完全相同,甚至差别很大。下面这则案例,就是一个很好的例证。

1969年12月4日凌晨,美国芝加哥市西部黑人区的西曼罗街上突然爆发出一阵激烈的枪声,有15名警察组成的突击队袭击了美国一个名声不佳的好战性民间组织"黑豹党"在当地的活动点。在这次事件中,两名警察受伤,两名黑豹党人被击毙,另有两名黑豹党人伤势严重。两名死者之一哈姆普顿是黑豹党伊利诺伊分会的主席。另有三名黑豹党人被捕,当时已怀孕8个月的哈姆普顿的女友(18岁)也在其中。事后突击队队长丹尼尔·格罗兹警官对这次事件的整个过程进行了说明和解释,根据他的解释,警方的袭击是在依法搜查黑豹党人的非法军火库时,遭遇黑豹党人的残酷且不宣而战的袭击后进行的自卫性还击行动。12月4日,枪击事件发生后不久,芝加哥市警察局犯罪实验室的现场勘查车来到西曼罗街2337号,走形式似地勘查了一下现场,并带走了现场上的幸存者,拉走了尸体和枪支弹药,然后就将现场弃之不管了。活着的黑豹党人为准备在随后由库克县检察机关提起的刑事诉讼中进行辩护,通过自己的律师聘请了犯罪侦查学家赫伯特·麦克唐奈对弹痕累累的枪击现场进行勘验检查。麦克唐奈对现场进行了艰苦细致、深入扎实的勘验检查,最后,综合各方面的情况,证明警方撒了谎。当时的实际情况是警官先开的枪,他们可能是开着枪冲进屋内的,黑豹党人中只有一人还了一枪,而这人已经为此付出了自己的生命,另外,那一百多发子弹都是警察打的。也许黑豹党人根本就没有机会来进行自卫。这一勘验结果对于后来黑豹党人的辩护成功起到了决定性的作用。[1]

与此不同,传统大陆法系国家的侦查走的是一条"单轨式"的路子。辩护方通常无权开展辩护性调查活动,其辩护活动也主要是依据侦查、追诉机关获取的证据材料来进行的。在法庭审判中,一般不可能提出对案情认定有重大影响的新的证据材料,加之,辩护方在证据调查方面只能在法官调查之后起到"拾遗补缺"的作用,因而,在事实辩护方面的开展余地相对较小,效果也相当有限,这就自然导致实践中辩护律师常常把关注的眼光较多地投射到案件证据和法律适用的辩论中,法律辩护被视为获得有利判决尤其是轻刑判决的关键之所在。在立法上,大陆法系国家在法庭调查程序之后,一般都专门设置了单独的法庭辩论程序,以用于控诉方与辩护方从证据和法律的角度进行辩论。德国《刑事诉讼法》第258条规定,在证据调查终结后,以先检察官、后辩护方的顺

---

[1] 参见何家弘:《从观察到思考——外国要案评析》,中国法制出版社2008年版,第20—44页。

序进行终结辩论。而且,第 257 条第 3 项还规定,在证据调查过程中,辩护人等就证据调查活动发表意见时,不允许提前作终结辩论。根据法国《刑事诉讼法》第 346 条的规定,法庭调查一结束,应该听取民事当事人或其律师的陈述,然后由检察院阐述其起诉理由,被告人及其律师进行辩护,而且允许民事当事人和检察官作反驳发言,被告人还有权对反驳发言予以反驳;控辩双方的辩论可以分成几轮,但辩方享有最后发言权。当然,庭审辩论在整个庭审阶段所占据的分量因案情的不同而有很大的差别,有时辩论阶段可能仅仅持续几个小时,有时则可能持续几天,甚至几个星期。[1]

辩护方式应该算得上两大法系刑事辩护制度的第三个重大区别。两大法系国家虽然具有一些辩护方式上的共同点,如都可以直接举证的方式论证辩护方的主张(当然,英美国家在直接举证上要比大陆国家普遍得多),但同者微,异者显。英美国家的刑事辩护强调交叉询问的运用。具体而言,对于检察官向法庭提供的证人,在检察官对其进行询问(主询问)后,由辩护方从反对控方主张的立场出发,对该证人进行批驳性、怀疑性的审查询问(此即交叉询问或反询问),以揭露控方证人证言中的矛盾和不实之处,并使其不被陪审团或者法官所认可。最终,向法庭证明控方关于被告人有罪的证明体系存在合理疑点,促使陪审团或者法官得出被告人无罪的结论。前一章中所谈到的被称为美国最佳律师之一的图伊特在为一起抢劫犯罪案件中的被告人进行法庭辩护时,正是通过巧妙的反询问,收到了极好的辩护效果。

在英美对抗式审判中,交叉询问构成了辩护方最主要、最基本

---

[1] 参见金邦贵主编:《法国司法制度》,法律出版社 2008 年版,第 387 页。

的辩护方式,以至于有时辩护方不需要自行提出证人或其他证据,而只是通过对控方证人的交叉询问,仅仅抓住控方证人证言中的漏洞,穷追猛打,从而取得法庭胜诉的。需要指出的是,交叉询问虽然主要用于对证人证言的审查判断,但其运用领域不限于此,它还是对物证和其他出示于法庭的证据类型的基本审查方式。而且,由于交叉询问力图以怀疑性提问来摧毁起诉方的证据,起诉方必然通过随后的"再直接询问"方式来加强其证人的可信性,这就在控辩双方之间,演绎着一场没有硝烟的"战争",交叉询问的魅力就在于此。

  大陆法系国家的立法中,几乎没有交叉询问制度的存在余地,即便是像法国、德国等少数国家规定了或者曾经规定过交叉询问制度,实践中,也如同德国诉讼法学家赫尔曼所说,"立法的规定并没有受到实际应用"[1],有关交叉询问的立法规定也就成了死的法律条文。在传统大陆法系国家的刑事审判实践中,法庭调查活动几乎没有直接询问与交叉询问之分,按照美国法学家埃尔曼的考察,在欧洲和拉丁美洲,控辩双方几乎就不知道交叉询问的艺术。[2] 大陆法系国家一般认为,法官的主导性询问中,其实就同时包含了直接询问与交叉询问的内容,实践中,控辩双方一般仅仅分别对本方提出的证人进行直接询问式的调查,而很少有对对方证人的对立性询问,即或有时开展对对方证人的怀疑性询问,也必须经过法官批准,以至于在法庭询问的技巧、语言表达和气势风貌上都缺乏英美国家那种激烈的对抗色彩。不仅如此,据说在法国传

---

[1] 《德国刑事诉讼法典》,李昌珂译,中国政法大学出版社1995年版,第8页。
[2] 参见〔美〕埃尔曼:《比较法律文化》,贺卫方、高鸿钧译,生活·读书·新知三联书店1990年版,第174页。

统刑事审判中,当辩护人"为难"法官认为是诚实的证人时,法官们还会积极地来为证人开脱,以至于常听到审判长对律师这样说:"先生,请你不要这样对待证人了,他是向法庭宣誓过的。"[1] 可见,大陆法系传统中缺乏交叉询问的土壤和水分。

当然,需要明确的是,这并不意味着大陆法系国家就没有一种占据主导地位的辩护方式。实际上,如前文所说,在法庭辩论阶段对控诉方的指控从证据和法律适用方面展开攻击性活动,是传统大陆法系国家刑事辩护律师更显威力的辩护方式。相比于法庭调查阶段的相对沉闷,辩护律师在法庭辩论阶段则表现得较为积极,尽力通过论证活动,对起诉主张中的证据缺漏和法律适用问题进行反驳,进而提出自己对法律适用的建议(如无罪、罪轻或减免刑罚等),以维护本方当事人的利益,并往往因此而招致控方的激烈反驳,从而引发控辩双方的辩论大战。

在《一个案例 两种制度——美德刑事司法比较》一书中,美、德两国学者关于其所在国家的律师对同一刑事案件中的证人保罗·海因茨的可能询问方式之分析可资为证。被害人赖克的一个邻居保罗·海因茨当时正在遛狗,作证证明看到被告人大约晚上10点离开赖克的房子。海因茨在最初证言中作证说,被害人赖克遭到袭击的那天晚上大约10点钟,他看见被告人迈克尔·布朗离开了赖克的房子,并确定他所看见的人就是布朗,因为他在月光下看得很清楚。辩护律师虽然知道还有许多其他的证据能够证明那天晚上将近10点钟的时候布朗在赖克家中,但是他也知道那天晚

---

[1] 〔法〕勒内·弗洛里奥:《错案》,赵淑美、张洪竹译,法律出版社1984年版,第125页。

上没有月光,证人在作假证。在此情况下,美国和德国的律师都可以通过表明那天晚上没有月光来攻击证人的可信性,同时又不违反其不得向法庭说谎的职业道德和职责。但是,相较之下,德国律师的工作更容易一些,他可以在提出是否有月光的问题之后,将气象局的报告递交给法官,由法官继续询问证人海因茨以查明出示的证据是否真实;而在美国,必须询问这些决定性问题的则是辩护律师。[1]

辩护对审判的引导力大小,是现代英美法系与传统大陆法系辩护制度的区别之四。在英美国家,辩护方的辩护对审判具有相当大的引导力,它既是审判活动中不可或缺的内容,也是裁判结论赖以作出的基本依据。

留美学者唐交东博士曾讲述过一个美国老牌刑事辩护律师用一句话打赢一场刑事诉讼的故事。故事说的是,美国檀香山市一名很有钱的脑外科医生,被检察官指控犯有偷税、漏税罪,由于本案的庭审法官是民主党人,他对这种富人阶层所犯下的鼠窃狗偷般的不齿行为,厌恶之至。因而,辩护面临着相当大的困难和阻力。开庭审判那天,被告人的辩护律师伍德西尔白头发上着蜡,梳得纹丝不乱,把手放在隔开律师和陪审员席的木栏上,身体微微前倾,把脸几乎贴到一个陪审员的鼻子上,眯缝着眼睛微笑着说道:"我只有一句话对你们说",他停下来,用严厉的目光扫视陪审团中四个有夏威夷血统的人,"这个案子只需一句话……"然后,他把脖子伸得长长的,活像一只老乌龟,用几乎听不见的耳语对他们

---

[1] 参见〔美〕弗洛伊德·菲尼、〔德〕约阿希姆·赫尔曼、岳礼玲:《一个案例 两种制度——美德刑事司法比较》,郭志媛译,中国法制出版社 2006 年版,第 264—265、118—120 页。

说了一句夏威夷土语"HO'opuni puni",这四个夏威夷陪审员脸上立即泛出玫瑰色光彩,快乐得想笑,却又极力想忍住不张嘴笑出来。随后,伍德西尔把脖子缩回他的律师衬衫衣领里,换了一副悲天悯人的面孔对余下的非夏威夷血统的白人陪审员说"Shibai"。这些白人陪审员听后,立即搓掌大笑起来。若生拉硬扯予以翻译的话,这两个字有点像北京话里的"瞎掰",但用在非常独特微妙的场合,就变成了一种文字游戏。3个小时后,陪审团认定脑外科医生无罪。[1]

英美国家中辩护对审判具有如此之大的影响力,一方面是由于控辩双方主导着法庭调查,在什么时间、什么情况下、以什么方式提出和调查什么样的证据都取决于控辩双方;另一方面,辩护方辩与不辩、如何辩,对于案件处理结果都会产生直接的影响。在此,用"一分耕耘,一分收获"来表达辩护的努力程度与裁判结果的向背之间的关系并无不当。当然,这儿的"耕耘"既是指辩护方投入的时间和司法资源的多少,也包括辩护技巧的高明程度。前者的典型体现是英美刑事审判正式开始前必经的"罪状认否程序",这一程序是指在起诉书送达法院后,法官传讯被告人要求其就对他提出的指控进行答辩。被告人的答辩不外乎三种形式:有罪答辩、无罪答辩和既不认罪也不辩护的答辩。如果被告人做了有罪答辩,即承认了检察官所指控的犯罪事实,法官只要确信这种答辩出于自愿而且被告人懂得其后果和意义,一般情况下便不再开庭,而径直对被告人所承认的犯罪予以判刑。就此而言,被告人

---

[1] 参见唐交东:《告那家伙!——美国伍德西尔律师事务所记事》,法律出版社1996年版,第5—7页。

的自我承认本身便可以直接导致有罪的裁判结果。至于后者,辩护技巧对审判结果的影响在实践中的体现是诸如前述伍德西尔那样别开生面的方式的运用,在立法中的一种突出表现形式则是辩诉交易,这是美国"审判前的解决"的主要内容。在此阶段,检察官与被告人的辩护律师可以就定罪量刑进行协商,一旦成交,法院通常都予以接受,但通过谈判所取得的协议是否有利于己方以及有利多少,就要看辩护律师的经验和谈判技巧了。

传统大陆法系国家刑事辩护对审判的影响力就显得相形见绌了。一般而言,被告人及其辩护人是否辩护、如何辩护并不会决定性地影响审判进程和审判结果。一方面,审判活动的内容及进程是由法官决定的,辩护方仅可将有关问题提交法官决定或申请法官对有关证据事实进行调查,但是否调查、如何调查,则由法官决定,辩护对审判进程的开展通常情况下很难有大的作为;另一方面,大陆法系国家赋予法官自行调查收集证据的权力,对于辩方质疑的控方指控证据的不足,法官基于发现实体真实的观念有权予以补充调查和弥补。此外,由于实行自由心证的证据制度,采取哪些证据作为定案根据以及每一证据的价值如何,都由法官自由裁量决定,以至于实践中法官用以作出裁判结论的某些证据材料可能是控辩双方所不了解的,同时,辩护方费尽心力向法庭出示和证明的证据材料,却可能被弃置一旁,不予考虑。法国著名律师勒内·弗洛里奥就讲过一个他亲身经历的有关案例。

勒内·弗洛里奥的一位同行也是其朋友,有一次出庭为一位便衣警察辩护。公诉人指控这个便衣警察大量盗用公款,而成了一个百万富翁。该案罪证是很不足的。因此,原本很有希望宣告被告人无罪,但法官们却判得很重,被告人因此上诉了。勒内·弗洛里奥的这个朋友请他与其合作,为其委托人——便衣警察出庭辩护。勒内·弗洛里奥搭乘夜车来到他朋友居住的大城市,朋友正在等他。使人愉快和意外的是,他的朋友正和妻子在一起,那是个迷人的年轻美人儿。她身穿着柔软、暖和的貂皮大衣——这个细节很重要——她要陪同他们一起去法庭。地面上结着一层薄冰,这使他们在开庭之后才到达法庭。幸运的是,法庭正在审理其他的案件。但是那个便衣警察很不放心,他正在大门口焦躁不安地等着他们。勒内·弗洛里奥让其委托人——便衣警察陪着他朋友的妻子先进入大厅。同时,他和朋友迅速地在衣帽间穿上他们的长袍,然后从专为他们设立的一个小门进去……

庭审进行得很好,情况是令人满意的。法庭对他们的辩护证据似乎很理解。一切迹象表明,很可能会有一个好的结果。但是到了第二个星期,他们却大失所望,上诉法院决定维持原法庭的判决。

一个月之后,他的朋友在吃晚饭时遇见了审判长,与审判长谈到了这个案子。法官问道:"弗洛里奥先生该对结果不满意了吧?"他的同事说:"他当然不满意。特别是在辩护时,我们觉得已经说服了法庭。""是的,"审判长回答说,"我们确实受到了震动。但是,说实在的,你的委托人(指便衣警察)太蠢了……这个每月挣5万法郎的小伙子带着妻子姗姗来迟,而他的妻子穿着一件至少价值100万法郎的貂皮大衣。怎么,在这种情况下,还能相信他无罪吗?"[1]

---

[1] 参见〔法〕勒内·弗洛里奥:《错案》,赵淑美、张洪竹译,法律出版社1984年版,第280—281页。

了解了这些差异,对于我们理解不同时期、不同法系国家中刑事辩护律师的不同地位会有很大的助益,因为正是前者在一定程度上决定性地影响了后者。美国法学家鲁施迈耶曾从自己的考察中得出一个结论:德国律师不如美国律师的地位那么重要,也不像美国和英国的律师一样在传统上享受着职业的荣誉感。[1] 应当讲,这一结论基本上可以推而广之为:英美法系国家的刑辩律师比大陆法系国家的刑辩律师享有更高的地位和荣誉。

正是由于英美国家的刑事辩护活动充满了机会与挑战,闪现着智慧和情感的火花,有较强的可观赏性,加之,辩护对审判具有很大的影响力,因而引起了普通公众的极大关注。又由于在现代传媒的影响下,办好一件影响较大的刑事案子,就可能一夜之间红透整个国家,所以英美国家的律师相对而言比较愿意办理刑事案件,其收入也相当丰厚。据报道,美国律师大会召开时,华盖云集,人们还以为是金融巨头在聚会呢!其财富聚集程度由此可窥一斑。

在对现代英美法系国家和传统大陆法系国家刑事辩护的不同运行状况作了一番检视之后,让我们再来分析一下各自的优劣利弊,以期得出一些一般性的结论。

第一个方面的评价,我们认为,在案件真相查明能力方面,二者可以说是各有千秋。

英美国家认为交叉询问是为查明真相而创设的最佳法律装置。辩护方的辩护目标是获得有利于己方的裁判,正如艾伦·德

---

[1] 〔美〕迪特里希·鲁施迈耶:《律师与社会:美德两国法律职业比较研究》,于霄译,上海三联书店2010年版,第28页。

肖微茨所说,"胜利是大部分刑事诉讼当事人的唯一目的,就像职业运动员一样。刑事被告还有他们的律师当然不需要什么正义,他们要的是开释或者是尽可能短的刑期"[1],法律并不要求辩护律师以一种超然的和毫不偏袒的方式报告案件,而是要求他处理案件,使之显得最有利于他的当事人,但是被告方的辩护活动客观上能起到有利于发现案件真相的积极作用。一方面,通过反询问,辩护律师对检察官提出的证据,从怀疑、反对的立场予以驳诘,就好比把"钻石稳定于一个角度,使它单独的一个面特别惹目",从而帮助审判官以利害关系的眼光来看待该案件,辩护律师片面性的举证、质证活动与检察官所着力开展的另一面向的片面性活动拼加在一起,就构成了案件的整体,审判者由此才可以全面、公正地作出裁判。另一方面,由于法庭审判以控辩双方为主进行,因而证据积累到何种状态、通过证据对案件事实已经证明到何种程度,都能为控辩双方所了解,这就大大增强了案件事实认定的公开性和客观性。由此难怪威格莫尔作出如下判断:"18世纪初,律师对质权的最终确立,使我们的证据法因拥有了有史以来对揭示真相最为有效的手段而负有盛名。"[2]

不过,应当指出的是,英美法系的刑事辩护制度对真相查明的积极作用主要是指它有助于发现对被告人有利的事实真相,特别是在确保有罪判决的可靠性,防止冤枉好人方面功效卓著,但其对于揭露和查明不利于被告人方面的事实真相,可能会产生消极的影响。正如艾伦·德肖微茨所说:"被告辩护律师,特别是在为确

---

[1] 〔美〕艾伦·德肖微茨:《最好的辩护》,唐交东译,法律出版社1994年版,第5页。
[2] John H. Wigmore, *Evidence in Trials at Common Law*, Little, Brown and Company (Boston, 1983), vol.1, p.608.

定有罪的被告辩护时,他的工作就是用一切合法手段来隐瞒'全部事实'。"[1] 在刑事审判实践中,被告方为追求胜诉而说谎或者使用前述用插进金属线的雪茄分散陪审团的注意力的一些辩护技巧来阻碍事实真相发现的事例相当普遍,以至于美国律师查理斯·柯蒂斯曾说:"我不明白为什么我们不应最终站出来直言不讳地声称,律师的职能之一是为他的委托人撒谎;我想,偶尔我曾表示过,我相信事实如此。"[2] 另一位律师则更坦率直陈:"最令人兴奋不已的是你有错时打赢了官司。"[3] 此外,由于庭审调查往往异化为控辩双方提供的不同"故事版本"的对弈,因此有可能会部分消解刑事诉讼本身的严肃性和公正性。

在传统大陆法系国家,让法官而非控辩双方主导庭审调查和辩论活动,能够发挥中立性的法官客观地进行职权探知的优势,防止庭审活动和结论被有职业利益倾向的公诉人或者辩护律师引入歧途,有利于案件真相的查明。当然,问题也是客观存在的:一是,庭审法官受庭前阅卷所形成的心证之影响,对于辩护意见的听取和采纳,自然就会受到一定的不利影响,案件的事实真相是不是能够发现主要就取决于庭审法官的活动是否明智和妥当。二是,有不少人已经指出,从心理上讲,法官同时承担直接询问和交叉询问的工作,要想同时做好几乎是不可能的。从实践中也不难发现,受思维定势的影响,法官也确实常常是侧重于直接询问方面的活动,尤其是对控方证人、证据的直接询问调查,这就使控方证

---

[1] 〔美〕艾伦·德肖微茨:《最好的辩护》,唐交东译,法律出版社1994年版,第5页。
[2] 黄列:《美国律师在诉讼中的道德危机》,载《外国法评论》1996年第2期,第6页。
[3] 同上注。

据得不到充分、有力的质疑性审查,从而给错误定案尤其是错误地冤枉好人埋下了隐患。

对两大法系刑事辩护制度的第二个方面的评价,可以从保护被告人权利的角度来进行。不得不承认,英美法系国家中的刑事被告人是真正意义上的诉讼主体,辩护能够富有成效地影响审判结局,成为被告人保护自己合法权益的最重要形式。传统大陆法系国家的刑事辩护则由于活动范围和自由度相对有限,辩护对审判的引导力也是风雨飘摇,极不确定,因而在被告人权利保护功能的发挥方面相对要弱一些。

诉讼的效率性是我们分析和认识两大法系刑事辩护制度的又一重要指标。在传统大陆法系国家的刑事审判中,法官通常主宰着庭审进程和裁判结果,被告人一方的辩护受到较多的限制,从而减少或者避免了被告方不当辩护以及利用辩护手段阻碍真相发现的可能性,极大地提高了审判效率。与之不同,英美法系的辩护制度却很难满足高效开展司法活动的要求。这是由于法官无权积极干预辩护活动,是否辩护以及如何辩护基本上取决于辩护律师的意志和安排。实践中,许多案件中的辩护律师都借口充分准备辩护而不断地要求法院延长开庭时间,拖延审判进程,目的是使控方证人的记忆渐渐模糊,以利于在庭审过程中通过交叉询问方式贬低其证言的效力,便是这方面的常见现象。难怪英美司法界流传着这么一句话:"时间是最好的辩护老人。"

我们以为,虽然近现代两大法系国家的刑事辩护制度在实现诉讼的任务方面各有擅长,但从宏观上看,现代英美法系的辩护运行机制似乎更值得肯定。因为充分辩护更能体现被告人在刑事审判中的主体性,更符合刑事诉讼民主性的要求,其辩证法式的证据调查方式也相对更符合理论论证的圆满性。不过,同时需要指出的是,这种辩护制度的有效运转至少需要具备三个前提:一是被告人在刑事诉讼的任何阶段都必须有律师(而且应尽可能是高水平律师)协助辩护,律师还必须是尽职尽责的。二是法官不仅保持中立,而且要具有高水平的庭审驾驭能力。三是国家权力机关将辩护律师视为诉讼伙伴而非敌人,因为如果将辩护律师视为敌人,则国家权力机关容易产生贬抑律师诉讼权利的冲动,进而不当压制或阻挠律师的辩护活动。在一个不具备这三个前提条件,或者对这三个前提条件的满足程度较低的环境中,贸然推行英美式刑事辩护制度,其结果极可能是相当糟糕的。这是需要我们了解和记取的有关刑事辩护制度的辩证法。据考察,即便是在美国,由于轻罪案件数量太过庞大,办案机关和公设辩护人的诉讼负荷过重,因而被告人通常不会获得法律帮助,即使获得律师帮助,仍可能无法获得真正有效的辩护,律师也被称为"随到随认律师",被告人认罪的压力无所不在,导致错误定罪的案件每年可能都会发生数十万起。[1] 这也说明了英美辩护制度的局限性。

在中国,长期的封建历史、封闭的自然经济和伦理化的社会生活注定了我国社会公众刑事辩护意识的缺乏和刑事辩护制度的不发达。在传统的思想观念中,律师职业是极不光明正大的,民事诉讼中的代理律师尚且被视同挑词架讼、拨弄是非、颠倒黑白、渔人之利的"讼棍"或"讼师",更不要说刑事辩护律师了。在阶级斗争哲学盛行的年代里,那几乎就是替犯罪分子开脱、与犯罪分子穿

---

[1] 参见〔美〕亚历山德拉·纳塔波夫:《无罪之罚:美国司法的不公正》,郭航译,上海人民出版社 2020 年版,第3—4页。

一条裤子的不入流之徒。在刚刚恢复法制建设不久的 20 世纪 80 年代初期,曾出现如下场面:在审理刑事案件的法庭上,律师出于为被告人辩护的职责,一面向法官恳切陈情,一面和公诉人激烈地争辩。说着说着,疾恶如仇的法官已不自觉地站到了公诉人一边,齐心协力地和律师争吵起来,当被律师吵得理屈词穷时,大为恼火的法官一声断喝:"把这个律师给我轰出去!"于是法警们一拥而上,把目瞪口呆的律师推出了法庭。当然,这还算温柔的,还有些法官一气之下,会断然喝令:"把这个刁律师抓起来!"时至今日,这种观念和现象并没有完全退出历史的舞台,其残余影响仍时有所现,在某些特定情况下还会集中爆发出来,影响现代辩护制度的健康发展。

在上一章中提到的海口案等案件庭审中发生的激烈"审辩冲突"现象,折射出当下律师辩护依然面对着不中立的法官和不宽容的公众之时代困境……

据调查,当前中国的律师从业者大都乐于充当民事、经济诉讼当事人的代理人,对于刑事案件的辩护则缺乏兴趣和信心,能推则推,不愿办理,从业人员不足,执业水平或时间也缺乏应有的保障。这种状况的出现,当然与上述社会公众乃至司法人员的落后观念以及目前的律师收费制度息息相关,但是,还有一个相当关键的因素在后面发挥作用,那就是我国的刑事辩护制度。

传统上,我国刑事诉讼及其相应的刑事辩护制度与传统大陆法系国家较为相近,法官既主宰着法庭的证据调查与辩论活动,又是权威的裁判制作者;法庭调查过程中,书面证据大量运用,证人很少出庭作证,辩护人只能在法官之后进行补充性的调查活动;刑事辩护的重心通常是放在法庭辩论阶段,主要围绕法律适用问题进行论辩。不过,由于法官在庭审之前往往就已形成预断性看法,因而实践中,即便是法庭辩论阶段的辩护活动也很难充分开展,法官常常以辩护与本案无关、属于枝节问题或案情已经辩明等为理由加以限制或制止,法庭辩护效力不高,"辩与不辩一个样""你辩你的,我判我的"等现象相当普遍地存在着。

当然,中国传统刑事辩护运行机制也有一些大为不同于传统大陆法系国家的地方,比如辩护人与法官开庭之前交换意见便是极具中国特色的辩护方式。实践中,辩护律师在查阅起诉书及相关案卷材料、会见被告人以及进行其他必要的调查工作后,通常要在开庭前主动找法官通气,就自己关于案件的认识和看法与法官交换意见,有时法官甚至主动邀请辩护律师到法院座谈,听取辩护人的辩护意见和建议。如果仔细区分的话,辩护人与法官庭前交换意见的活动表现为两种不同的情况:一种是正常的公事公办型的交换意见活动;另一种却是掺入了不正当的利益交换的沟通活动。前一种自然容易理解,后一种则是指辩护方为获取有利于己方的裁判结果,在正常的沟通意见活动中,以一定的关系开道或者以一定的金钱铺路,使法官迫于相关的压力或者利益的驱使接受辩护方的辩护意见,这也是当前在某些地方打官司被等同于打关系的深层根源。在"关系学""官场学"盛行且收费不高的刑事辩护环境中,律师尤其是有真才实学的律师将刑事辩护视若畏途,自然在情理之中,这反过来又加剧了刑事案件辩护律师匮乏、辩护质量低劣的状况。

这种状况当然应当改变,因为它背离了诉讼原理,又极易导致事实认定和法律适用方面的错误,而且还对司法腐败及由此带来的社会价值系统紊乱起到了推波助澜的作用。

1996年全国人民代表大会《关于修改〈中华人民共和国刑事诉讼法〉的决定》为此进行了重大修改,改革法官庭前审查活动的性质,由原来的实体性审查改为主要是程序性审查,以防范辩护方与法官庭前进行不当的沟通;改革了法庭审判方式,法庭调查主要由公诉人和辩护方进行,并部分引入交叉询问方式;扩大了指定辩护的范围,提高律师辩护的案件比例;强化了控辩双方的对抗性,控辩双方在法庭调查阶段就可以对证据和案件情况发表意见并且可以互相辩论。这些无疑都从立法层面拓宽了刑事辩护的活动时空,提升了刑事辩护的自由度。

2012年全国人民代表大会《关于修改〈中华人民共和国刑事诉讼法〉的决定》对刑事辩护制度进行了更大范围和更大力度的完善,延展了辩护的空间,强化了辩护的功能。具体表现在:

一是明确规定犯罪嫌疑人在侦查阶段就可以委托律师作为辩护人,而且将律师在侦查阶段介入的时间提前至"犯罪嫌疑人在被侦查机关第一次讯问或者采取强制措施之日起",侦查机关在第一次讯问或者采取强制措施时应当告知犯罪嫌疑人有权委托辩护人。

二是律师持律师执业证书、律师事务所证明和委托书或者法律援助公函要求会见在押犯罪嫌疑人、被告人的,看守所应当及时安排会见,至迟不得超过48小时;只有在涉及危害国家安全犯罪、恐怖活动犯罪、特别重大贿赂犯罪案件,在侦查期间辩护律师会见在押的犯罪嫌疑人,才应当经侦查机关许可;会见不被监听。由此,至少在立法层面基本解决了律师与被追诉人的"会见难"问题。

三是律师在审查起诉和审判阶段均可以查阅、摘抄、复制本案案卷材料,从而在立法层面基本解决了律师在起诉、审判阶段的"阅卷难"问题。

四是辩护人涉嫌犯罪的,应当由办理辩护人所承办案件的侦查机关以外的侦查机关办理;辩护人是律师的,应当及时通知其所在的律师事务所或者所属的律师协会。这无疑有助于减少侦查机关通过追究刑事责任对辩护人进行职业报复的现象。

五是赋予律师要求有关人员回避的权利以及被送达起诉书副本和判决书的权利。

六是扩大了指定辩护的范围,将指定辩护扩大适用于犯罪嫌疑人、被告人是盲、聋、哑人或者是尚未完全丧失辨认或者控制自己行为能力的精神病人,或者可能被判处无期徒刑、死刑,没有委托辩护人的案件。不仅如此,在这几类案件中,将指定辩护延伸到侦查阶段,人民法院、人民检察院和公安机关都负有通知法律援助机构指派律师为被追诉人提供辩护的义务。

七是规定公诉人、当事人和辩护人、诉讼代理人经审判长许可,可以对证人、鉴定人发问,审判长认为发问的内容与案件无关的时候应当制止,审判人员可以询问证人、鉴定人。尽管没有进一步明确控辩双方的询问顺序、询问范围尤其是询问的禁止性规定,但可以基本达成共识的是,该修正案部分确立了交叉询问规则,赋予控辩双方对证人、鉴定人的询问主导权。

2018年《刑事诉讼法》修正时,维续了上述规定。同时,因应新增的认罪认罚从宽制度,完善律师辩护制度,拓展律师辩护空间,在某种意义上或者特定范围内改变了律师辩护方式,丰富了刑事辩护样态。

具体而言,《刑事诉讼法》第 36 条增加规定:"法律援助机构可以在人民法院、看守所等场所派驻值班律师。犯罪嫌疑人、被告人没有委托辩护人,法律援助机构没有指派律师为其提供辩护的,由值班律师为犯罪嫌疑人、被告人提供法律咨询、程序选择建议、申请变更强制措施、对案件处理提出意见等法律帮助。人民法院、人民检察院、看守所应当告知犯罪嫌疑人、被告人有权约见值班律师,并为犯罪嫌疑人、被告人约见值班律师提供便利。"第 173 条规定,在审查起诉阶段,检察院应当听取辩护人或者值班律师的意见,并记录在案;辩护人或者值班律师提出书面意见的,应当附卷。此外,犯罪嫌疑人认罪认罚的,检察院应当听取辩护人或者值班律师对下列事项的意见,并记录在案:(1)涉嫌的犯罪事实、罪名及适用的法律规定;(2)从轻、减轻或者免除处罚等从宽处罚的建议;(3)认罪认罚后案件审理适用的程序;(4)其他需要听取意见的事项。第 174 条还规定,犯罪嫌疑人自愿认罪,同意量刑建议和程序适用的,应当在辩护人或者值班律师在场的情况下签署认罪认罚具结书。

据此,区别于被告人不认罪认罚的案件,在适用认罪认罚从宽制度的案件中,刑事辩护的重心从庭审转移到庭前,庭前辩护的重点则是争取检察机关提出的量刑建议最大限度地有利于被告人,庭审辩护相应演化为一种合意性的辩护,辩护律师主要应当关注出庭检察官的公诉意见中是否遗漏了对被告人有利的事实和规范,并在发现遗漏时予以弥补。

不过,法律的修改仅仅是改变传统辩护运行机制的一个基础和引子。在当下中国,一个必须直面和正视的现象是:由于前述历史、文化方面的原因,加之,现实中律师的执业能力和职业素养整体上还不是太高,律师在诉讼活动中违反职业伦理乃至违法犯罪的问题相当严重[1],因而轻视、抵触甚至厌恶律师辩护的意识仍然在普通百姓乃至公安司法人员中蔓延……

因此,要切实完成从立法到实践的切换,还有漫长的路要走。而在采取有效措施优化律师执业环境、提升律师职业素养和强化律师职业伦理以外,尽快在社会层面普及和确立一些现代性的诉讼理念,可能是相当关键的一步。比如,即便被告人真的有罪甚或罪大恶极,他也享有律师协助辩护的权利;律师的作用主要是保护和促进被告人的最大利益,而不只是保护国家或者公众的利益!

正如加拿大学者普瑞方丹所指出的那样,保护国家的利益或公众的利益"是警方和检察院的职责,国家有全套机器进行调查和指控以保护公众利益,而被告只能依赖他自己、朋友、亲戚,特别是他的律师来保护其利益"。英国律师安德鲁的一段话也颇值得我们玩味:"我为我的当事人辩护,但我没有必要在感情上喜欢,这是一种绝对的义务,他可能是这个国家中最坏的人,但我仍然为他辩护,而且我对这种辩护也不害怕,我对法官也不害怕,我所要做的就是依据法律,最大限度地保护当事人的权利。律师、检察官也是正义的代言人。检察官说,他从来没有输过任何官司,因为如果正义胜利了,他们也就胜利了。"[2] 一位英国学者的以下话语更值得

---

[1] 比如,在海南省第一中级人民法院 2020 年 12 月 4 日公开宣判的海南省高级人民法院原副院长张家慧受贿、行政枉法裁判、诈骗案中,判决书显示,37 个行贿人里律师高达 18 人。参见邓全伦:《张家慧案:行贿律师高达 18 人》,载搜狐网(https://www.sohu.com/a/437068757_305502),2020 年 12 月 28 日访问。

[2] 莫洪宪主编:《死刑辩护——加强中国死刑案件辩护技能培训》,法律出版社 2006 年版,第 285 页。

国人省思:"因为证据不足被告人被判无罪,公众认为这种情况不应当被接受,但在英国这样的抱怨针对的不是律师,而是处理案件的警方。"[1]

---

[1] 莫洪宪主编:《死刑辩护——加强中国死刑案件辩护技能培训》,法律出版社2006年版,第16页。

第六章　安全诚可贵,自由价更高
——诉讼价值散谈之一:英美法与大陆法

　　回顾30年来经办的案件,我发现自己涉及的与其说是自由毋宁说是如何不断摆正自由与安全的关系。

　　　　　　　　　　　　　　　　　　——〔英〕丹宁勋爵

　　十个罪犯得以逃脱也比致使一个无辜者被定罪要强。

　　　　　　　　　　　　　　　　　　——〔英〕雷德大法官

　　法官和陪审员一想到会释放一个杀人犯,或者让一个罪犯逍遥法外,便会感到不安。

　　　　　　　　　　　　　　　　——〔法〕勒内·弗洛里奥

　　谈及诉讼价值,就不由得想起曾经闹得沸沸扬扬的、被冠以"世纪审判"的美国O.J.辛普森案件。

　　曾在1984年洛杉矶奥运会上点燃圣火的美国黑人超级橄榄球明星O.J.辛普森,1994年却因涉嫌谋杀其妻被提起刑事指控,一时震惊美国,轰动全球,经过长达1年零4个月的漫长诉讼历程,最后以由 12 人(其中 9 名是黑人)组成的陪审团一致判决其无罪而告终。恍如一阵飓风掠过海面,在世界范围内掀起了轩然大波,欧洲新闻媒体带头发出了嘲笑和攻讦,认为这是美国种族分歧扩大的标志,是美国陪审制之弊的又一次展示,是美国社会危机的大曝光。[1] 不过,与此间狂热的反响适成对比的是,美国公众却显得出人意料的平静,美国新闻媒体同期以"你觉得 O.J.辛普森受到了公正的审判吗?"为题进行的一次民意测验表明,绝大多数的美国人,不论他是黑人还是白人,不论他觉得 O.J.辛普森是有罪还是没罪,都回答说,是的,我认为他受到了公正的审判。[2] 这就怪了,自家人视同正常的审判及其结果,外人为什么表现得那么震惊乃至义愤填膺呢?如此之大的反差背后,究竟是什么东西在作祟呢?

如果拂去感情上的冲动与偏见,究其根本的话,我们认为对于诉讼价值的不同理解与选择导演了此案舆论场上的纷争奇观。正是由于缺乏对美国人所奉行的自由至上的诉讼价值观的深层体味,来自美国以外的一些舆论才会"只见树木,不见森林",将对 O.J.辛普森案件判决的震惊移情到了陪审制度或种族矛盾上。由此可见,诉讼价值是我们认识和分析刑事诉讼的一个重要的基础性维度。正如美国学者帕克所指出的,我们拥有何种刑事诉讼程序类型,严重依赖于程序的习惯性运作所明示或暗示地反映的特定

---

[1] 参见《参考消息》1995 年 10 月 6 日。
[2] 参见林达:《历史深处的忧虑:近距离看美国》,生活·读书·新知三联书店 1997 年版,第 269 页。

价值选择。[1]

关于价值,从最宽泛的意义上讲,它是一个与人们的利益和欲望发生关系的范畴,包括一切可以成为目的的理想以及可以成为爱好、欲望、旨趣之对象的东西。作为价值的一种具体表现形式,刑事诉讼价值在根本上是指为一定社会所认可的在刑事程序立法和司法中应当满足和实现的特定利益。古往今来,一切形态的刑事诉讼制度中,都潜存着两种基本的价值追求:一种是安全价值,即保障社会和社会的多数成员不受各种犯罪行为的侵害,维护社会秩序和社会安全,从而表现为社会的一般利益;另一种是自由价值,即保障作为个人的社会成员所享有的免于某种或某些限制的自由(又称"消极的自由"),以及从事某种或某些活动的自由(又称"积极的自由"),其核心内容是保障被告人的基本权利不受国家权力的非法干预和侵犯,因而主要表现为一种个体性利益。

从起源上看,刑事诉讼源自纷争,是人们之间利益冲突的结果,也是人类进入阶级社会之后的产物。按照霍布斯的说法,原始初民们正是为了摆脱自然状态下无时、无处不在的忧虑感和不安全感,才自愿让出各自的一部分自然权利,交给一个能够保证他们安全的、他们称之为"政府"的东西来行使,从而通过缔结社会契约的形式结成了国家。刑事诉讼作为解决人们之间相互冲突的重要形式也就取代了野蛮状态下的同态复仇,堂而皇之地进入人类社会的视野,惩治犯罪,消除社会混乱,以确保社会中绝大多数成

---

[1] 参见〔美〕哈伯特·L. 帕克:《刑事制裁的界限》,梁根林等译,法律出版社 2008 年版,第 154 页。

员的生命、健康与财产安全。当然,在追究犯罪的过程中,又很可能侵犯涉讼公民尤其是被告人的基本权利,甚至可能不适当地殃及其生命,而这是与人的自然本性相背离的,因为要求自由的欲望无疑是人类所具有的一种根深蒂固的普遍特性,"不自由,毋宁死"可说是这种欲望的极端表现形式,这也是在缔结社会契约时每一个人只让渡一部分而非全部天赋人权给国家的人性根源。因此,刑事诉讼制度的创设及适用还必须注意防止对个人基本权利的侵犯,给个人自由留出足够的空间。

质言之,刑事诉讼既是安全的保障,又是自由的载体,就如同一枚硬币,刑事诉讼价值体系的一面是安全,另一面则是自由。前者源于人性的社会倾向,后者则根植于人之自我扩张的自然本能。其中,安全主要通过国家专门机关追究和惩罚犯罪的积极活动予以实现,因为犯罪率的高低是社会公共安全度的"晴雨表";自由价值的实现则主要依赖于对国家专门机关的权力制约,这是因为,由刑事诉讼自身的特殊本质所决定,刑事追诉过程中的被告人处于一种被动的和不利的境地,更容易受到国家专门机关在惩治犯罪的念头下实施的急功近利行为的非法侵犯。

既然刑事诉讼必须且能够将对自由与安全的价值追求寓于一己之身,那么,在刑事程序的设计与操作过程中,自由与安全呈现为和谐相处状态还是激烈冲突状态呢?对这一问题应当从两方面来看待。

在静态上,应当承认,现代国家中个人自由与公共安全是相互依存、不可截然分割的,公民的个人利益是社会一般利益的一部分,从根本上说并无二致,在理论上能够协调一致。一些侦探小说或影视剧比如《尼罗河上的惨案》《阳光下的罪恶》等大大强化了人们的这一印象。从中人们常常看到,为发现罪犯所遇到的障碍总是被迅速地突破,故事的那个谜起初很难解,可是,突然出现一个神奇非凡的警察或者侦探,他挫败诡计、揭露假象、戳穿罪犯,在几乎不侵犯任何人合法权益的情况下,凭着自己的智慧和胆魄,把罪行揭露得一清二楚,以至于常常使我们因为没有早些看破而感到尴尬,心生自我贬低之念。再看罪犯本人,他被那么多戏剧性的"推理"所震慑,甚至不想去争辩,而只是顺从地让警察戴上手铐或者畏罪自杀……

然而,真实情况远非如此简单。就动态的刑事司法过程来看,从侦查到审判终结,自由与安全常常是处于对立与冲突状态中。

究其缘由,主要有三方面:首先,自由与安全的性质各不相同,其内在要求也迥然有异。你要惩治犯罪,维护社会安全吗?那你就只好赋予国家专门机关足够充分的权力,让其足够灵活地行使;你还必须限制甚至剥夺被告人的某些自由。你想保障被告人的个人自由吗?那你就只有尽可能地收缩国家专门机关的权力,制约其权力的行使;你还应当赋予被告人充分的自我防御手段。常言道:"一仆不能同侍二主。"尤其是这"二主"追求的是截然不同的目标,发布的是不一致的指令时,必然发生碰撞和冲突。举个例子来说,对于侦查人员通过刑讯拷打等非法方式取得的被告人口供,如果着眼于打击犯罪以保障公共安全的需要,则只要口供的内容真实,就应当采纳为定案证据;但若致力于个人自由的保障,则由于这种证据的取得程序和方式侵犯了被告人的权利和自由,因此,即使可信也不能采纳,否则,就会助长侦查人员滥用权力的行为,使刑讯逼供者更少顾忌,使刑讯行为愈加泛滥。在此情况下,自由与安全就难以调和。

其次,众所周知,犯罪行为是过去发生的,对犯罪行为的追诉是一种由结果推导原因的回溯性证明过程,要想切实查明案件真相又不损及涉讼公民个人自由,便需要投入大量的人力、物力和财力,而在任何既定时期,用以满足这两种需求的司法资源和诉讼手段总是有限的。如果将这些有限的资源和手段用于满足某一个特定价值,则另一个价值的受满足程度就必然大大降低乃至为零,这就像两个饥饿的人同时面对一张不够大的饼,甲多吃一些,则乙必然少吃一些,不可能同时充分满足双方的胃口。例如,在侦查阶段,拘禁被告人可防止那些真正犯了罪的人毁灭证据、威胁证人等,也有利于攻破被告人的心理防线,取得其口供,但其中某些人很可能最后被证明是无辜的,那么,此种羁押状态不仅使他暂时失去了通过工作取得劳动报酬的权利、参加社会活动的政治权利以及继续受教育的权利等,而且在他被释放之后的相当一段时间内也难以完全恢复这些权利,更不用说其名誉、尊严上受到的损害了。

最后,自由与安全的冲突还根植于人的本性中。人性的弱点使得无论自由还是安全的追求都常常被滥用,以致损害另一种价值。有一句话说得好:所有的法治总会有人治的困惑。因为不论立法还是司法总是人在那儿操作,而人是有弱点的。对于自由或安全的追求也存在同样的困惑。安全价值的实现,仰赖国家权力的介入与发挥作用,而权力乃黑白相间的精灵,它既是安全的保障,又是自由的可能侵害者,因为谁也不能保证占据权力位置的人一定是有道德的人,不会滥用权力,而权力"一旦被人滥用,那么任何暴政都要甘拜下风"[1]。另外,人性的弱点也决定了任何保护无辜的规定和程序设计都常常被真正的犯罪分子滥用,成为庇护罪行、逃避责任的工具。有例为证,据统计,在美国,10%以上的犯罪嫌疑人保释在外期间重新犯罪。[2]

综上分析,刑事诉讼从诞生之日起,就一直处于公众要求打击犯罪以保障安全的呼声与被告人要求保障其自由的呐喊的夹缝之中,时时面临着价值选择的困境。在不同的社会发展阶段、不同的人文氛围中所构筑的刑事诉讼,对这一困境的挣脱方式可能是迥然相异的。

从近现代西方法治国家的刑事诉讼运作实践来看,在诉讼价值的选择方面,大致存在两种不同的理想类型:

一种是自由优位型,即整体上应当优先满足自由价值的需求,安全价值则相应作出一些让步或牺牲。这种诉讼价值观认为,个人具有政府无权干预的某些基本权利,即便是国家专门机关出于控制犯罪的目的而开展刑事司法活动时,也不得予以侵犯,因此,刑事诉讼的着力点在于,防止国家权力的过分扩张,注重被告人诉讼权利的保障。"宁可错放一千,不可错杀一人"可以说是其基本信条。

另一种则是安全优位型,即整体上应当优先满足安全价值的需求,自由价值则相应作出一些让步或牺牲。这种诉讼价值观认为,对被告人自由的保障不应妨碍打击犯罪,而且主要应通过对犯

---

1 〔英〕丹宁勋爵:《法律的正当程序》,李克强、杨百揆、刘庸安译,群众出版社1984年版,第86页。
2 参见〔美〕特德·杰斯特:《我们与犯罪作斗争一直失败》,李宗祥译,载《国外法学》1982年第3期,第26—35页。

罪的惩罚来实现,为此,刑事诉讼活动的开展应当像"拔草"一样,尽可能将所有的罪犯都揪出来给以应有的打击,当面临是"冤枉一个好人"还是"放纵一个坏人"的判断难题时,通常应当选择前者。

大致说来,现代英美法系国家的诉讼价值观近似于自由优位型,传统大陆法系国家的诉讼价值观则近似于安全优位型。

行文至此,读者不禁要问:这两种类型的诉讼价值选择在制度方面到底有什么样的不同体现?其运行实践中的差别何在?这便把我们的视线转到一个更为实在的层面。下面就分别对现代英美的自由优位型诉讼价值观和传统欧陆的安全优位型诉讼价值观作一些必要的展开。

自由优位的理念可以说是贯穿现代英美刑事诉讼立法和刑事司法活动的一根红线。对此,我们不妨仍以O.J.辛普森案件[1]为例来粗略地予以考察。1994年6月12日晚10点左右,在洛杉矶一栋高级住宅里,一名30多岁的女人和一名20多岁的男性(二人都是白人)被谋杀。经查明,两名死者之一的女人是这栋房子的女主人——美国前黑人橄榄球明星O.J.辛普森的前妻,名叫妮可。男性死者是邻近一个餐馆的侍者,叫高德曼,他是接到妮可的电话好心去送妮可遗忘在餐馆的眼镜时一同被杀的。案发当晚,警察就在O.J.辛普森家里发现一系列相当有力的证据,加之O.J.辛普森与妮可分居后二人屡有冲突的记录,具有杀人动机,于是,O.J.辛普森被宣布为杀人嫌疑人。O.J.辛普森为给自己辩护,遍请美

---

[1] 参见林达:《历史深处的忧虑:近距离看美国》,生活·读书·新知三联书店1997年版,第200—266页。

国最有名的辩护律师,组建起一支包括夏皮罗、德肖微茨等几十名律师在内的、名满全美的"梦之队律师团"。与此同时,检察官一方也组成了一个实力不凡的检方律师团。由于主角都是名人,所以,该案一出来就被称为"世纪大审判"。在又确定了主审法官及陪审团之后,法官主持了开庭前的一个必经程序——审前听证,由检察官、被告人及其辩护人参加,陪审团则不能在场。在这一程序中,一项重要的内容是由法官根据证据排除规则决定控辩双方所调查、收集的证据中,哪些可以在法庭正式公开审理时呈示给陪审团,哪些证据则属于违法取得的,必须排除,因而不能够在法庭审理时予以出示,以免影响陪审团的正式裁决。需要提醒大家的是,案件进行至此,自由优位型诉讼价值观的两个基本理念——"弱化权力"和"强调制约"——就已充分展示出来。

所谓"弱化权力",是指侦查、控诉机关的权力相对较小,不得未经法官的批准进行搜查或扣押,更不得刑讯逼供,对诸如监听等与公民权利息息相关的侦查手段,必须满足非常严格的条件后才能被法官批准使用,而且只能限于较为特殊的案件中,否则,对于那些违反法律规定以侵犯公民权利为代价实施的权力行为,必须给予程序上的制裁。而最有力度的制裁方式便是排除通过滥用权力方式取得的证据,使其作废。

"强调制约"的基本含义是,应加强国家专门诉讼机关之间的互相制约,尤其是法官对警官、检察官的制约与监督。警官和检察官如欲采取诸如逮捕、搜查、扣押、监听等干预被告人基本权利的重大侦查行为,必须首先经过法官批准。法官通常也不把自己视为与警察、检察官(政府一方的代表)处于同一条战壕的战友。相反,"法院认为自己是使个人权利免遭政府滥用权力之害的保护人"[1],时刻监督与制约着侦查、控诉机关,防止和制裁其滥用职权的行为。

让我们回到辛普森案件的审判。审前听证后,法庭审判正式开始。首先让人感到殊为不同于我国刑事审判场景的是被告人O.J.辛普森的穿戴。只见他未穿囚服,也没戴戒具,而是西装革履,如同常人。[2] 看到这里,有人或许就想说,这可能是因为O.J.辛普森名气太大而被法庭给予的特殊照顾吧。如果你这样认为的话,那就大错特错了。这里又关涉自由优位型诉讼价值观的第三个基本理念——"注重权利保护"。

"注重权利保护"的基本含义是国家在寻找和追诉罪犯的过程中,首先必须保护一个普通公民在处于被告人这种不利地位时所应当拥有的自由与基本权利,为此,刑事诉讼必须推行无罪推定原则,在法院最终判决被告人有罪之前都应当将其视为无罪的人,不允许司法人员戴着一副被告人极可能有罪的"有色眼镜"粗暴地对待被告人,于是,让被告人穿着囚服、戴着手铐出庭受审,未开言先矮三分的做法,显然就与这一理念不相符合,故应予以否定。司法实践中,刑事被告人大都充分利用这项保护手段,先精心打扮一番,继而以一种"正人君子"才有的体面形象出现在法庭上,以期给陪审团留下一种良好的印象。事实上,不仅在审判阶段,"注重权利保护"的理念渗透于英美法系刑事诉讼的整个过程

---

1 〔美〕乔治·W.皮尤:《美国与法国刑事司法制度之比较》,叶逊译,载《法学译丛》1986年第4期,第16—21页。
2 关于我国刑事被告人着装的变化,参见周长军:《被告人着便装折射人权司法保障进步》,载《光明日报》2019年9月22日,第7版。

之中。前文中所提到的"米兰达告知",就是一个极其有力的证明。

需要注意的是,相较于"弱化权力、强调制约"而言,"注重权利保护"理念的形成历史较为短暂,尚处于逐渐发展和调试的状态。以美国为例,包括沉默权、律师帮助权等在内的如今令人津津乐道的权利保护制度,尽管在美国宪法修正案中有所规定,但很长一段时期内并未付诸实践,上述制度主要是"二战"之后,在沃伦法院的"正当程序革命"时期,通过联邦最高法院在诸如米兰达案等案件中的一系列有影响的判决逐渐确立起来的。[1] 此外,对于非法证据排除制度,也并非获得了一致的同意与赞誉。因此,在对美国法充分保障被追诉人予以关注的同时,也无须过分夸大这一制度的传统性和稳定性。事实上,随着恐怖主义威胁的日益严重,美国法对于被追诉人的权利保障也处于一个因时制宜的动态调整过程之中。

O.J.辛普森案件自 1995 年 1 月 24 日正式开庭审判,至 1995 年 10 月 3 日作出宣判,持续时间达 8 个多月之久。其间每天的开庭内容大都是控辩双方律师对一个个证人的询问、质证、辩证,你来我往,唇枪舌剑,好似两支平等对抗的运动队,法官则消极踞上,保持中立,维持着"游戏规则",保证控辩双方"公平竞技",这里主要体现的是自由优位型诉讼价值观的最后一个但并非最不重要的理念:司法公正。

从英美社会的发展历史来看,受自由优位型诉讼价值观的影

---

[1] 参见〔美〕伯纳德·施瓦茨:《美国法律史》,王军等译,法律出版社 2007 年版,第 241—246 页;〔美〕安东尼·刘易斯:《吉迪恩的号角:一个穷困潦倒的囚徒是如何改变美国法律的?》,陈虎译,中国法制出版社 2010 年版,第 185—198 页。

响,英美刑事诉讼制度在充分保障无辜者的基本权利方面是卓有成效的。但是,不可否认的是,这种自由优位的选择也不是无偿的,而是伴随着相当沉重的代价。美国犯罪率的高涨已是有目共睹的事实。据统计,1986 年到 1988 年,美国的刑事犯罪年发案 1 164 万件,相当于每 2.7 秒发生一起[1],是世界上单位时间内刑事发案频率最高的国家之一。前美国总统里根就曾发出警告说:"美国的刑事审判体系失败了,显然不行了,屡犯者行凶之后脱身,比比皆是,人民深恶痛绝,要求我们制止"[2]。O.J.辛普森案件中,被害人之一的父亲老高德曼在听到无罪判决后发出的声音震颤的讲话,也重重地、长久地撞击着美国人的心灵:"1994 年 6 月 13 日是我一生中最可怕的噩梦降临的一天,今天是第二个噩梦。今天,并不是检察官输掉了这个官司,今天失败的是这个国家正义和公道没有得到伸张。"

既然如此,英美法系国家为什么选择并仍然坚持着这种自由优位的诉讼价值观呢?对此问题的回答,非三言两语能尽,不过,从根本上讲,这是与英美法系特有的历史传统、文化背景、政法体制及社会状况等水乳交融的。其中最主要的原因有两方面。

其一,英国古典自由主义思想的影响。按照英国古典自由主义的理论,没有国家的社会是最好的社会,既然国家对社会生活的干涉不可避免,那么,一个紧要之至的问题就是要严格限制政府权力,防止政府金蝉脱壳,变成一个凌驾于人民之上的"怪物",侵吞人民的自由。英国社会进化论者斯宾塞在其《社会静力学》一书

---

[1] 参见王大伟:《英美警察科学》,中国人民公安大学出版社 1995 年版,第 248 页。
[2] 〔美〕特德·杰斯特:《我们与犯罪作斗争一直失败》,李宗祥译,载《国外法学》1982 年第 3 期,第 26—30 页。

中所说的"我们宁可让天花蹂躏同一地区的全体居民,也不要强制每一个人去种牛痘"就是这种思想的典型体现。这种孕育于英国历史传统里的自由主义观念随着17、18世纪英国对美洲的殖民而播撒到美国,并被美国发扬光大。美国的建国者们深受英国古典自由主义及近代启蒙思想的影响,美国第三任总统杰斐逊确信,自由乃是人类生来就有和不可剥夺的一种权利。美国人兰斯顿·休斯在一首《像自由这样的字》的诗中写道:"有些字像自由,说出来甜蜜动听美妙无双,在我心弦的深处,自由无时不在尽情地歌唱。"[1]历经岁月的洗礼和体制的孵化,自由已经慢慢地融入美国国民的血液中并外化为美国精神的标签。这在美国色情杂志大王——《风尘女郎》出版机构总裁——拉里·弗林特的传奇一生中得到淋漓尽致的展现。

拉里·弗林特因办《风尘女郎》杂志而被检察官以猥亵罪名起诉,原因是检察官认为社会秩序很乱跟"淫"字分不开,而"淫"字害人,主要就是《风尘女郎》这样的杂志所造成的。此案最后诉至美国联邦最高法院,结果拉里·弗林特获胜。联邦大法官们在裁判中一致认为,色情杂志固然不好,但维护美国宪法第一修正案中所确立的言论自由、出版自由更为重要。于是拉里·弗林特不仅无罪,反而成了维护宪法第一修正案的"英雄",成了美国精神的追求者和守护人。美国一位新闻从业者就指出:"弗林特像一团火一样滚过美国民法和刑法系统,而他的事情在本质上是具有很大的公众利益的,他独自一人为第一修正案而斗争,光是这一点就值得引起我们的注意……因为弗林特本人在国家权力的实力政策

---

[1] 〔美〕埃里克·方纳:《美国自由的故事》,王希译,商务印书馆2002年版,扉页。

上产生过决定性的、政治上的影响。最后,是色情大王拉里·弗林特——而不是左派,也不是前卫派——决定性地扩大了言论自由的周界。"[1] 好莱坞专门以拉里·弗林特为原型拍成了一部电影,名字就叫《人民反对拉里·弗林特》。其制片人奥利弗·斯通把拉里·弗林特视为"自甘替罪,从而帮助了所有的美国人"的"美国精神的寻求者"[2]。

梅纳德兄弟诉新罕布什尔州一案则更绝妙地验证了美国社会中自由观念的根深蒂固。

1974年,乔治·梅纳德和马克辛·梅纳德在他们的汽车上贴一张纸条,把新罕布什尔州的格言"不自由,毋宁死"盖了起来。马克辛·梅纳德说:"我是一个有独立思想的人,我要把这一点付诸行动。这句话不是我想说的话,而是州的格言。"但是,按照新罕布什尔州的法律规定,只要把牌照上的任何一部分遮盖,都构成轻罪,于是,乔治·梅纳德被罚款75美元。他拒绝交付罚款就被监禁了15天,牌照被没收,由于无法去上班,他丢掉了工作,失业达1年之久。

梅纳德兄弟向法院起诉,一直上告到联邦最高法院。1977年他们胜诉。联邦最高法院以7票对2票判决,新罕布什尔州的成文法强迫人们用汽车这类私人财产为州进行"不自由,毋宁死"的思想宣传,这恰好侵犯了公民个人可以不同意官方信仰的权利和自由。

大量的调查表明,今天,如果要美国人在自由与平等两者之间

---

[1] 〔美〕拉里·弗林特:《我作为社会弃儿的一生——拉里·弗林特自传》,李斯、祝勇译,时事出版社1998年版,第225页。

[2] 同上注,第5页。

作一选择的话,四分之三的美国人会将自由排在平等之前,这个比例远远超过西欧人和日本人对同一问题的回答。在近期的一次民意测验中,一位参与者甚至宣称:"当一个美国人的意义就在于拥有自由。"[1]

其二,英美国家政治制度发展的历史也在相当大的程度上决定了其自由优位的价值选择。在英国历史上,入侵不列颠群岛的诺曼人国王把封建封臣带入英国,因不承认其封臣的土地所有权,因此没能产生可以同中央权力相抗衡的强大的地方权力。加之,国土狭窄,中央权力很容易支配全国,国王并不需要建立一个巨大的官僚体制以强化对地方的控制。英国资产阶级革命的妥协性使得他们在与封建势力斗争胜利后保留了许多旧的政府组织形式,这就抑制了现代中央集权体制的确立。而美国则是由一批从欧洲来的逃避政府专制的清教徒创建的联邦制国家,封建主义完全被跳过。由此,强大的中央集权统治从来就没有成为英美国家传统的一部分。在此背景下,英美社会不仅不相信集权会给个人带来更多的利益,相反,对中央集权及其可能出现的权力滥用一直持疑惧态度,这也导致英美整个政治体制设计的基本思路是,不信任且限制国家权力的运用。尤其是"二战"之后,在经济学上凯恩斯理论逐渐失势,古典自由主义思想重获生机,以哈耶克为代表的一批政治经济学者对集权制度的批判更是强化了公众对集权制政府的不信任感和对自由的重视。[2] 与此相应,在或是忍受一定的犯罪侵害,或是忍受国家权力滥用给公民权益造成损害之间,英美

---

1 〔美〕埃里克·方纳:《美国自由的故事》,王希译,商务印书馆2002年版,序言。
2 参见〔英〕弗里德里希·奥古斯特·冯·哈耶克:《通往奴役之路》(修订版),王明毅、冯兴元等译,中国社会科学出版社1997年版,第60—67页。

公众选择了前者。

与此不同,传统大陆法系国家尽管与英美国家有着非常相似的宗教传统和社会制度,其刑事诉讼制度也肇始于19世纪政治自由主义与启蒙思想的结合,因而如英美社会一样也崇尚自由,但是其对自由的认识与英美社会迥然相异,它们遵循的是两种不同的认识路径。

一位著名的德裔美籍政治哲学家弗朗西斯·利伯(Fancis Lieber)指出,"高卢自由(即法国式自由)仍是那种试图在统治或治理中寻求的自由,然而根据盎格鲁(即英国式自由)的观点,这实可谓找错了地方,因为在这里根本寻求不到自由。高卢观点的必然后果乃是法国人在组织中寻向最高程度的政治文明,亦即在政府组织做出的最高程度的干预中寻求政治文明。而这种干预是暴政抑或是自由的问题,完全取决于谁是干预者,以及这种干预对哪个阶级有利。然而根据盎格鲁的观点,这种干预永远只能是极权政制或贵族政制,而当下的极权政制,在我们看来,实际上就是一种不折不扣的贵族政制"[1]。另一位学者塔尔蒙(J.L.Talmon)则把英国式自由观与法国式自由观的分歧说得更为直接和明白。他说:"一方认为自生自发及强制的不存在乃是自由的本质,而另一方则认为自由只有在追求和获致一绝对的集体目的的过程中方能实现。"[2] 美国学者萨拜因还发现,在大陆法系的德国,自由主义只是在思想界有影响,并没有深入扎根到人民大众的思想中,而且,德意志的统一得力于普鲁士发动的王朝战争。他还指出,德国

---

[1] 转引自〔英〕弗里德利希·冯·哈耶克:《自由秩序原理》(上),邓正来译,生活·读书·新知三联书店1997年版,第63页。
[2] 同上注,第64页。

的自由主义是司法性的而不是政治性的,而法国的自由主义则主要是某一阶级的哲学,而不是像英国那样,自由主义成了民族哲学。[1] 按照美国法学家梅里曼的见解,由于"欧洲大陆远比英国更为强烈、更为自觉地强调国家实证主义"[2],因而其刑事诉讼在保障被告人的自由方面没能迈出英美国家那样快的步伐。

正是受如上所述的诸多因素的影响,安全优位成为传统大陆法系国家刑事诉讼的基本价值选择。法国律师德尼·朗克罗瓦曾以两个情节相似但判刑天差地别的刑事案例来说明安全价值在法国刑事诉讼中的地位之重要。[3]

第一个案例说的是,警察因鲁莽开枪导致无辜群众一死一残的事情。某年11月份的一天晚上8点多钟,几位宪兵(法国警察的一种——作者注)在一座农庄的旧建筑物面前,盘查一辆被人怀疑有盗窃嫌疑的小型卡车时,因把司机的一个无意的动作误解为具有威胁性,心生恐惧而轻率地开枪射击,导致司机死亡,同车的女乘客身受重伤。案件开庭审判时,出庭进行公诉的检察官的主要活动不是放在指控作为被告人的宪兵的罪行上,而是放在颂扬宪兵的功勋和可信性上。"从开始从事我的职业之日起,"检察官指出,"我们可以绝对信任他们,可以请求他们去完成无论是最棘手的还是最危险的使命。执行任务时,无论遇到富翁还是穷人,也无论涉足一间破屋还是城堡,宪兵们总是怀着同样的献身精神。

---

[1] 参见〔美〕乔治·霍兰·萨拜因:《政治学说史》(下册),刘山等译,商务印书馆1986年版,第74页。

[2] 〔美〕约翰·亨利·梅利曼:《大陆法系——西欧拉丁美洲法律制度介绍》,顾培东、禄正平译,知识出版社1984年版,第23页。

[3] 参见〔法〕德尼·朗克罗瓦:《法国司法黑案》,龚毓秀、徐真华译,四川人民出版社1988年版,第107—126页。

毋庸置疑,他们是最忠诚最可靠的司法助理人员。为此,我不得不承认,今天当要请求惩处他们中的一个成员时,我的心里是多么难受。""面对这一悲惨事件,"他继续说,"双重的痛苦使我不能自制。首先我为他给伤亡者造成的恶果感到痛苦,其次我也为他可能给法兰西治安力量带来的损害感到痛苦。"

辩护律师的工作一半已由代理检察长做好了,为了尽可能保持这篇以辩护形式提出的公诉状在大家思想上留下的有利印象,普瓦里埃的两名律师在辩护时没有再作长篇发言。重罪法庭最宽大地减轻了普瓦里埃宪兵的罪行,仅判处他一年徒刑,缓期执行。

另一起案例则是讲,一个年轻的小偷在接受两名驾驶摩托车的巡逻警察的检查时,因害怕坐牢,惊魂未定中开了枪,导致警察一死一伤。此案恰好发生于前一案件过去一年后的一天夜晚,而且也是由巴黎重罪法庭审判的。被告人是在一个父亲酗酒、母亲半疯、祖母和一位姑姑自杀的恶劣家庭环境长大的,缺乏亲情,并屡遭精神刺激,这些都促使他较早地走上了犯罪道路。案件发生当晚,被告人正处于因一起盗窃案而四处逃避警方追捕的紧张状态中,尽管有包括一位神父在内的两名证人出庭证明被告人的品行并没有人们想象得那么坏,而是也具有一些闪光点,但是出庭公诉的检察官言词激烈,称被告人是"一头有害而残忍的野兽",并指责他"怯懦""没有自杀"……最后,被告人被判处无期徒刑。

从这两个案例以及前文中讲过的德塞耶案件中,我们可以透析出传统大陆法系国家安全优位的诉讼价值观的一些基本理念。

一是权力自由度大。刑事司法中国家专门机关尤其是侦查机关被赋予较大的权力,重大侦查行为或者强制措施的使用由同样属于侦查主体的预审法官、检察机关来批准或者决定,而且,法律对这些权力性诉讼行为的实施条件极少限制,即或规定,较之英美,其适用条件也较为宽松。

二是追求诉讼效率,重视犯罪控制。一方面,传统大陆法系国家实行检警一体的犯罪追控模式,警察在检察官的命令和指挥下开展侦查活动,强调二者之间的协作与配合;另一方面,预审法官尽管控制着警、检机关的重大侦查行为的审批权,但由于其同时承担着犯罪侦查的职能,与警、检机关的职业目的一致,因而在审批标准的把握上较为宽松,在追控犯罪的效率方面相对较高。

此外,与英美同行不同的是,传统大陆法系国家的法官和陪审员较为关注犯罪控制,因而通常是在对侦查、检察机关的工作保持相对较高的信任和宽容的心态下,主宰着法庭审判的进程。正如法国著名律师勒内·弗罗里奥在《错案》一书中所说,"法官和陪审员不容许罪犯逃脱法网",以至于实践中竟会出现"一些本来对嫌疑犯有利的材料,在他被指控的重罪面前,也往往不见"了的现象。著名比较刑事诉讼法学家达马斯卡也指出:"如果穷追猛打,大陆法系的法律人会承认,他们反对一贯而有力地实施非法证据排除规则最终可以归结到他们担心'明显'有罪的被告人被判无罪。这对他们来说是无法忍受的。尽管在许多英美法律背景下培养出来的法律人也会存在这样的反应。但态度上的深刻差异仍然存在,它也反映了在如何看待刑事诉讼中对发现真相施加限制方面的更强烈对比。"[1]

---

1 〔美〕米尔吉安·R.达马斯卡:《比较法视野中的证据制度》,吴宏耀、魏晓娜等译,中国人民公安大学出版社 2006 年版,第 110 页。

三是被告人权利有限。为防止被告人阻碍侦查和追究,以迅速、准确地查明案件真相,较之于英美国家,传统大陆法系国家通常对被告人的诉讼权利予以较多的限制或者剥夺。这突出表现在两个方面:

其一,侦查将审讯被告人作为重要的取证手段和证据来源,被告人在审判之前原则上没有律师协助权,即便如法国、德国等少数国家那样,赋予了被告人律师协助的权利,也多是局限于侦查后期,而且缺乏现代英美国家那么有力的保障措施。正如有人所指出的:"在实践中,对无罪推定原则,法国人远比盎格鲁-美洲人模棱两可,其部分原因是这与他们把坦白看作证据的核心因素的传统相冲突。为了获得坦白,法国的警察可以在不提出任何起诉及不给他们找律师的情况下拘留嫌疑人达24小时(根据检察官的意见可以续期)。"[1]

其二,被告人在审判前被羁押的状况严重,保释权不充分。据统计,在法国,1978年,79 624名被告人中,地方审讯法官命令羁押的有61 245人(76.9%),而释放的只有18 379人(23.1%)。在这些被羁押者中,只有20 668人(约34.5%)最终以监禁判决被定罪,有些被判处监禁的罪犯的刑期短于已执行完毕的羁押期。[2]

传统大陆法系国家安全优位的诉讼价值选择还与其政治发展历程有密切的关系。封建主义在大陆法系国家的出现早于英国[3],两者

---

[1] 〔加〕让-伯努瓦·纳多、〔加〕朱莉·巴洛:《六千万法国人不可能错》,何开松、胡继兰译,东方出版社2005年版,第217页。

[2] 参见〔英〕斯·格罗兹:《西欧的候审羁押》,夏登峻译,载《国外法学》1981年第1期,第19—29页。

[3] 美国就没有经历过封建社会,以至于比较法学者迪特里希·鲁施迈耶认为,美德两国法律职业的很多差异都可以追溯到这一原因。参见〔美〕迪特里希·鲁施迈耶:《律师与社会:美德两国法律职业比较研究》,于霄译,上海三联书店2010年版,第155页。

在封建社会中的政治结构也不完全一样。大陆国家被分割为豆腐块似的各个独立的省份,封建贵族所控制的地方权力常常与王权相抗衡。这种割据状态不仅阻碍了经济发展,而且导致了社会的动荡与冲突,也严重损害了公民的生命与财产安全。为控制地方权力,统治者就派一些官吏作为中央权力的代表到一些地方任职,渐渐形成了一个集中化、分层次的官僚体制。新出现的中央集权统治,使全国形成了统一的市场,也带动了经济繁荣与社会稳定。正是在这种背景下,大陆法系国家认可了强大的中央集权制的存在,以至于在新兴资产阶级打破旧制度后,中央集权的支配形态不仅没有被破坏,反而被强化了。正如有人指出的,"法国革命后 170 年的政治不稳定中,法国国家变得越来越重要,越来越中央集权"[1]。

与此相应,大陆法系国家对政府、对警察等事物的看法和态度也迥然不同于英美社会。如前所述,英美社会对国家作用基本持一种消极性评价,对政府权力怀有一种浓浓的疑惧"情结",对以政府代表的名义出现的警察、检察官也就自然怀有一种不信任和戒备态度。而法国民意测验所于 1973 年 9 月发表的一份测验结果则表明,法国等大陆法系国家的公众对国家的作用以及作为政府代表的警察基本上是持积极性评价的,"在法国人的心目中,警察远不是或多或少总让人感到不安的镇压与暴力的工具,相反,对大多数人来说,它的形象始终如一,它是一支强大的可亲的保护力

---

[1] 〔加〕让-伯努瓦·纳多、〔加〕朱莉·巴洛:《六千万法国人不可能错》,何开松、胡继兰译,东方出版社 2005 年版,第 136 页。

量,是全体公民宁静生活的保证,它尊重自由,总之,它完全让人放心"[1]。在接受询问者中,74%的人对它表示好感。[2] 欧洲价值体系研究组1981年的调查和该研究组1990年在12个国家中再次进行的调查发现,两次调查获得了类似的结论,即绝大多数欧洲人回答他们对警察、武装力、司法机关、教育系统和教会"非常"或者"相当"信任。[3] 美国法学家、路易斯安那州立大学教授乔治·W.皮尤进一步指出,大陆人民"由于历史和经验的缘故更担心犯罪,因而为了获得更多的保护,他们宁愿给予政府当局以较大的权力"[4]。换句话讲,在要求国家保护以免遭他人犯罪之害的利益与个人免受政府非法干预的利益之间,传统大陆法系国家的刑事诉讼更为关注前者。

应当承认,传统大陆法系国家安全优位的价值选择在不使犯罪人逃脱法网而保障社会安全方面是大有成效的,但这是以牺牲被告人的权利和自由为代价的,也面临着自由主义政治哲学的批评,因而与英美社会自由优位的选择相比,各有其特定的优势和短板。

当然,上述判断主要是就宏观层面而言的。在某些个案的处理上,一个国家选择与其整体诉讼价值观相反的价值立场也是可能的,但这并不影响其刑事诉讼价值选择的整体定位。

---

1 〔法〕德尼·朗克罗瓦:《法国司法黑案》,龚毓秀、徐真华译,四川人民出版社1988年版,第122页。
2 同上注。
3 参见〔法〕马太·杜甘:《比较社会学:马太·杜甘文选》,社会科学文献出版社2006年版,李洁等译,第12页。
4 〔美〕乔治·W.皮尤:《美国与法国刑事司法制度之比较》,叶逊译,载《法学译丛》1986年第4期,第17页。

第七章　安全诚可贵,自由价更高
——诉讼价值散谈之二:理想与现实

> 看破浮生过半,半之受用无边。半中岁月尽优闲,半里乾坤宽展。
>
> 半少却饶滋味,半多反嫌纠缠。百年苦乐半相参,会占便宜只半。
>
> ——[清]李密庵

> 夫自由之言,真中国历古圣贤之所深畏,而从未尝立以为教育也。
>
> ——[清]严复

> 为了严格遵守权利和竭力保护权利,有时会使罪犯借此隐藏起来。那就让他去吧。一个狡猾的贼漏网,总比每个人都像贼一样在房间里发抖要好得多。
>
> ——[俄]亚·伊·赫尔岑

既然现代英美法系与传统大陆法系的诉讼价值选择都有瑕

疵，每种选择后面都拖着一条"代价"的影子，即前者有放纵坏人之弊，后者则有冤枉好人之虞，那么，一个很自然的问题就会涌上我们的脑海：能不能构建一种既最大限度地实现社会安全，又最大限度地保障个人自由的刑事诉讼制度？能不能既不冤枉一个好人，也不放过一个坏人？或者换用先哲孟子式的话语：鱼与熊掌能否得兼？

这是困扰各国的世界性难题。以善于吸收和综合他国经验著称的日本，在"二战"以后就已开始在立法和司法中进行这方面的尝试和努力，按日本人的说法就是追求"在正当法律程序中实现实体真实主义"[1]，以达到自由与安全价值的完美实现。

但是，"现在多数学者却认为，上述标语式的解释作为理论上的推论似乎是成立的，但在现实刑事诉讼活动中则是根本行不通的"[2]。"国际人权联盟"也曾就日本的刑事程序问题向日本派遣了调查团，并在其发表的调查报告中指出，"在日本的刑事程序上存在着一些缺少人权保障的问题"，这就从实践和事实的角度击碎了日本人"鱼与熊掌兼得"的梦想，也再一次确证了人类选择的一个永恒困境：你要追求阳光，你就必须接受阳光投下的阴影。

对于人类的这一困境，不同领域的学者从不同的角度作出了解释。

经济学家阿瑟·奥肯在《平等与效率》一书中指出："多生产某一样东西，意味着使用了原用以生产其他东西的劳动力和资本；目前多消费，意味着减少未来可享用的储蓄；延长工作时间，就侵

---

[1] 徐友军：《比较刑事程序结构》，现代出版社1992年版，第20页。
[2] 李心鉴等：《实体真实与法律程序的冲突及选择》，载《中外法学》1990年第4期，第59—62页。

占了闲暇;制止通货膨胀,就要牺牲产量和就业水平。"[1]

美国著名政治学家利奥·思特劳斯从更深层的人性角度进行了挖掘:最好的社会制度之所以实现不了,归根结底是由于我们的二元人性,人是介于兽与神之间的中间之物(in-between being)。[2]

法学家伊娃·史密斯则指出:"一方面,社会希望减少刑事犯罪;另一方面,又希望维持社会公民最大程度的法律安全,这两者是矛盾的。目的在于保护无辜的人的规章必然会被犯罪分子滥用。因此,人们必须在有效地减少犯罪行为和广泛保护个人之间作出选择。不管人们是选择前者还是选择后者,有一个结论是无法避免的,那就是这种选择会要求付出不愉快的代价。"[3] 不仅如此,这种代价具体落到某一个体身上时还会相当的残酷。君不见,在O.J辛普森案件中,当判决宣布后,有两个图景形成了鲜明的对照:一个图景是受自由优位型刑事诉讼的庇佑而得以无罪释放的重大嫌疑人辛普森与其律师微笑拥抱,另一图景则是被害人家属发出愤怒与悲鸣之声!

由此看来,想寻找一种绝对完美的能充分兼顾自由与安全之保障的刑事诉讼制度,此路不通!但是,人们对至善至美的理想追索并不会因此而轻易放弃,人类也不能没有理想,否则,人类的发展早就停滞不前。既然每一种可能的价值选择都会有坏处,于

---

[1] 〔美〕阿瑟·奥肯:《平等与效率——重大的抉择》,王奔洲、叶南奇译,华夏出版社1987年版,第2页。
[2] Leo Strauss, What Is Political Philosophy?, Free Press, 1959.转引自汪丁丁:《经济学的"关键词"》,载《读书》1995年第7期。
[3] 〔丹麦〕伊娃·史密娃:《如何保证在诉讼中增加公平处理的机会》,1988年北京国际诉讼法学研讨会论文。

是,那种最不坏(或者说"阴影"最小的)的价值选择模式自然也就成了人们不得不退而求其次的理想诉讼价值观。

那么,这种所谓"最不坏"的理想诉讼价值观是什么样子呢?在现代英美法系自由优位型与传统大陆法系安全优位型的诉讼价值观中,哪一个又更接近于它呢?

在经济学中,有一个经典性的原理,那就是以最小的代价谋求最大的利润。这一原理被导入社会生活领域后,就发展出了适用于一切人类选择的经济原则,按照这一原则,机会成本最小的选择就是最理想的选择,或者说就是"最不坏"的选择。

所谓"机会成本",说白了,即放弃的"机会"所值。举例来说,一个中学毕业生如果面临两个选择:上大学或就业,那么他上大学的机会成本就是他上学期间所放弃的工作收入的全部所值。那么,什么样的选择又是机会成本最小的选择呢?倘若通俗些回答的话,就是什么都干点儿,什么也别干太多,或者如李密庵的"半半歌"中所言"会占便宜只半"。

由此演绎开来,我们认为机会成本最小的诉讼价值观或者说理想的诉讼价值观的第一个基本表征应当是,不仅对自由与安全兼容并蓄,而且要尽可能地使二者保持相对的均衡,而不过分偏重于某一特定价值。

这是因为任何一种只关注单一价值(自由或安全)的刑事诉讼价值观,或者对自由与安全的关注比例显著失衡的刑事诉讼价值观,其机会成本都相对较高。这就像一个杂技演员走钢丝一样,虽然无法保证自己身体的重心总是落在钢丝所在的直线上,而必然有忽左忽右的偏离,但这种偏离是有限度的、适当的,否则会有摔落地下之危险。当然,如前所述,在现实生活中受各种因素的影响,自由与安全在更多的时候是处于对立、冲突且无法调和的状态,这就使诉讼价值选择的重心不得不常常偏于某种特定价值。但即便如此,这种倾斜也应当是有限度的、适当的,而且还要随着犯罪率高低、国家司法权力的行使状况等方面的变化而适时地作出调整。

如果套用经济学中的拉弗曲线[1]来分析的话,自由与安全最理想的均衡状态就是逼近 E 点,但 E 点并不就是 50%,而是一个变动的数字。

顺着这一思路深入下去,一个如影随形的问题又接踵而至:既然理想的诉讼价值观是而且只能是在自由与安全之间维持一种有倾斜度的相对均衡,那么,尽管受制于社会发展条件的制约,各国不同时期的诉讼价值倾斜方向和程度并不完全一样,但是,就总体把握而言,尤其是从人类社会发展的趋势着眼,自由与安全难道真的是"风水轮流转""皇帝轮流做",不能分出孰高孰低吗?或者说,在偏重自由与偏重安全之间,未来的刑事诉讼难道没有一种应然性的选择吗?

我们认为,尽管追求安全是刑事诉讼产生的直接动因,而且,受制于现阶段社会发展条件的制约,特别是在恐怖主义阴影笼罩当今世界各国的背景下,安全确实是当前任何一国诉讼实践中都要考虑的重要价值,但苟理性地加以审视,尤其是从近现代刑事

---

[1] 拉弗曲线是美国经济学家阿瑟·拉弗(A.Laffer)创制的一条用以解释税收与税率之间关系的曲线。该曲线说明,政府的税收与税率之间并不总是呈正相关关系的。当税率从 0 向 100% 上升,到达某一点(即"E"点)时,经济活动开始受阻,税收便不再顺着税率的提高而上升,反而开始下降。拉弗及其伙伴们还强调指出,E 点不就是 50%(虽然有时可以是),而是一个变动的数字。

诉讼的产生根源以及人类社会发展的规律着眼，则不难发现，在整体意义上，安全只可以被称为刑事诉讼的基础性价值，而不能被等同于刑事诉讼的首要价值。由此，对上述问题，我们认为应作肯定性回答：适当偏重自由应为未来刑事诉讼价值观的必然选择。这也是我们理解的理想诉讼价值观的第二个基本表征。

首先，这种认识有心理学上的根据。提及曾任美国心理学学会主席的著名心理学家马斯洛的"需要层次"理论，大家大概不会感到陌生。马斯洛的"需要层次"理论把人的基本需要划分为五个层次，按照由低级到高级的顺序排列依次是：生理需要（如对食物或性的需要等），安全需要（如免受恐吓、伤害的折磨，对法律、秩序的需要等），归属和爱的需要（对家庭和友情、亲情的需要等），自尊需要（对声望、自由的需要等）和自我实现的需要。其中，安全需要是仅次于吃、喝、睡等生理需要的第二层次，而自尊需要则是位于最高层次的自我实现的需要之前的第四层次。"需要层次"理论还认为，高级需要的实现虽然较之于低级需要的实现需要更好的外部条件，但一方面，高级需要的满足能引起更合意的主观效果，即更深刻的幸福感、宁静感以及内心生活的丰富感，比如安全需要的满足最多只产生一种如释重负的感觉，无论如何它们不能产生像爱的满足那样的幸福的热狂与心醉神迷，或宁静、高尚等效果；另一方面，追求和满足高级需要代表了一种普遍的健康趋势，一种脱离心理病态的趋势；此外，高级需要的追求与满足具有有益于公众和社会的效果，更接近自我的实现，也能够导致更伟大、更坚强以及更真实的个性；最后，对于那些两种需要都满足过的人们来说，他们通常会认为高级需要比低级需要具有更大的价值，为此，他们愿为高级需要的满足牺牲更多的东西，而且更容易忍受低级需要满足的丧失。[1] "生命诚可贵,爱情价更高,若为自由故,两者皆可抛",这首诗之所以千古传唱,一个重要的原因大概就在于它形象地揭示了上面这一深刻的道理。按照马斯洛的理论,自由既然是比安全更高的需要,那么,作为满足人类这两种需要的手段的刑事诉讼来讲,适当偏重自由不也"代表了一种普遍的健康趋势吗"?正如美国著名伦理哲学家彼彻姆所说:"人类本性的结构相同,至少是人类的需要普遍相同,从而导致了在所有文化中采纳类似的甚至是同一的原则。"[2]

其次,沿着人类社会的历史发展来考察,早期人类社会的主要矛盾是人与自然之间的矛盾,在与自然的威胁相抗衡的过程中,必然突出社会的整体性,强调个体成员对群体的服从义务,个人的自由度不可能很大;及至近现代社会,随着人类高科技的发展以及物质生活水平的极大提高,个体与社会的矛盾上升为社会的主要矛盾,突出个体成员的主体性及其自由,强调社会应为每一个个体的充分而自由的发展提供最大可能的保障,既是历史发展的当然产物,也是未来社会的趋势。也正是在这个意义上,马克思指出,每一个个人的自由而充分的发展是整个社会自由发展的前提!或者换句话讲,个人自由的实现程度是人类社会发展水平的主要标尺。

一个维系着最高安全感的国家的公民,在某种意义上可能恰恰是自由意识较弱、自由度较小的人。一个充满生机与活力的社会必然是一个自由度较高的社会,尽管这个社会可能要为此付出

---

[1] 参见〔美〕马斯洛:《动机与人格》,许金声、程朝翔译,华夏出版社1987年版,第40—117页。
[2] 〔美〕汤姆·L.彼彻姆:《哲学的伦理学——道德哲学引论》,雷克勤、郭夏娟、李兰芬等译,中国社会科学出版社1990年版,第53页。

物质上、精神上的代价，但它比那些虽享有较高的安全感但以人的压抑、人的僵化作为伴生物的社会更符合人之自然本性，也更代表着人类社会发展的趋势！

再次，刑事诉讼自身走过的历程也印证了这一规律。我们知道，近现代刑事诉讼无论英美型还是大陆型，其与封建纠问式诉讼在外观上的最大区别是，加强了侦查、起诉与审判权力的分立与制约，注重通过一系列复杂、烦琐的程序规则来规范和限制警察、检察官和法官权力的行使。笔者认为，对自由特别是被告人自由的看重与考虑是其主要动机。前瞻未来，在现代市场经济和民主政治建设的激发和牵引下，随着个体意识的日趋增强及个人自由空间的不断拓展，自由在刑事诉讼价值观中的地位不断提升将是一个必然的趋势，因为俗语说得好，"水涨船高"嘛！

最后，自由优位的结论之提出，并非全是理论抽象与演绎的结果，而是有着坚实的实践基础。两大法系国家近三四十年来有关刑事诉讼制度的一些修改和变化提供了极有说服力的佐证。或许是出于对各自失衡的诉讼价值选择所引发的社会弊病的反省，也或许是各自对刑事诉讼的认识发生了变化，两大法系国家自20世纪70年代起都开始自觉或不自觉地沿着"均衡论"的方向修改和调整其刑事诉讼制度。

大陆法系阵营中，一部分国家已经通过修改法律逐步迈入了当事人主义刑事诉讼的阵营。比如，"二战"后的日本以及20世纪80年代以后的葡萄牙和意大利，都已大致完成了这种脱胎换骨式的改造，更换了刑事诉讼的"门庭"。即便是德国、法国等更有代表性的大陆法系国家，受《欧洲人权公约》和欧洲人权法院判例等方面的影响，也已经对其传统的非对抗制诉讼进行了较大改革，确立了无罪推定原则、控辩平等原则、反对强迫自证其罪原则、直接言词原则以及程序公开制度、自由心证制度等,并构建了中立法官介入侦查的司法审查机制,强化了对侦控机关的制约,扩大了被告人以辩护权为核心的诉讼权利,增强了被告人与侦控机关平等抗衡的能力。可见,大陆法系国家刑事诉讼的改革不只是技术形式的调整,而同时伴随着观念层面的重大转变,或者说,改革同时也是逐步提升自由价值的位阶、调整诉讼价值结构的过程,以至于当下大陆法系国家刑事诉讼的价值选择整体上已经可以归类于自由优位型,尽管较之于英美法系国家仍表现出一定的偏好安全的色彩。

与此同时,英美法系阵营在犯罪浪潮特别是恐怖主义犯罪的冲击下,也因时制宜进行着相对方向即"安全化"的改革。在英国,2000 年上议院裁定指出:人们必须记住,保护被告人的权利不是(刑事司法)要追求的惟一价值目标。刑事司法的目标是要让每一个人在日常生活中免除犯罪对人身或财产的侵害或由此带来的恐惧。而且,严重犯罪应该受到有效的侦查和起诉,这是符合每个人利益的。(司法)对各方都必须是公正的。在一个刑事案件中,它要求法官考虑三角型利益关系,包括被告人、被害人或其家庭以及公众的利益。[1] 这一理念在诉讼制度方面的表现至少有三个方面:

一是法律扩张了治安法官对重罪的审判权。据统计,治安法官比陪审团的定罪率至少要多出 10%。[2]

---

[1] 参见何家弘主编:《外国证据法》,法律出版社 2003 年版,第 78—79 页。
[2] 参见〔英〕萨达卡特·卡德里:《审判的历史——从苏格拉底到辛普森》,杨雄译,当代中国出版社 2009 年版,第 294 页。

二是立法对犯罪嫌疑人、被告人的沉默权进行了限制。英国议会于 1994 年 11 月通过的《刑事审判与公共秩序法》对刑事诉讼中的犯罪嫌疑人和被告人所享有的沉默权作出了重大限制,主要体现在:(1)当犯罪嫌疑人在警察或其他负有调查与检控职责的官员询问时不告诉他们某一个被合理地要求应当提及的事实,而法庭辩护时又将这一事实作为辩护的理由,那么,对被告人在审判前阶段保持沉默,法庭或陪审团可以在法定的场合下作出看起来适当的推论;(2)如果被告人已年满 14 岁,他被指控的犯罪有待证明,并且法庭认为他的身体和精神条件适于提出证据,而被告人在法庭审判过程中保持沉默,则法庭或陪审团在决定被告人是否犯有被指控的罪行的时候,可以从该被告人在审判时没有提供证据或者无正当理由拒绝回答问题中作出看起来适当的推论;(3)警察在被逮捕的人的身边、衣物、住处或被捕地发现了任何物品、材料或痕迹,并且确信这些物品、材料或痕迹系被捕者在实施被指控的犯罪过程中所形成,并要求被捕者对此进行解释,而该被捕者没有或者拒绝这样做,在这种情况下,法庭或陪审团可以从中作出看起来适当的推论;(4)如果警察发现被他逮捕的人在被指控的犯罪发生前后的时间出现在某一地方,并合理地相信该被捕者在那一时间出现于那一地方可归因于他参与实施了该罪行,而且警察要求被捕者对此作出解释,而该被捕者没有或者拒绝这样做,在这种情况下,法庭或陪审团可以从中作出看起来适当的推论。[1] 当然,这些改革措施只是对沉默权的限制而非就此取消沉默权。

三是立法对被告人的禁止双重危险权利进行了限制。所谓禁

---

[1] 参见易延友:《沉默的自由》,中国政法大学出版社 2001 年版,第 231—232 页。

止双重危险,是指禁止对已经被宣告无罪或者因一项犯罪已被定罪的人就同一犯罪行为再次进行审判,这是英美国家刑事诉讼的一项古老规则。但英国2003年《刑事审判法》规定,经检察长同意,警察有权对在诸如谋杀、误杀、强奸等严重犯罪的案件中被宣告无罪的人进行重新侦查,以便起诉人向上诉法院申请撤销无罪判决,并且在上诉法院认为新证据足以证明对已宣告无罪的人不利时,可以重新审理该案。

在美国,且不说1984年的"三振出局法","9·11"之后的一段时间内更是出台了《爱国者法案》等备受争议的法律,在刑事立法和司法中都增加了对安全价值的考量。

不过,需要指出的是,从性质上看,这些变革整体而言都是一种"量变"性的调整,只是适当增加安全价值在刑事诉讼价值体系内的分量而已,尚未出现"质变"性的转换。而且,从英美社会的现状来看,"质变"性的转换也几乎不可能出现。

比如,美国素有"枪文化之誉",持枪是美国公民的宪法权利和自由,而涉枪犯罪也成了美国社会中与毒品犯罪并列的两大犯罪热点。数据显示,美国有3亿多人口,而私枪保有量逾3亿支。[1] 另据较近的统计,在美国超过25万人的都市中,平均凶杀率是每10万人有12.1起。[2] 2007年4月16日发生在美国弗吉尼亚理工大学校园的枪击案想来大家还没有忘记,这起枪击案就导致了33人死亡的惨剧。2020年8月25日美国的凯尔·里藤豪斯开枪打死2人

---

[1] 《近年枪支暴力问题加剧,美国会举行枪支暴力听证会》,载环球网(phttps://baijiahao.baidu.com/s?id=1624797171371699929&wfr=spider&for=pc),2021年11月5日访问。

[2] Murder, Types of Weapons Used Percent Distribution within Region, 2005. FBI.

打伤1人，2021年11月19日被定为判正当防卫，该案再次引发美国社会的舆论撕裂。因此，大多数人认为，枪支管理不善乃美国暴力犯罪猖獗的主要"罪魁祸首"！可就是由于历史的原因，美国宪法第二修正案规定，"管理良好的民兵是保障自由州的安全所必需的，因此人民持有和携带武器的权利不得侵犯"，持枪由此成为美国公民的宪法权利，那么对枪支进行政府管制必然就限制了公民的自由，以至于尽管有关枪支的管制在美国已经辩论了几十年，但几十年来"这一问题依然未变"[1]。基于诸如此类的原因，美国有些学者认为，在美国这样重视自由的国家，反对犯罪的前途是有限的。[2] 乔治·W.皮尤教授也指出，尽管通过改革基本的诉讼结构和形式，美国刑事司法制度将更有效，但这不是一种理想的解决方法，它大大有悖于英美社会的传统和价值结构。[3]

概言之，无论是大陆法系国家更为"自由化"的改革，还是英美法系国家看似"逆自由化"的改革，其宗旨都在于根据不同时期社会治安情况的好坏和公众权利观念的变化而追求一种更符合诉讼规律的均衡型诉讼价值观。

从目前情况看，两大法系国家的刑事诉讼价值观尽管整体上都采取自由优位的立场，但在自由与安全的价值比率方面仍存在一定的差

---

[1] 林风：《血案撼不动的"枪文化"》，载《齐鲁晚报》1998年3月27日。反对公民持枪的观点认为，宪法第二修正案确保的是"管理良好的民兵"持有枪支的权利，是一种集体拥有的权利，并指出正是由于私人可以拥有枪支，导致了校园枪击案之类的恶性枪支犯罪，严重威胁到了公众安全；支持公民持枪的观点则认为，枪是弱者自卫的武器，枪能给人带来安全，枪还可以用来反对暴政。

[2] 参见〔美〕特德·杰斯特：《我们与犯罪作斗争一直失败》，李宗祥译，载《国外法学》1982年第3期，第26—30页。

[3] 〔美〕乔治·W.皮尤：《美国与法国刑事司法制度之比较》，叶逊译，载《法学译丛》1986年第4期，第16—21页。

别,这就是,较之于英美法系国家,大陆法系国家对安全价值的考虑相对要多一些。

在诠解了近现代两大法系国家的诉讼价值观念以及理想的诉讼价值观之后,再来了解一下我国刑事诉讼价值体系的风貌当是一个极其自然的想法。

如果说,传统大陆法系国家是在中世纪末期才逐步消除封建领主割据,建立中央集权的政治体制,并胎生出强烈的国家主义观念的话,那么,中国远在秦始皇称帝时期就结束了诸侯割据称霸的局面,建立起统一的中央集权国家,并初步形成了对后世影响深远的"大一统"思想。

"大一统"思想要求,在对待皇帝与臣民的关系上应遵循"强干弱枝""大本小末"的基本准则。也就是说,在皇帝与臣民之间,前者是树干,是根本,是强者;后者则是枝芽,是末尾,是弱项。在中国漫长的封建社会中,"大一统"思想犹如一张天罗地网,笼罩着、压抑着生息在这块土地上的国民,进而催生出秩序为重、和谐为佳的社会政治氛围。上至帝王将相,下至黎民百姓,都把个人对他人的犯罪行为视为不齿于人类的事情,是至为危险的,也是不可饶恕的,因为它破坏了封建统治秩序以及百姓对稳定生活的渴望。这种观念反过来又进一步强化了个人对国家权力的依赖感。相比之下,在一般人的意识中,国家官员对普通百姓的侵扰乃至凌虐行为就只是小事一桩,不值得大惊小怪,在某种程度上甚至可以说是情理之中的事情。这就像父母管教孩子,可以施以打骂一样,身为父母官的国家官员,对不顺从的子民们进行特殊形式的管教,就是自然而然的了。

中国封建社会中的法毫无例外都是以"刑"为核心的刑事法。

其职能不外乎是"禁邪止奸"的暴力工具,这是与"大一统"的政治体制和重安全的民族心理息息相通的。一些学者曾精辟地指出,中国古代的法是与秩序的概念有关,而且只关涉社会秩序的一个方面,即社会治安。[1]

及至近代,又遭遇外有列强入侵、内有军阀混战的民族危机,爱国主义、民族主义、集体主义观念一直是当时社会高扬的主旋律。因而,当清末一些开明的统治者出于"师夷长技以制夷"的想法,去审视外国刑事诉讼成例,以为中国的"变法自强"提供参考时,较为强调国家主义观念和安全价值的传统大陆法系刑事诉讼制度自然闯入立法者的视野,并因合乎国人的口味而被选作中国刑事诉讼改革与转型的目标模式,其后的北洋政府、南京国民政府也都相沿未改。中国历经两千余年的风雨洗礼,曾销蚀了多少或可歌或可气的历史事件或社会特征,但求安全的心态一直延续下来,循环往复的历史使这种政治信念演变为中国人的"第二天性"。据学者观察,在美国的华人社会,即使他们的多数已经加入美国国籍,相对来说,还是远比其他美国人对美国联邦政府有更大的信任度。[2]

这种传统心态并未因新中国的成立而消弭无踪。新中国成立之初,废除了国民党统治时期制定的《六法全书》,将清末以来所构建的传统大陆法系型刑事诉讼制度完全更替,并出于意识形态方面的考虑,大量地照搬了苏联刑事诉讼制度的内容来设计我国

---

[1] 参见梁治平、齐海滨等:《新波斯人信札——变革中的法观念》,贵州人民出版社1988年版,第20页。
[2] 参见林达:《历史深处的忧虑:近距离看美国》,生活·读书·新知三联书店1997年版,第81页。

新时期的刑事诉讼。不过,苏联刑事诉讼与传统大陆法系刑事诉讼血脉相连。前者源于后者,而且在重视职权运作、强调安全价值和犯罪控制方面大有"青出于蓝而胜于蓝"之势。换句话讲,新中国的刑事诉讼刚刚摆脱了清末以来所延续的大陆法系传统,又走进了苏联所承接的传统大陆法系传统的藩篱。

学术界也不否认这一点。根据学术界的流行观点,1979年《刑事诉讼法》第2条明确说明了惩罚犯罪与保障无罪者不受刑事追究是刑事诉讼统一任务的两个方面,两者不可分割,互相联系,互相依存;但是两者并非没有主次。打击敌人,惩罚犯罪,仍是刑事诉讼法的主要任务。[1] 1983年9月2日,全国人大常委会制定并实施的《关于迅速审判严重危害社会治安的犯罪分子的程序的规定》,则提供了一个更明确的实证。根据该法,为严厉打击一些严重的危害社会治安的犯罪,竟然可以大大压缩1979年《刑事诉讼法》赋予被告人的本来就很稀缺的诉讼权利。公民的自由时常要为打击犯罪、维护社会治安作出让步乃至牺牲;刑讯逼供、超期羁押等违法现象频发,于是构成了一幅奇异的景观:一方面,我国的刑事犯罪率远低于世界发达国家,维系着其他国家通常望尘莫及的安全感;另一方面,刑事诉讼中被追诉人的权利受到侵犯的现象时有发生。

以至于1996年修改刑事诉讼法时不得不大刀阔斧般地改革了传统的刑事诉讼制度,吸收了许多当事人主义诉讼模式的内容,但是,由于缺乏有力的配套措施,加之,安全至上的诉讼观念由来已久,因此非短期内可以根除。据《中国青年报》1998年12月

---

[1] 参见张子培主编:《刑事诉讼法教程》,群众出版社1986年版,第26页。

17日的调查,青年人最关心的事情中,"社会治安"仅次于"惩治贪污腐败",排在第二位,占68%。湖北省统计局2003年的一次公众安全感调查显示,在群众日常生活中比较关注的13个社会热点问题中,"社会治安问题"以45.7%的复选率,列13个社会热点问题首位。[1] 另据《中国青年报》报道,美兰德信息公司就"城市居民最关心的十大问题"采用电话随机调查和街头拦访相结合的形式,在无提示的情况下,对北京、沈阳等13个省会和直辖市5013名城市居民进行了访问,调查结果显示,2004年"城市居民最关心的十大社会问题"中,"社会治安问题"排名第三,占37.3%。[2] 受此影响,在法治浪潮一浪高过一浪的转型中国,现实中的一些执法人员尤其是基层执法人员的所作所为让人观后或听后,仍不免颇多诟病。

《羊城晚报》1998年11月27日以《八百村民成了"严打"对象》为题目披露了河南省宁陵县公安局以抓捕妨碍执行公务的群众为名,行打击报复上访群众之实的严重事件。文章写道:

> 有家,不敢回!有地,不能种!有学,没法上!
> 11月9日,河南省宁陵县孔集乡岳柴村。面对记者,村民们声泪俱下。两个月前,那个令全村"滴血流脓"的日子,令他们刻骨铭心,不堪回忆……
> 村民柴士林告诉记者,9月7日半夜,县公安局及乡派出所出动一百多名民警、二十多辆警车,到他们村抓捕去年"妨

---

[1] 参见张双武:《湖北:公众最关注的热点问题是社会治安》,载《中国青年报》2003年2月26日。
[2] 参见成梅、唐勇林:《城市居民最关心的十大问题》,载《中国青年报》2005年3月28日。

碍执行公务"的群众。当夜,抓走了 8 名村民。

9 月 8 日早晨,警察又到村里抓人,全村人就剩他 14 岁的儿子柴西涛没有来得及跑,民警发现后紧追不放,并开枪"恐吓",终将小孩抓走。

9 月 9 日,一百多名民警再次来到岳柴村,但全村 800 口人早已闻风出逃……

村民张书学说,当时的场面无法形容。群众一听警车声响,便没命地往玉米地、棉花地跑,在庄稼地里躲了 3 天 3 夜。

当记者问及村民们被抓捕的原因时,村民们说,他们这一年内老实本分,也不知自己犯了啥法。唯一想到的是去年 7 月他们上访一事。村民们说,现任的县公安局局长任某,去年在孔集乡任党委书记。去年 7 月份,因村民们对村干部在收购国家定购粮上做手脚以及乡村干部吃喝浪费、财务不公开等问题不满,自发到县、区信访部门反映了此事。当天,任某就派乡干部到村里将上访群众的名字登记了下来,并于当夜派派出所民警来村抓上访群众。村民们分析说任某于今年 5 月调任县公安局局长,9 月便有了这次大行动……

采访结束时,依然惊恐未定的村民们相互提醒:"今晚别睡家!"

刑事诉讼领域中,权力的滥用之害同样严重。在震惊中外的云南杜培武案件中,作为警察的杜培武被警方怀疑,出于情杀动机杀害了同为公安干警的妻子与另一位男性警察。杜培武被拘留后,没有送看守所关押,而是在昆明市刑侦三大队办公室内被警方用不准睡觉的方式连续审讯。在长达 17 天的讯问中,杜培武被反铐后吊挂在防盗门和防盗窗上,审讯人员在杜培武的脚下垫放了一个小凳子,不时抽走。杜培武还遭受了"猴子上树"、警棍皮带殴打、电警棍电击生殖器等惨不忍睹的酷刑,最后屈打成招。尽管定案证据并不充分,但一审法院仍然认定杜培武构成故意杀人罪,判处死刑立即执行。二审时,由于不能排除刑讯逼供的可能性,法院改判杜培武死刑缓期两年执行。判决生效后不到一年时间,警方抓获的一个抢劫杀人团伙供述,当年两名警察被杀是他们所为。2000 年 7 月 6 日,云南省高级人民法院再审宣判杜培武无罪。[1] 作为警察的杜培武涉嫌犯罪,尚且会受到如此的非人待遇,那么普通百姓被卷入刑事诉讼后会有何种的遭遇,委实难以预料!

即便是迈入 21 世纪以来,我们仍然震惊地发现,在重庆"打黑"中,许多涉黑人员逮捕前被关押在临时设立的专案组的"外讯基地";刑讯逼供、超期羁押大量存在;以代号代替涉黑人员的姓名,让律师无法行使会见权;当地某政法委人士坚称,只要庭审是公开进行的,前面诉讼程序的瑕疵不可能影响案件质量……[2]

在自由与安全的选择问题上,要得到足够的安全感,必须失去一部分自由,但失去了自由,却未必就能提高安全度。由此,正如《开放社会及其敌人》的作者波普尔所指出的:"吾人应为自由绸缪,而非仅为安全算计,因为有自由才能确保安全。"

但令人揪心的是,当前普通民众的心理仍然封闭于安全至上

---

[1] 参见王达人、曾粤兴:《正义的诉求:美国辛普森案与中国杜培武案的比较》,北京大学出版社 2012 年版,第 26 页。
[2] 参见赵蕾:《打黑风暴中的重庆政法界》,载《南方周末》2009 年 12 月 3 日;寥馨:《重庆打黑中的警察故事》,载《南方都市报》2012 年 12 月 13 日。

的铁屋之中,对犯罪现象缺乏正确的认识和理性的判断,将打击犯罪视为当然的正确与刑事诉讼惟一的目标,而忽视了过分限制公民权利可能带来的诸多弊端。此种与现代法治不相契合的理念亟待更新与更正。

媒体披露的曾在全国轰动一时的冤错案件如云南杜培武案件、河北杨志杰案件、河北聂树斌案件、湖北佘祥林案件、河南赵作海案件、内蒙古呼格吉勒图案件、浙江张氏叔侄案件、江西张玉环案件等的酿成,在深层意义上就与过于重视安全价值和社会稳定的传统刑事诉讼主导性价值观的理性缺失息息相关。有学者2006年至2007年间对我国100位不同级别法官的问卷调查结果就显示,受试法官中认为国家利益、社会利益高于犯罪人权利的占57%;犯罪人不该享受太多的权利的占21%;为了维护社会稳定可以放弃被告人的一些权利的占76%。[1]

现在是时候做出重新思考了!

一方面,我们必须看到,包括我国在内的国际社会正面临恐怖主义犯罪的严重威胁。仅2014年,我国就出现了三起严重的暴恐犯罪。3月1日,暴力恐怖团伙在云南昆明火车站持刀乱砍无辜群众,导致29人死亡,130余人受伤;4月30日,新疆乌鲁木齐火车站发生恐怖性质的爆炸案件;5月22日,新疆乌鲁木齐沙依巴克区公园北街早市发生暴恐爆炸案,造成39人死亡,94人受伤。此外,处于社会转型期的中国,在犯罪控制和刑事追诉方面的压力非常之大。从最高人民法院院长周强2019年10月23日在全国

---

[1] 参见汪明亮:《定罪量刑社会学模式》,中国人民公安大学出版社2007年版,第265页。

人大常委会上所作的《关于加强刑事审判工作情况的报告》中可以看到,2014年至2019年6月,全国法院审结一审刑事案件628.3万件,判处罪犯709.9万人。自2018年1月到2019年10月开展扫黑除恶专项斗争期间,全国法院审结涉黑犯罪案件1 088件,12 387人,生效873件,9 168人,重刑率达54.9%;审结涉恶案件9 771件,54 754人,生效7 302件,39 459人,重刑率达24.1%。[1]对此,不能漠视,更不能无视,而应当充分关注和认真对待,进而在刑事诉讼立法和司法中给予应有的考虑,做出合理的安排,允许办案机关因时因地依法且理性地开展必要的专项打击活动,确保安定的社会环境。

但是另一方面,也是更重要的一点是,为适应未来中国市场经济与民主政治建设的进一步发展,我们应当深刻反思传统刑事诉讼价值观的局限和缺失,摒弃那种为了犯罪控制和公共安全而不惜一切代价的偏一性诉讼价值选择,适度抑制对安全价值的追求,不断提升自由的价值位阶,逐渐型塑自由优位的均衡型诉讼价值观。这里,我们引用俄国哲学家亚·伊·赫尔岑的一段话结束有关这一话题的文字之旅:"为了严格遵守权利和竭力保护权利,有时会使罪犯借此隐藏起来。那就让他去吧。一个狡猾的贼漏网,总比每个人都像贼一样在房间里发抖要好得多。"[2]

---

1 载中国人大网(http://www.npc.gov.cn/npc/c30834/201910/dqecc58a5dff40019a4c4825629e8501.shtml),2019年10月23日访问。
2 陈卫东:《公正和效率——我国刑事审判程序改革的两个目标》,载《中国人民大学学报》2001年第5期,第93—99页。

第八章　刑事诉讼的"阿基米德支点"
——诉讼公正巡礼

> 只要真相能够得到,它是如何获得的并不重要。
>
> ——欧洲司法调查官埃莫里克斯
>
> 必须遵守关于审判活动的程序,即使——在一些例外的场合下——有损于事实真相,也在所不惜。
>
> ——英国大法官基尔穆尔
>
> 正义不仅应当得到实现,而且还应以人们能够看得见的方式得到实现。
>
> ——英谚

美国哲学家罗尔斯说过:"正义是社会制度的首要价值,正像真理是思想体系的首要价值一样。"公正也是人类社会孜孜以求的道德理想和法律目标,它熔铸了苦难的人类对美好生活的无限希冀和向往。

在英文中,与公正相对应的有两个单词:justice 和 equality。前一个单词可以译为公正、正义、公平、公道、公理、正当、合理、法官等;后一个单词则可以译为平等、公平、均衡、合理、平均、公正等。因而,在本书中,公正与正义是被等同使用的,未加区别。

在社会制度的架构中,法律与公正的关系较为密切,律师兼牧师布莱克顿就这么说过:"法律被称作是一门公正的科学,有人说我们都是它的牧师,因为正义是我们的信仰,我们主持它神圣的仪式。"[1]

而在法律体系内部,诉讼法律制度与公正的结合最为直接,因为诉讼法律制度是具体落实、实现正义的,任何一种公正的法律理想都必须经由一套理性的程序运作过程才可转化为现实形态的公正。因此探讨刑事诉讼中的公正理念便成为一个相当必要也十分有意义的事情。

公正,犹如普洛透斯似的脸,变幻不定。古往今来,多少哲人贤士为寻觅其精义而皓首穷经。从古希腊哲人柏拉图的"和谐论"一直到当代正义论大师罗尔斯的"自由与平等论",虽都曾光耀一时,但难以完全满足人们情感和理性的需求,社会不公的现状及人性中的自由本能决定了对公正理念的探讨仍将如火如荼地延续下去……

从刑事诉讼的视域来看,近现代世界范围内存在着两种迥然不同的诉讼公正观。

一种观点主张,刑事诉讼的公正主要体现为诉讼过程的公正(以下简称"过程公正观"或"程序正义观")。论者把刑事诉讼视

---

[1] 〔美〕约翰·麦·赞恩:《法律的故事》,刘昕、胡凝译,江苏人民出版社1998年版,第411页。

为代表社会利益的警察、检察机关与代表个人利益的被告人之间所进行的一场游戏或体育比赛,法官是超脱于当事者双方之外,站在一个中立第三方立场上公正行事的裁判。游戏或比赛的结果都具有极大的不确定性和偶然性,因而关键的问题是,设计一个公平、合理的游戏规则或比赛规则,并在实践中照此执行。换句话说,相对于裁判结果来讲,一个公正的诉讼过程更为重要。因为他们相信,只要诉讼过程公正,裁判结果的公正自然也就尽在其中了。

美国哲学家罗尔斯在其扛鼎之作《正义论》中曾经把程序正义划分为三种。第一种称为"纯粹的程序正义",指的是不存在任何关于什么才是合乎正义的结果之标准,而只存在一定的程序规则的情况。例如不需要任何技术的赌博,只要严格遵守其程序规则,得到什么样的结果都被视为是合乎正义的。换言之,只要那里的规则并不有利于某个特定的参加者,是否合乎正义就只取决于程序(如是否遵守规则)而不取决于结果。第二种称为"完全的程序正义",指的是在程序之外存在决定结果是否合乎正义的某种标准,同时也存在用以实现正义结果的程序的情况。例如,在把蛋糕完全均等地分给几个人的场合,合乎正义的结果是每个人都得到了均等的份额,而且也存在实现均分的程序,这就是让那个动手切蛋糕的人最后领取自己的一份。按照正常人的心理特性,为了使留给自己的蛋糕尽可能多一些,他必然会尽最大努力来均分蛋糕,如此则可实现均分的结果,所以这样的程序是合乎正义的。第三种称为"不完全的程序正义",指的是虽然在程序之外存在衡量什么是正义的客观标准,但是百分之百地使满足这个标准的结果得以实现的程序却不存在。罗尔斯认为,刑事诉讼就是"不完全的程序正义","真实"就是刑事诉讼程序之外的结果。然而无论如何精巧地设计程序,认定无辜的人有罪或是相反的结果总是难以避免的。[1]

由此可见,前述过程公正论者其实是基于这样一个前提判断,即由于人类认识能力的局限和法定诉讼期间的限制,案件事实真相往往是难以确定的,因而假定,只要是根据一套公正的程序作出的,那么这个裁判结果就是公正的。这样一来,被罗尔斯视为"不完全的程序正义"的刑事诉讼程序,在制度上就被过程公正论者作为类似于赌博一样的"纯粹的程序正义"来看待和设计的。正如有学者所说,在刑事诉讼中,国家与个人之间的争议需要解决,我们所能做的是安排一种对国家和个人均公平的争议解决程序。[2] 观之实践,可以认为,现代英美法系国家特别是美国的刑事诉讼在某种程度上奉行的就是过程公正观。[3] 一位美国法学家就指出,美国控辩双方的对抗遵循的是一种"体育运动理论"。另一位美国学者则从品格证据切入分析后认为,普通法系对品格证据的禁止,给予了被告人——无论他是否真的有罪——更多逃避定罪的机会。品格证据在普通法系对抗式审判中的应用——与大陆法系相比,更接近于公平游戏的司法形象。[4] 而无论是体育运

---

[1] 参见〔美〕约翰·罗尔斯:《正义论》,何怀宏、何包钢、廖申白译,中国社会科学出版社1988年版,第81—82页。
[2] See Gary Goodpaster, On the Theory of American Adversary Criminal Trial, 78 the Journal of Criminal Law and Criminology 125(1987).
[3] 参见〔美〕亨利·J.亚伯拉罕:《司法的过程:美国、英国和法国法院评介(第七版)》,泮伟江、宦盛奎、韩阳译,北京大学出版社2009年版,第116页。
[4] 参见〔美〕米尔吉安·R.达马斯卡:《比较法视野中的证据制度》,吴宏耀、魏晓娜等译,中国人民公安大学出版社2006年版,第280页。

动,还是公平游戏,过程公正均为重中之重!

那么,过程公正观的构成要素有哪些呢?或者说,过程公正观是从哪些方面去把握和评判某种诉讼程序是不是公正的呢?我们还是从一个案例谈起。

1972年1月的一个星期三的早晨,美国曼哈顿中区的一座大楼里发生了爆炸事件,造成包括一人死亡在内的严重后果,一个被称为"犹太人保卫同盟"的三名青年成员被控犯有一级谋杀罪。美国著名刑事辩护律师德肖微茨为其中一位名叫西耶格尔的被告人担任辩护人。西耶格尔在此之前被迫为警方充当告密者已近一年,警方曾许诺绝不在任何审判中披露他的告密者身份,但现在却出尔反尔,否认曾向西耶格尔作出过承诺,并准备免除对西耶格尔的起诉,然后把他当成一个关键的控方证人送上法庭作证,指控其朋友(另外两个被告人),这是他所不愿意的。而如果他拒绝出庭作证,政府就会拿出所有的记录来揭露他,他将会因藐视法庭而被判罪。他陷入两难境地。在此情况下,德肖微茨决定在美国刑事诉讼框架的许可范围内,采用一种反常规的"自投罗网"式辩护策略。即在法院开庭审理时,当政府公诉人普泽尔提议对本案进行分别处理,并说"我们提出分别处理动议的理由是,西耶格尔先生提供了有关此案的情报,他在大陪审团前作了证,我们向他保证,在适当时机,也就是现在,他将因他出庭作证而得到豁免权……西耶格尔先生将被传唤,作为政府方面的证人出庭……"时,德肖微茨却反对给予西耶格尔刑事起诉的豁免权,而要求政府公诉人以谋杀罪对被告人提起公诉。

德肖微茨之所以如此,敢于反其道而行之,把西耶格尔从证人变为被告人,主要是因为西耶格尔曾经偷偷录下了他与警察帕罗拉及联邦副检察官帕特森的部分谈话内容,这些录音一定程度上能反映出警方未经法院签署准许状就对西耶格尔的住处进行了窃听,以及随后发现西耶格尔与"犹太人保卫同盟"实施的一些爆炸案件有关,然后又在未经法院签署准许状的情况下非法搜查了他的汽车,发现了他与爆炸事件有关的证据,并进而逼迫他成为政府的告密者等方面的情况。

而根据法律的规定,只要能够证明用于指控西耶格尔在本案中所起的共同犯罪作用的证据是政府用非法手段取得的,那么这些证据就应当予以排除,从而不能认定西耶格尔犯有谋杀罪。接下来,德肖微茨通过对控方的证人进行质证以及提供有利于西耶格尔的证人出庭作证,先后证明了窃听的存在(但用于窃听的录音带已被联邦调查局销毁)、对西耶格尔的汽车进行搜查的非法性等,其中最复杂也是最有争议的是对警察帕罗拉关于是否曾许诺西耶格尔永远不会被传唤出庭作证的质证过程。由于西耶格尔的录音带里正好漏录了帕罗拉对他许诺时的谈话,因此,德肖微茨采取了如下质证策略:先让帕罗拉无所顾忌地撒谎,再照录一些录音带中的有关谈话录音,予以驳斥,并让帕罗拉产生西耶格尔可能录下了他们谈话的部分内容的印象,然后再继续给帕罗拉念一段依据西耶格尔的回忆写出而录音带中缺失的帕罗拉向西耶格尔作出允诺时的那次谈话内容,结果帕罗拉以为这也是录音带中的录音,于是承认他确实作出过那种承诺。质证结束时,法庭中所有的人包括法官、政府公诉人都认为帕罗拉是个说谎的人,甚至包括帕罗拉本人。帕罗拉羞愧满面,惊恐万状地溜下证人席,检察官普泽尔怒目圆睁地盯着他,鲍曼法官一点也不掩饰他对这个蠢得被人当场拿获的警官的蔑视。后来,当公诉人与法官听了录音带,发现录音带里并没有帕罗拉承诺的那段谈话后,鲍曼法官在他的办公室的套间里,召开了由检察官、辩护律师参与的小型会议,不仅检察官指责德肖微茨哄骗了法庭,哄骗了证人帕罗拉,法官鲍曼也开始用与其说是法官,不如说是公诉人的口气对其发动进攻。

法庭:现在,我想建议你,先生,至少在这个法庭,人们指望律师出拳时应打在腰带以上……

德肖微茨:阁下,我不以为我的拳头打在腰带以下了。

法庭:那么,你和我,先生,对从事法律工作的看法就有着两种不同的标准……

德肖微茨:我只是不明白你的论点,阁下……

尔后,鲍曼不听德肖微茨的辩解,授权书记员把前述庭审中德肖微茨与帕罗拉之间的质问与回答从证词中删去。德肖微茨尽管努力为自己对帕罗拉质证时使用的方式的正当性进行辩解,但鲍曼法官不为之所动,在法庭上,用一种人身攻击的态度来对待德肖微茨,背离了法官应有的中立性,以至于德肖微茨的助手西尔沃格雷特律师不得不建议德肖微茨请求休庭,以便与法官私下就此事谈谈。

西尔沃格雷特:问题是,我们一直认为我们完全正确。我们有法律依据证明这一点,给西耶格尔的辩护非常困难,每当我们想到这儿,每当德肖微茨说些什么,法庭就误以为他的口气是敌对的,要么就对他说的话不理不睬。

法庭:律师向法庭提问题是不适宜的,你懂得这一点。

西尔沃格雷特:他理所当然有权弄清楚他应该答复的是什么问题。

法庭:这话是想说明什么呢?

西尔沃格雷特:我们认为法庭最应该做的事就是取消自己的审判资格。

西尔沃格雷特之所以有如此说法,是因为程序法规定,如果一个法官在审判中表现出某种程度的倾向性,他必须从该案中退出。这是一种耻辱的标记,特别是由律师提出来时。鲍曼法官意识到这一问题的严重性,在以后的审判中,变得对德肖微茨友好起来。但是法官最后仍裁决要求西耶格尔在上述谋杀案中出庭作证,指控其朋友,因西耶格尔拒不回答问题,鲍曼法官裁定他犯有藐视法庭罪。随后,德肖微茨提出上诉,其理由是,由于联邦调查局非法销毁了窃听录音带,使辩护方难以证明政府是用窃听手段发现西耶格尔的,上诉法院裁决书中据此认为:"绝不能低估销毁这个证据在本案中的意义。强制反对用非法窃听手段获得证据的一方拿出该证据实已玷污的实据……又扣压他用以取证的工具和途径,这是在创造一种法律上的谬理。"因此得出结论,政府销毁录音带的行为阻碍了西耶格尔用以进行抗辩的必要力量,并据此撤销对西耶格尔的藐视法庭罪的判决。而且,上诉法院还顺便肯定了德肖微茨的质证技巧,认为:"西耶格尔的律师为弄清错综复杂的事实和法律实体问题,能力高超而恭谦有礼地进行调查,自始至终以事实为追寻目标。"[1]

此案已成为美国各大学法学院法学生必读的经典案例,它完整地注释了英美刑事诉讼中过程公正观的基本内涵。

---

[1] 〔美〕艾伦·德肖微茨:《最好的辩护》,唐交东译,法律出版社1994年版,第25—98页。

其一,是法官的中立性。依据美国法学家戈尔丁的看法,法官中立性包括以下三项具体要求:(1)"任何人不能作为有关自己案件的法官。"也就是说,法官与当事人应当分离,主持某一纠纷的处理并作出裁判的人既不能是控告方也不能是被告方,而应是一个独立的第三方。(2)裁判者与案件无利害关系。冲突的解决结果中不能含有裁判者个人或其亲朋好友的利益,这就是所谓的"利益无涉"原则。(3)冲突的解决者不应当有对当事人一方的好恶偏见。裁判者对一方当事人存有偏见,既可能源于其个人情感上的好恶,也可能源于其先入之见或预断。为此,就要求法官要品行端正,敬业无私。另外,在开庭审判前,不能接触案件材料和证据,尽可能对案件事实和控辩双方尤其是被告人的个性、品格等情况保持一无所知的空白状态,避免产生先入之见。[1] 在美国,法官庭审之初对陪审员的告知中就包括如下内容:"你们不得受对被告人同情或偏见的影响。你们不得因被告人已因本犯罪而被捕、指控或者提交审判而对其存有偏见。这些情形都不是被告人有罪的证据。"[2] 不过,总体而言,这几方面的要求主要都是针对裁判者自身的资格和条件要求,当属于静态中立的范畴。

此外,法官的中立性在法官的庭审行为上也有所体现,即要求法官在审判过程中的一切活动都必须严守中立,不得偏向任何当事人一方,这就是所谓动态中立。具体又表现在两个方面:(1)法官不能代行诉讼双方当事人的权利、义务,换言之,法官只负责审

---

[1] 参见〔美〕马丁·P.戈尔丁:《法律哲学》,齐海滨译,生活·读书·新知三联书店1987年版,第240页。

[2] 参见〔美〕弗洛伊德·菲尼、〔德〕约阿希姆·赫尔曼、岳礼玲:《一个案例 两种制度——美德刑事司法比较》,郭志媛译,中国法制出版社2006年版,第98页。

判,而不能取代控辩双方的任何一方直接行使本应由控方或辩方行使的控诉职能或辩护职能。这既是"一身不得兼二任"原则的当然要求,也是法官中立的必要条件。(2)对控辩双方开展的合法的诉讼活动,法官都应当允许和尊重,不能偏向或示好于一方而慢待、忽视或压抑另一方。上述西耶格尔案中鲍曼法官因压抑辩护方的活动而被申请退出本案审理,即其体现。

其二,是法官的消极性。一方面,法官在诉讼程序进行方面应保持消极状态,法庭审理的进程及顺序由控辩双方支配,法官原则上不能主动调查证据,只需负责听证和审证。英国前上诉法院院长格林勋爵曾经说过,一名法官要想做到公正,他最好让争诉双方保持平衡而不要介入争论;假如一名法官亲自检验证人的证词,"那就是说,他自甘介入争论,从而有可能被甚嚣尘上的争吵遮住明断的视线"[1]。另一方面,法院对于控辩双方就案件实体问题即被告的刑事责任所达成的协商处理意见一般予以认可,而不主动干预。在美国,联邦最高法院已认可了控辩双方"辩诉交易"的合法性,就是一个明证。

其三,是控辩双方的平等性。这至少包括如下几个方面的内容:

(1)控辩双方当事人在诉讼中的法律地位完全平等,不存在一方地位高于他方的情形。从诉讼结构的角度分析,英美国家刑事诉讼中的控辩双方与审判官的距离相等,呈等腰三角形的外观。其中,审判官处于等腰三角形的顶点,居中立的裁决地位,控辩双

---

[1] 〔英〕丹宁勋爵:《法律的正当程序》,李克强、杨百揆、刘庸安译,群众出版社1984年版,第52页。

方则分别处于等腰三角形底边与两腰的交点之上,呈对抗的姿态。在法官眼中,即便是代表社会利益的公诉人(检察官),也和被告人一样是当事人之一,二者地位平等,双方的差异只是在于对案件事实和法律适用的主张不一致。这在控辩双方的着装上就有鲜明的体现。英美国家的法庭审判中,检察官与被告辩护律师着装相同,要么是随意的便装(美国),要么都戴假发(英国),而且通常都面向法官席,并排而坐。这也难怪我们乍一看到英美的法庭审判尤其是交叉质证场景时,往往一时搞不清哪边是公诉人,哪边是辩护律师!

(2)控辩双方的诉讼权利相等或对应。"相等"是指双方当事人都可以行使某些同样的诉讼权利,如进行调查取证、参加法庭调查和辩论等;"对应"则是指当事人一方可针对他方的行为行使一定的诉讼权利,如对于侦查、控诉机关的讯问,被告人享有沉默权和辩护权等。被告人不能被法官和控方讯问,因为只要竞赛的一方把对方作为证据来源,就会破坏双方的力量平衡和诉讼地位的平等。[1] 英美国家又常把刑事诉讼视为一场战争,为使这场战争公平地进行,应对控辩双方"平等武装"(equality of arms):侦、控机关开展追控活动,仿佛佩上了刀剑;被告人则以抗辩权装备起来,作为盾牌。当然,尽管控辩双方怀有平等的要求,法律上也规定了"平等武装"的形式,但如果没有一个外在的监督和裁判者,仅靠控辩双方的努力和自律,这种平等要求并不能真正实现,所以,在本质上,平等性是对法官活动的要求,即要求法官为控

---

[1] 参见〔美〕米尔吉安·R.达马斯卡:《比较法视野中的证据制度》,吴宏耀、魏晓娜等译,中国人民公安大学出版社2006年版,第156页。

辩双方平等地参与诉讼活动创造条件,如应当为无力聘请律师的被告人指定辩护人,以帮助处于不利地位的被告人在刑事诉讼过程中有平等的发言权和参与权,增强与控诉方平等抗衡的能力。

其四,是控辩双方参与的充分性。与案件处理结果有切身利害关系或可能因案件结果蒙受不利影响的双方当事人,享有充分的诉讼手段和机会从事证据收集、调查活动以及据此提出有利于本方的主张和证据,并对他方提出的证据和意见进行质疑和反驳,这是过程公正观的基本内容。

它包括两层含义:第一层意思是说,控方与辩方之间能够彼此开展激烈的诉讼对抗,一方提出主张和证据,实施诉讼攻击活动,对方则就这一主张及其证据以适当方式反驳或答辩,法律应当为这种攻防活动提供充分的时间和宽裕的空间,让控辩双方自行斟酌决定开展哪些攻防活动以及如何开展等。在实践中它既体现在由于充分对抗而致"火药味"很浓的法庭审判过程中,又反映在庭审之前讨价还价的"辩诉交易"以及控辩双方各自挖空心思,收集、调查有利于本方的证据材料的"双轨式侦查"等一系列动态的图景中。

第二层意思是针对控辩双方与法官之间的关系而言的,即法官要充分尊重当事人的诉讼权利,确保双方的诉讼攻防活动能够自由、尽情地开展。西方有学者据此把英美法系的这种刑事审判称为"参加型的审判模式",并指出这种模式下的法官至少应承担三项义务[1]:一是必须认真倾听当事人的主张。其言外之意还包

---

1 参见〔日〕棚濑孝雄:《纠纷的解决与审判制度》,王亚新译,中国政法大学出版社1994年版,第256页。

括法官不能轻易干预或压制控辩双方的诉讼活动,而应细心、全面地倾听控辩双方的举证、质证和辩证,使自己的大脑保持开放、清醒,以兼收并蓄,为正确裁判奠定坚实的基础。二是法官必须以认真回答当事人主张的方式,对自己作出决定的根据进行充分的说明。三是法官作出的决定必须建立在当事人提出的证据和辩论的基础上,并与此相对应。后两项义务实质上是要求,法官的裁判结论必须是在充分考虑了控辩双方的主张及其相应证据的基础上作出的,法官不能脱离或抛开双方的主张和证据,根据自己内心固有的先入之见进行裁判。这样各方的参与就会对法官的裁判产生有效的影响,体现了控辩双方尤其是被告方的主体性。

不过,观之实践,我们也不应过分夸大英美刑事诉讼中控辩双方参与的实际效果。近年来,美国一些学者就在反思刑事诉讼中控辩参与的实效性。斯蒂芬诺斯·毕贝斯在《刑事司法机器》一书中指出,美国刑事司法其实一直存在着"局外人"与"局内人"的博弈,以法律专业人士为代表的"局内人"完全掌控了美国刑事司法,他们基于知识、权力和经验上的优势地位,在诉讼交涉过程中往往只为自己的利益而服务,忽视了刑事司法真正的要求。[1]尤其在轻罪案件中,律师、法官和检察官甚至可能因为共同的效率利益而形成强烈的合作倾向,最终共同迫使被追诉人尽快认罪。概言之,在英美刑事诉讼中,控辩双方参与的充分性并不是均质分布在全部案件中的,也不总是能带来保障被追诉人利益的结果。

其五,是程序的高度人道性。即严格规范和限制国家侦查、控

---

[1] 参见〔美〕斯蒂芬诺斯·毕贝斯:《刑事司法机器》,姜敏译,北京大学出版社2015年版,第56—75页。

诉机关的权力,防止其滥用权力侵犯诉讼参与者的诉讼权利,重视对诉讼参与者特别是被告人的人格尊严和价值的保障,把被告人作为一个自主、自立且有权自由表达自己意志的重要诉讼主体来看待。具体而言,警察、检察官在讯问被告人之前,一般应当告知其享有包括沉默权在内的一系列诉讼权利,被告人可以拒绝回答任何问题,而如果他决定配合侦、控机关的讯问,他可以要求其律师在场监督讯问过程,防止其权利遭到非法侵犯,而且,对于侦查人员违反法定程序取得的口供或其他证据材料,一般不得作为定案根据,这也有效地遏制了国家权力滥用的可能性。

需要指出的是,过程公正观是有伦理上的根据的。一般认为,现代伦理学可被区分为元伦理学和规范伦理学,在规范伦理学中,又分出义务论和目的论两个支脉。过程公正观的伦理根据就是义务论。这是因为,典型的义务论者认为,某些行为之所以内在地正当或在原则上正当,是因为它们属于它们所是的那种行为,或者说,是因为它们与某种形式原则相符。[1] 可见,义务论者关注的不是行为要达到什么目的和效果,而是行为的方式和过程。换句话讲,对行为正当与否的价值判断不是看该行为是否导致了一个好的或善的结果,而是看该行为本身所固有的特性或行为准则是否内在地具有善性,后者在逻辑上优先于前者,是不依赖于前者来确定的,这就与刑事诉讼的过程公正论者在理念上一脉相通。

现代英美法系刑事诉讼之所以对过程公正情有独钟,在更深的层面上是与其怀疑主义的认识论传统有血缘联系的。

经验主义哲学是英美国家的主导哲学理论,具体到认识论方

---

[1] 参见何怀宏:《伦理学是什么》,北京大学出版社 2002 年版,第 66 页。

面,就表现为对人类的认识能力持谨慎的怀疑态度。经验主义哲学学派的主要代表培根就认为,人心中存在着四种根深蒂固的幻想和偏见,即所谓假象:第一为种族假象,即把人所有的本性加于客观自然界身上,造成主观主义。第二是洞穴假象,指人们在观察事物时,一定会受个人的性格、爱好、所受教育、所处环境的影响。这些构成一个认识者所处的"洞穴",使其看不到事物的本来面目而陷入片面性。第三是市场假象,指人们日常交往中使用虚构的或含混不清的语词概念造成谬误,如同市场上的叫卖者以假冒真所造成的混乱。第四是剧场假象,指由于盲目崇拜而造成的错误。[1] 这四种假象使人类的认识能力受到极大的限制。英国另一位哲学家洛克也认为,人不具有把握事物实在本质的能力,而只能把握事物的名义本质。这是因为:第一,人的感官无法把握物体内部的细微部分的组织和运动;第二,人们无法把握事物之间广泛的联系和影响。[2] 在这种对人类的认识能力充满怀疑和不信任的思想氛围中,英美国家拒绝了那种企图对未来一切可能出现的社会关系通过法律作出预见性规定的成文法发展模式,而选择了判例法之路。

不仅如此,经验主义哲学还在法律领域孕育出一个胎儿——现实主义法理学。该学派的主要代表人物杰罗姆·弗兰克对法官判决的确定性以及彻底查明案件事实真相的可能性都提出了怀疑。他认为,法官判决的确定性观点是一个"基本法律神话"和

---

[1] 参见朱德生、冒从虎、雷永生:《西方认识论史纲》,江苏人民出版社1983年版,第121—122页。
[2] 参见朱德生、冒从虎、雷永生:《西方认识论史纲》,江苏人民出版社1983年版,第157页。

"儿童恋父情结"的残余,由于司法判决是受法官的情绪、直觉的预感、偏见、脾气以及其他非理性的因素影响的,法官常常严重地破坏先例制度,因此那些法律规则初看似乎可以提供的一致性和稳定性,在实践中往往变成了一种虚幻与空想。[1] 他还认为,案件事实真相的完整回复也是一个难以实现的乌托邦,因为可能会有"作伪证者、受人指使的证人、有偏见的证人,在陈述所举证的事实时发生误解的证人或在回忆其观察时发生误解的证人;有证人失踪或死亡、物证灭失或被毁的情形;有为非作歹和愚蠢的律师;有愚蠢的、带偏见的和心不在焉的陪审官,也有愚蠢'固执'或对证词有偏见或漫不经心的初审法官",这些因素都会妨害案件真相的发现。[2]

总之,法官裁判的不确定性以及事实真相发现能力的有限性都推出了这样一个结论:人们对诉讼结果的公正性不能抱有太高的期望。然而,刑事诉讼又不能不关心正义的实现问题,于是英美国家把更多的视线投射到那种"看得见的正义"——过程公正上。

过程公正的理念也深深地扎根于英美国家特有的法律文化土壤之中。从历史的面向观察,英美社会素有尊重程序的传统,英国关于"程序先于权利"的法律格言就道出了其中三昧。

过程公正的理念渊源于英国古典的"自然正义"原则。"自然正义"原则要求:(1)任何人不得做自己案件的法官;(2)应当听取双方当事人的意见。其基本精神是说,法官在审判中不得存有任

---

[1] 参见〔美〕E.博登海默:《法理学——法哲学及其方法》,邓正来、姬敬武译,华夏出版社1987年版,第153页。
[2] 〔美〕E.博登海默:《法理学——法哲学及其方法》,邓正来、姬敬武译,华夏出版社1987年版,第166页。

何不当倾向或偏见,而应保持不偏不倚,同时,要认真对待双方当事人所提出的意见和主张。其最早的立法体现是 1354 年英王爱德华三世发布的第 28 号法令,该法令规定:"未经法律的正当程序进行答辩,对任何财产和身份的拥有者一律不得剥夺其土地或住所,不得逮捕或监禁,不得剥夺其继承权和生命。"英国前民事上诉法院院长丹宁勋爵对此解释道,所谓正当的法律程序,"系指法律为了保持日常司法工作的纯洁性而认可的各种方法:促使审判和调查公正地进行,逮捕和搜查适当地采用,法律救济顺利地取得,以及消除不必要的延误等等"[1]。后来美国继承了英国的这一传统并将其完美地体现于美国联邦宪法所确立的"正当法律程序"中。美国联邦宪法第五修正案规定:"非经正当法律程序,不得剥夺任何人的生命、自由或财产。"联邦最高法院大法官杰克逊认为:"程序的公正和公理是自由的内在本质","如果有可能的话,人们宁愿选择通过公正的程序实施一项暴厉的实体法,也不愿选择通过不公正的程序实施一项较为宽容的实体法"[2]。英国法学家彼得·斯坦等则进一步分析道:"实体规则可能是好的,也可能是坏的。人们所关心的只是这些规则的实施应当根据形式公平的原则进行。"[3] 蒙罗·H.弗里德曼也指出:"在我们允许国家剥夺任何人的生命、自由或财产(即使仅如国家对被告强制执行民事判决时所做的那样)之前,我们要求充分遵循某些程序,而不管这些

---

[1] 〔英〕丹宁勋爵:《法律的正当程序》,李克强、杨百揆、刘庸安译,群众出版社 1984 年版,第 1 页。
[2] 转引自陈瑞华:《刑事审判原理论》,北京大学出版社 1997 年版,第 57 页。
[3] 〔英〕彼得·斯坦、〔英〕约翰·香德:《西方社会的法律价值》,王献平译,中国人民公安大学出版社 1990 年版,第 93 页。

程序对发现真相会有怎样的不利影响……在一个尊重人类尊严的社会,要求我们寻找真实的崇高价值并不是绝对的,在某些场合是可以从属于更高的价值的。"[1] 这些话语都凸显了英美社会"过程公正"理念在人们意识中的强大影响,或者反过来说,正是英美人民的强烈的程序公正意识造就和滋养着英美国家"过程公正"型的刑事诉讼制度。

如果我们再从体制的维度去探究的话,就会发现,过程公正的理念在英美刑事诉讼中的得宠更是一个带有必然性的现象。

首先,英美刑事案件特别是重罪案件的审判大都实行陪审团式审判,即控辩双方在一个由一般市民组成的陪审团面前以"对决"的方式相互提出证据,进行辩论,胜负则由陪审团判定的一种审判方式。在这种审判方式中,陪审的裁决只给出谁胜谁负的结论,而不说明为何如此裁决的理由,其性质就像"神的声音"那样拥有绝对的权威。由此一来,裁决结果是否真正合乎客观真实无从检验,只能由程序本身的正确来间接地支持结果的妥当性,程序的意义由此凸显,可以说是不言而喻的。

其次,英美法系属于判例法国家,刑事裁判的作出适用先例拘束原则,也就是说,主审法官应当在无数过去已经审判过的案件中找出与现在审理的案件相类似的案例,并遵照以前已给出的结论对眼前的案件作出同样的处理。相对于陪审制是关于认定案件事实的制度而言,先例拘束原则是就法官关于案件法律适用方面的规范。后者的前提也在于控辩双方尽量找出有利于己方的先

---

[1] 转引自〔美〕赫尔德等:《律师之道》,袁岳译,中国政法大学出版社1992年版,第40页以下。

例,并通过辩论力图说服法庭予以适用。因为事实上并不存在完全相同的案件,所以辩论的技术和程序就具有了重要的意义。

最后,英美国家特有的衡平法的发展背景也大大促进了过程公正理念的增强。衡平法起源于英国,是为补救僵硬的普通法的不足而发展起来的一种法律渊源,是由被奉为国王"良心的守护人"的大法官根据自己的正义理念对受到不公正待遇的一方当事人提供的迅速的救济手段,由于大法官具有充分的自由裁量权,因而程序对保证其裁判结果正确具有至关重要的作用。

与过程公正观相对,近现代世界范围内还盛行着另外一种诉讼公正观——"结果公正观",持此论者把刑事诉讼视为国家的专门诉讼机关与被告人之间开展的追究与反追究的斗争,是一件极为严肃的事情,绝不能拿它与游戏或者比赛之类的活动相类比。由于这场斗争是紧紧围绕案件事实真相的发现以及实现刑法对犯罪的打击之目的而进行的,因此,刑事诉讼程序也主要是根据这一目的的需要而设置的。

正如德国学者亨克尔教授所指出的,"刑事程序是为寻找实体真实服务的"[1]。换言之,刑事诉讼程序仅仅是实现刑法功能的手段。现代功利主义理论的鼻祖边沁也认为:"对于法的实体部分来说,唯一值得捍卫的对象或目的是社会最大多数成员的幸福的最大化。而对于法的附属部分,唯一值得捍卫的对象或者说目的乃是最大限度地把实体法付诸实施。"[2] 在这里,边沁把诉讼法称为"附属性的法",把诸如刑法之类的实体法视为诉讼法的目的,诉

---

[1] 转引自宋英辉:《刑事诉讼目的论》,中国人民公安大学出版社 1995 年版,第46 页。
[2] 转引自陈端洪:《法律程序价值观》,载《中外法学》1997 年第 6 期,第 47—51 页。

讼程序本身不是目的,只有在对于实现诉讼结果有用或有效时才有存在的意义和价值,程序具有产生好结果的能力是判断它合理、正当的根据。

近代大陆法系国家刑事诉讼实践中贯行的诉讼公正观念大致接近于"结果公正观",前文中德塞耶一案的诉讼情况可资体现。为了尽快消除群众对社会治安状况的恐慌和不满,查明案件真相,并将杀人凶手绳之以法,负责该案侦查、起诉和审判的警察、检察官、预审法官和庭审法官追究犯罪的活动以及被告人德塞耶遭受的诉讼境遇和裁判结果基本上展示出诉讼"结果公正"理念的外部表征。

首先,是法官的有限中立性。近代大陆法系刑事诉讼中也实行回避制度和控审分离原则等,因而在形式上确保了任何人都不应是自身之法官以及与案件处理结果有利害关系的人不得担任法官等中立性规则的贯彻。但是,由于法官负有查明真相的职责,并为此在开庭审判之前阅览了检察官的卷宗材料和证据材料,进而常常形成了一种有利于控方的先入之见,以至于开庭审判时,会自觉或不自觉地站到检察官的立场上,部分地行使公诉职能,并相应压抑了辩护方的活动,这就在实质上偏离了法官应有的中立立场。

其次,是法官活动的积极性。大陆法系刑事诉讼中的法官担负着查明案件事实的职责,因而不可能像英美法官那样保持冷静、超脱的消极姿态,相反,应当积极开展调查活动。比如,按照德国《刑事诉讼法》的规定:"为了调查事实真相,法院应当依职权将证据调查扩大到一切对裁判有意义的事实、证据。"

再次,是控辩双方的不平等性。一方面,控辩双方的地位实际上不平等。正如比较法学家迪特里希·鲁施迈耶所指出的:"在德国,法官与检察官是职业公务员,都具有在司法部监督下工作的相同职业特点,只是在判断的独立性方面保障不同……法官在美国当然也是公共官员,但是他们在整体上与律师更为相近,同时也具有相对于行政科层机构更强的独立性。"[1]大陆法系刑事诉讼不把检察官视为如同被告人一样的一方当事人,检察官是代表政府出庭支持公诉的官方机关,法律要求其客观行事,既要提出不利于被告人的证据和事实,又要提出有利于被告人的一些证据和事实,而不像被告人那样只为己方利益开展诉讼活动。通常在法官的眼中,检察官与其有一种天然的亲近感,他们共同担负着查明真相、控制犯罪的法律使命,差别只在于分工不同。被告人是检察官追诉的对象,其与检察官的区别自然无须多说了。另一方面,控辩双方的权利也不对等。这里,且不说法庭审判前的侦查、追诉阶段中,单轨式侦查体制决定了只有侦控机关有侦查权,被告方面对强大的侦控机关的追究和调查,显得势单力薄;即便是法庭审理过程中,由于法官在庭前预断的作用下,常常会站在公诉方的立场上来讯问被告方,被告方与控诉方的权利多少立见区别。这可以从两位加拿大记者对其观看法国电影《真相》的场景的描述中获得直观的了解。该电影拍摄于 1960 年,描写一次谋杀案的审判。主角巴多扮演的是一个来到巴黎的外省女孩,接受了波西米亚式的生活方式,最后杀死其情人。这一系列事件是通过巴多因谋杀案受审时回忆的倒叙而传达出来的。对于两个熟悉对抗制法律的记者

---

[1] 〔美〕迪特里希·鲁施迈耶:《律师与社会:美德两国法律职业比较研究》,于霄译,上海三联书店 2010 年出版,第 182 页。

观众来说,他们几乎看不懂电影中审判的情景。因为法官对巴多的威吓喊叫不亚于检察官,而法官只是在实施刑事诉讼法委派给他的角色。[1]

复次,是控辩双方活动的不充分性。由于法官主宰着法庭审判进程,控辩双方都笼罩在法官职权活动的阴影之下,难以充分施展自己的能量,而只能在法官的主导性诉讼调查之后开展一些补充性的调查活动,而且由于法官庭前活动开展较多,对案件处理往往有了一定的心证,因而辩方期望通过庭审抗辩活动来改变法官的预断,往往难乎其难。

最后,是相对较弱的权利保障。近代大陆法系国家中,查明事实真相,以有力地打击犯罪是刑事诉讼的最高目的,以至于排除规则直到20世纪初才真正成为大陆法系认真研究的对象。[2] 实践中,对于那些通过违法搜查、扣押等非法方式获得的物证,则没有一概排斥其可采性,而是交由法官根据自由心证原则自由决定其证据效力,以至于只要这些违法获得的证据被查证属实,法官一般都将其采纳为定案证据,以免因排斥该证据的效力而难以认定被告人的罪行,从而影响对犯罪的打击。但这样一来又怂恿、助长了对涉讼公民的人身权利、民主权利与财产权利的无端侵犯,贬损了被告人的人格尊严和价值。当然,对于那些通过刑讯、威胁、引诱、欺骗等非法方式获取的口供,近代大陆法系国家基于上述方式对基本人权的侵害较大以及极易导致虚假口供反而妨害案件真相的

---

1 参见〔加〕让-伯努瓦·纳多、〔加〕朱莉·巴洛:《六千万法国人不可能错》,何开松、胡继兰译,东方出版社2005年版,第215页。
2 参见〔美〕米尔吉安·R.达马斯卡:《比较法视野中的证据制度》,吴宏耀、魏晓娜等译,中国人民公安大学出版社2006年版,第272页。

发现等考虑，也普遍在立法层面排斥其证据效力。尽管如此，由刑事诉讼体制和诉讼公正观念所决定，实践中，近代大陆法系国家的刑讯逼供现象相当严重，而且极难发现，即便发现，由刑讯所取得的口供通常也很难排除在定案证据之外。法国律师德尼·朗克罗瓦讲述的一个案例颇能说明这种状况。

1970年11月，警察皮埃尔·吕吉比尔检举了里尔市的警察局局长，揭发他在审讯中滥用暴力，并盗卖局里待领的轻型摩托车中饱私囊。他的揭发以无可辩驳的确凿事实为依据，完全符合刑事诉讼法典的规定。然而，1971年6月11日，皮埃尔·吕吉比尔却受到贝顿的检察官的传讯。检察官通知他，他对局长的控告因查无实据而已告结束，相反，他本人因诬告司法警官而被起诉。上级立即暂停了他的一切职务，警察局局长当然也调动了工作，但却被安置在一个更重要的岗位上，这无疑是对他的擢升。

1972年2月18日，皮埃尔·吕吉比尔在贝顿轻罪法庭出庭受审。检察官要求对他判处徒刑，以儆效尤。然而，在曾遭受局长毒刑拷打的许多证人的一致的证词面前，在众多的物证面前，法庭不得不宣告吕吉比尔无罪。检察官的要求被否决了，他恼羞成怒，一刻钟后即对第一审判决提出上诉。幸而杜埃上诉法院于1972年5月17日确认了宣告当事人无罪的原判。

尽管皮埃尔·吕吉比尔接到了这一能够证明他的揭发完全属实的判决，他仍然于1972年6月12日受到内政部纪律检查委员会的传讯，并再次蒙受不白之冤。全体委员一致通过了给他纪律处分的决议，理由是他"以不能容许的方式去告发部门首长的不正当行为"[1]。

刑事诉讼的"结果公正"理念在伦理上的根据是规范伦理学的"目的论",因为典型的"目的论"者认为,某些行为之所以正当,是因为它们的"好"结果所致。[2] 人的一切行为都是有目的的,都是要达到某种结果的。目的论的基本立场就是,结果的公正是比行为本身更为优先、更为根本的,行为本身的价值是依赖于结果的公正来确定的。较之于义务论,目的论显然对行为本身的限制要宽松得多,而把更多的目光投注于行为的结果上,但其极端则可能走向完全"以目的证明手段"的道德虚无主义。

近代大陆法系国家刑事诉讼对"结果公正"的偏爱和注重,一定程度上是其历史传统浸染和影响的产物。

我们知道,近代大陆法系刑事诉讼是在中世纪纠问式诉讼的基础上改造而来的,而纠问式诉讼是当时的宗教裁判法庭的发明。出于维护宗教教义的考虑,在宗教裁判法庭上,罪行的"真实性"要比任何所谓"人权"更为重要,诉讼程序的各个要素都必须服务于确定犯罪行为的真实性。[3] 法官为此应采取一切必要的手段和措施去调查证据,查明事实真相。早期纠问式诉讼的这些特色尤其是强调法官对查明事实真相的责任并因而允许为此目的而开展强大、广泛的职权调查活动等,给近代大陆法系刑事诉讼带来了深远的影响,以至于德国诉讼法学家赫尔曼深有感触地分析道:"愿

---

1 〔法〕德尼·朗克罗瓦:《法国司法黑案》,龚毓秀、徐真华译,四川人民出版社1998年版,第56—57页。
2 参见何怀宏:《伦理学是什么》,北京大学出版社2002年版,第66页。
3 祖潘斯奇:《建立新的刑事诉讼模式中的基本法律选择和困难》,1994年北京刑事诉讼法学国际研讨会论文。

意接受国家(司法官员)广泛控制的观念可追溯到现代国家出现的时期。它在绝对君主专制时期达到了顶点……即使在20世纪德国法院已成为确保公民免受政府压迫的屏障的情况下,这种愿意接受法院司法控制的观念仍没有发生变化。"[1] 由此可见,注重裁判结果的公正从而相对轻忽了对程序过程公正的关照和追求,是大陆法系国家刑事诉讼传统中由来已久的精神取向。达马斯卡教授对此进行了如下形象的说明:"如果一个欧洲大陆的法学老师看到美国法律院校提供的刑事诉讼课程,他的第一反应肯定是迷惑不解。他可能会说:'这是程序法中一个非常不重要的课程。美国的教师非常关注那些足以导致执行机制瘫痪的问题,而不是教学生如何将实体法适用于违法的案件中,确定有罪无罪的问题被其他的考虑冲淡了。'"[2]

当然,近代大陆法系国家法律体制对刑事诉讼中"结果公正"理念的影响也许是更为直接的。

一方面,大陆法系刑事诉讼中不实行陪审团制度。尽管某些刑事案件也由陪审员参与审判,但陪审员是与职业法官共同决定案件的事实认定和法律适用的,受各种条件的制约,在很多国家,陪审员所起作用不大,实践中,审判权力大都操之于职业法官之手;同时,由于法官庭审之前通过阅卷了解了案件基本情况,并已清楚地意识到,对于制作裁判书来讲,需要重点调查哪些证据或事实,哪些方面的证据已比较扎实、可靠,无需过多涉及等,因

---

[1] 〔德〕赫尔曼:《中国刑事审判改革的模式》,1994年北京刑事诉讼法学国际研讨会论文。
[2] 〔美〕米尔吉安·R.达马斯卡:《比较法视野中的证据制度》,吴宏耀、魏晓娜等译,中国人民公安大学出版社2006年版,第184页。

此,在开庭审判时,就不会听凭控辩双方开展一些法官已经了解因而在法官看来并不必要的证据调查活动,而是根据自己的想法和需要去调控双方的庭审活动,以帮助其尽可能快速有效地作出裁判结论,程序问题便自然被推到一种辅助性的、不重要的位置上。

另一方面,近代大陆法系国家实行严格的"三权分立"制度,法官不能染指立法,因此,在刑事司法领域也不实行判例法制度和衡平法制度,要求法官严格按照刑法规定来裁判。法学家梅里曼就此描绘道:"大陆法系审判过程所呈现出来的画面是一种典型的机械式活动的操作图。法官酷似一种专门的工匠,除了很特殊的案件外,他出席法庭仅是为解决各种争讼事实,从现有的法律规定中寻觅显而易见的法律后果。他的作用也仅仅在于找到这个正确的法律条款,把条款与事实联系起来,从法律条款与事实的结合中会自动产生解决办法,法官赋予其法律意义。于是,整个审判过程被框于学究式的形式逻辑的三段论式之中,即:成文法规是大前提,案件事实是小前提,案件的判决则是推论出的必然结果。"[1]孟德斯鸠作为法治理想而描绘出来的法官就是一副"自动售货机"似的形象。换句话讲,忠实地适用实体法律即刑法,以准确、及时地打击犯罪是刑事诉讼中法官的主要任务,刑事诉讼程序是法官查明案件真相以适用刑法的有效工具。

近代大陆法系国家之所以把法官定位为"自动售货机"式的角色,强调对诉讼结果的关注,这又与大陆法系的认识论传统息息相关。

---

[1] 〔美〕约翰·亨利·梅利曼:《大陆法系——西欧拉丁美洲法律制度介绍》,顾培东、禄正平译,知识出版社1984年版,第40页。

文艺复兴之后,在已崩溃的中世纪经院哲学的废墟上,大陆法系国家形成了以笛卡尔为鼻祖和主要代表的、以科学主义为特征的理性主义哲学。而理性主义者一开始关注的就是知识的普遍必然性和对绝对精确性的追求,倡行绝对主义的认识论,否认真理是一个过程,认为人们可以一下子穷尽绝对真理。[1] 拿破仑的同时代人拉普纳斯甚至认为,只要知道了宇宙各质量的瞬间构形与速度,一个头脑精细的人就可以算出整个过去与未来的历史。[2] 正是在这种对人类认识能力至上性的狂信和绝对主义的真理观的影响下,近代大陆法系国家一般认为,只要充分调动起司法机关的主动性,挖掘其潜力,刑事案件的事实真相是可以被完整恢复的,也是能够被人们发现和认识的,从而通过法定程序认定的"法律上的真实"或"审判中的真实"是可以与案件"客观的真实"相吻合或者画等号的。与此同时,在立法领域,受此哲学思想的影响,有些立法者认为,在一部立法中完全可以穷尽未来一切需要由该法调整的社会关系,法官在判案时,只需查字典一样在法典中检索一下即可找到现成的完整答案。而既然案件真相是能够被完全恢复到原状的,赖以为裁判的刑法也是可能或现实地存在着的,据以评判结果公正性的标准是为大家所易于了解和把握的,那么,自然地,刑事诉讼中的法官只需尽力查明真相并忠实适用刑法即可取得人们对刑事诉讼的信任,这便是近代大陆法系刑事诉讼青睐"结果公正"的认识论根源。

---

1 参见李洪林主编:《辩证唯物主义和历史唯物主义原理》,福建人民出版社1985年版,第217页。
2 参见王雨田主编:《控制论、信息论、系统科学与哲学》,中国人民大学出版社1986年版,第27页。

我们已经知道,从利益的角度去分析,刑事诉讼的进行和完结主要关涉三种基本的利益:作为公共安全的社会利益、被告人的个人利益和被害人的个人利益。近代大陆法系对刑事诉讼所持的"结果公正观"虽然也要求程序过程本身的建构应符合公正的精神,但大都是在有利于查明案件事实真相的意义上提出并加以落实的,因此司法实践中常常出现在查明真相旗号下扭曲诉讼过程的现象,产生一些"以目的证明手段"的不当取向和做法。现代英美法系"过程公正"型刑事诉讼在诉讼过程本身的正当性方面倾注了较多的心力,特别强调对"能够看得见"的正义之营造,但其实践模式往往走上另一极端,即对"结果公正"不抱信心,并由于其行动中对"结果公正"问题的轻视而导致一定程度上的"结果虚无主义"状况。

就此来讲,"结果公正"型与"过程公正"型的刑事诉讼模式都是一种极端性的选择和做法,均不具有普遍推广和借鉴的意义。那么,能不能建构一种理想的、普遍主义的诉讼公正观呢?或者进一步说,刑事诉讼能否兼顾"过程公正"与"结果公正",即以公正的过程导出公正的结果呢?如果可能的话,这种普遍主义的诉讼公正观的底线究竟如何确定?其内容又如何阐明?这些都值得我们进一步探究。

随着知识经济、信息社会的到来,在世界已成为"地球村"的今天,我们认为,上述第一个问题的答案应该是肯定的。现代国家的刑事诉讼毕竟在文明程度上已大大超越了古代的纠问式诉讼、弹劾式诉讼,大家对刑事诉讼作为解决社会冲突的方式所应体现的规律性及伦理性有了越来越多的共识,包含有刑事诉讼规范的一系列国际人权公约(如《公民权利和政治权利国际公约》等)以及联合国有关机构制发的其他一些有关刑事诉讼问题的国际性法律文件是这种共识的基本体现,这也给各国刑事诉讼法的制定和施行提出了一种最低限度的公正要求,或者说,其交集部分就划定了诉讼公正的底线。

每一个现代国家的刑事诉讼都应当首先满足这一底线,然后才有资格被贴上现代文明刑事诉讼的标签。当然,由于这些国际性法律文件的相关规定过于零碎和简单,因此,我们拟根据刑事诉讼中各方主体的利益和主观愿望,并结合现代各国法治化的要求,对理想的、普遍主义的诉讼公正观做出一定的勾画和描绘。

我们的一个基本看法是,追求案件真相是刑事诉讼的当然性目的之一,这是现代各国据以惩治犯罪、维护社会统治秩序的基础。不过,不择手段、不问是非、不计成本地追求案件真相又是现代刑事诉讼所禁止的。否则的话,把侦查、追诉和审判机关合而为一,并完全剥夺被告人辩护的权利,放任国家司法机关按照便利原则去开展追诉和审判活动,岂不是更利于提升查明真相与打击犯罪的效能!但这显然是任何一个文明国家都不能接受的。因此,现代刑事诉讼的存在肯定还具有独立于查明真相以外的目的。

这从另外一个角度也可以得到证明。我们知道,刑事诉讼在文明社会产生之初的基本动因是更好地解决人与人之间的纠纷和冲突,而冲突双方的争执能不能真正解决,很大程度上就取决于诉讼过程是否符合冲突双方的公正心理与期望,而非简单的诉讼结论如何。赫尔曼教授虽是大陆法系国家的学者,却极力赞同英美对抗式审判的一个主要原因就是,他认为对抗式审判的过程比较公正,更利于被告人接受法院的判决,解决刑事冲突。他解释说,在对抗式审判中,被告人有权沉默,不接受法官和检察官的讯问,与公诉人地位平等,他可以听听公诉人那方证人对他的评价,对他的所作所为的叙述,另外如果他愿意,他也可以出庭作证,解释自己对案件的看法,这样一来,被告人在离开法庭时,他就会想:我有机会进行解释了,即使我被判有罪,至少这还是一个公正的审判。而纠问式审判则从法官讯问被告人开始的,而且法官只要不愿意听,他可以任意打断被告人对自己行为的解释,被告人在地位上不仅低于法官,而且低于作为公诉人的检察官,这样一来,被告人就会想,要这样的审判有什么意义呢?法官又不让我多讲,如果他被判有罪,他自然不会真正服判,因为他认为这是法官压制的结果。[1]

据此,我们认为,理想的、普遍主义的诉讼公正观至少应包括以下基本理念:

一是法官的中立性。表象意义上的司法者中立同诉讼现象可说是相伴而生,在一些西方国家法院的大门外,常常会看到一座女神的雕像:她神情肃穆,一手持宝剑,一手持天平,双眼被布紧紧蒙住。宝剑与天平表示法律是公正的,旨在惩处邪恶,维护公平;蒙眼布之意则在于强调中立性是公正的前提和根本。而无论是我国《尚书·吕刑》中所描绘的"两造俱备,师听五辞"的古代诉讼格局,还是当今法庭审理中控辩双方各置一端、法官居中审判的三角形几何结构,也都直观而形象地隐喻了法官中立乃诉讼程序的基础。

二是控辩双方的平等性。公正概念最原始的含义就是"平等地待人""给予每个人以应得权益"。哲学家皮埃尔·勒鲁曾有

---

[1] 参见〔德〕赫尔曼:《德国司法制度》,1993年7月北京讲座录音稿。

言:"平等创造了司法和构成了司法。"[1]《圣经》中也告诫法官:"既听取隆著者,也听取卑微者。"中国法官制服上的天平图案也隐喻着法官应将左右两边的控辩双方视为平等的诉讼主体,无论在形式上还是实质上都要与他们保持相同的司法距离;同时,立法应赋予控辩双方相同或对等的诉讼权利,法官应当帮助他们落实和实现这些权利。我国学者孙笑侠先生甚至将平等视为"衡量一种程序是否公正的基本标准"[2]。

三是控辩双方参与的充分性。控辩双方应拥有充分的诉讼手段和活动范围,以切实保障各自的意见能为法官认识和了解,进而使法官在裁判时能够充分地考虑到双方的态度和观点,而且法官也应当把裁判结论奠基于双方的主张、举证、辩证的基础之上,确保控辩双方的程序主体性。

四是法官介入的适度性。一个积极、主动的法官形象是近代大陆法系国家为更好地查明案件真相而对法官角色的定位和设计,但由此伴生的代价也是相当沉重的,不仅法官的中立性难以苟全,而且控辩双方的平等性及其活动的充分性也无法实现,利小弊大;不过,按照现代英美国家的做法,把法官限定在一个完全消极被动的诉讼裁判的位置上冷眼旁观,也存在不少的问题,因为控辩双方为了各自利益的最大化而往往使诉讼进程拖沓、低效乃至紊乱无序,也不利于真相的发现。正如有学者所言,当事人双方不是在为实现真实而是为了获得本方胜诉而抗辩。[3] 法官即便察觉到

---

1 〔法〕皮埃尔·勒鲁:《论平等》,王允道译,商务印书馆1988年版,第22页。
2 孙笑侠:《法律程序剖析》,载《法律科学(西北政法学院学报)》1993年第6期,第3—9页。
3 参见自陈瑞华:《刑事审判原理论》,北京大学出版社1997年版,第335页。

控辩双方的庭审活动会误导陪审团的判断,也往往很难有所作为,其弊端之所在显而易见!因此,抛弃上述两种极端的做法,探寻一种折中型的处理方式既是必要的,也是可能的,此即前文所说,赋予法官必要的调查证据的权力,同时把这种权力严格规范在合理的限度内,使法官该出手时就能出手,不过于消极被动,但又不能使法官的职权干预之手伸得过长、过滥!

五是程序的基本人道性。一项诉讼程序的设计即使有利于实体真实的发现,但如果它在运作过程中不人道或者有损人的尊严,那么这样的程序仍然不是正当的法律程序,正当的法律程序本身必须有助于实现人道、尊严等"善"或曰价值。程序的基本人道性也是诉讼公正的伦理性要素。如前所述,对非法取得的口供应予以排除,这基本上是当今世界各国的普遍作法。各国的分歧主要在于对以非法方式获取的实物证据的处理方式上。如前所述,"过程公正"型刑事诉讼过于强调诉讼过程的人道性,而致案件真相的寻求虚无缥缈,对打击犯罪的活动带来严重损害;"结果公正"型刑事诉讼则又过于强调对案件真相的寻求,即便是非法取得的物证材料,只要是真实的,一般也予采纳,由此滑向了过于看重结果的另一端。我们以为,理想的处理方式可能是,对于那些以严重侵犯被告人等诉讼参与人基本权益的方法取得的证据,应当明文排斥其证据效力,但又不能一概而论。至于其具体范围,则可由各国根据具体国情而决定。

在上述五个方面中,法官的中立性是控辩双方的平等性及其参与的充分性的前提条件,而只要法官平等对待双方当事人,允许控辩双方充分阐述己方的意见并予以充分重视,那么对法官存在偏见的猜疑,甚至法官实际存在的偏见就能被消除或控制在较小的范围内。法官适度的介入则是对其中立性的一种限定,要求法官的中立建立在相对积极的基础上;程序的基本人道性则可视为平等性的另外一层表述,实质上是对处于弱者地位的被告人附加的特别保护措施,旨在使被告方与控诉方的平等尽可能实质化。

之所以如此厘定理想的诉讼公正观的内涵,主要出于以下几个方面的考虑:

首先,刑事诉讼在本质上是一种解决社会冲突的机制,尽管在阶级社会,也肩负着打击犯罪、维护社会秩序的使命,因此,冲突各方的利益和主观愿望是构建理想的诉讼公正观时的首要考虑。就刑事冲突任何一方的内心本意来讲,他们自然都希望作为纠纷裁决者的法官偏向本方,然而,与其冲突的对方也持有同样的看法,并极力反对法官对对方的偏袒。要解决控辩双方在法官选择方面的这一矛盾,唯一现实和理性的决策就是选择一个不偏向任何一方的中立第三者作为法官,由后者本着理智和良心,依据法律和社会通行观念独立处理案件。换言之,刑事冲突双方维护自己利益的理性选择决定了法官的中立性。

不仅如此,控辩双方的平等性及其参与的充分性也是冲突者的利益要求和主观愿望所内在地决定了的。因为从有效维护己方利益的角度出发,冲突各方都会希望占据诉讼的优势地位,并能充分地陈述自己的主张和证据,反驳对方的观点和证据,因而刑事诉讼只有平等地保障当事人双方充分行使诉讼权利,而非偏向一方,甚或限制乃至取消一方的诉讼权利,才能获得冲突双方的共同认可。

其次,上述理想的诉讼公正观还可以从德国著名法社会学家卢曼"通过程序的正当化"命题中得到理论支持。[1] 卢曼认为，在"正当程序"得到实施的前提下，程序过程本身确实能够发挥给结果以正当性的重要作用。

一方面，它可以使由于程序进行蒙受了不利结果的当事者不得不接受该结果。例如，进行诉讼而招致败诉的当事者经常对判决感到不满，但因为自己已经被给予了充分的机会表达自己的观点和提出证据，并且由相信是公正无私的法官进行了慎重的审理，控辩双方就会因实质上参与了程序的进行而获得较高的心理满足感，所以对结果的不满也就失去了客观的依据而只能接受。这种效果并不是来自于判决内容的"正确"或"没有错误"等实体性理由，而是从程序过程本身的公正性、合理性产生出来的。

另一方面，人们判断审判结果的正当性一般只能从制度性的正当程序是否得到了保障来看，如果法院在制度性的正当程序方面得到了公众的信赖，自己的决定也就获得了极大的权威，而且，由于这种信赖感在社会中的广泛存在，因而法院对具体案件的审判之影响往往超出该案的当事者，在整个社会中造成一种审判公正的印象和效果。日本诉讼法学家谷口安平在对美国现实主义法学思想和卢曼的命题进行综合分析的基础上指出："在实体的正义被相对化、纠纷所涉及的关系越来越复杂的当代社会中，以利害关系者的参加和程序保障为中心内容的程序正义观念在其固有的重要意义基础上获得了前所未有的重要性，这也是我们必须更加

---

[1] 参见〔日〕谷口安平：《程序的正义与诉讼》，王亚新、刘荣军译，中国政法大学出版社1996年版，第11页。

注重程序的理由。"[1]

再次,查明真相乃各国刑事诉讼的基本目的之一,不仅大陆法系国家强调,英美法系国家也不例外。比如,有美国学者就从争议解决程序之角度把法律程序的实体价值目标归纳为两项——真实与正义。[2] 既然如此,法官就不能过于消极,而应当适度介入诉讼调查活动,以防止控辩双方在各自利益的驱使下采用不道德手段故意拖延诉讼进程或者故意把审判引向歧途,促进对案件真相的查明。

最后,理想诉讼公正观的构建还充分反映了民主主义理念的要求。民主主义理念在刑事诉讼中主要体现为两方面:

一是突出控辩双方尤其是被告人的程序主体性,使其能充分、有效地参与到刑事诉讼中,与控诉、审判人员进行平等、理性的对话、辩论和交涉,并且以这种活动的开展拘束法官的裁判,既充分发挥被告人的主观能动性,又切实保障其合法权利。

二是加强对侦查、检察、审判权力的限制和约束,明确规定控诉机关与被告方的平等法律地位,并由法官对侦、控机关违反法定程序的行为施加严厉的程序制裁措施,确保诉讼参与人特别是被告人的人性尊严和诉讼权利,对程序具有基本人道性的要求即渊源于此。

在中国,当受到犯罪侵害后,人们总是习惯于要求有关国家机构不惜一切代价尽快将凶手绳之以法,以实现"法网恢恢,疏而不

---

[1] 参见〔日〕谷口安平:《程序的正义与诉讼》,王亚新、刘荣军译,中国政法大学出版社1996年版,第22页。

[2] 参见陈端洪:《法律程序价值观》,载《中外法学》1997年第6期,第47—51页。

漏"的梦想,否则,便认为正义没有得到伸张,公平没有得到实现。在这种观念氛围中,中国传统刑事诉讼慢慢地被培育成"父母官诉讼"(滋贺秀三语),法官像双方当事人的父母一样具有权威,并发挥着积极干预的作用,以有效地查明犯罪人,满足普通百姓的正义需求。更直接地说,"结果公正"理念在传统社会中一直占据着刑事诉讼立法与司法的优势地位。

不过,由此也带来相当消极的社会影响,最主要的表现是"重实体,轻程序"现象的普遍存在。马克斯·韦伯就称中国的法制为反形式主义的法律,认为中国人寻求的是实际的公道而不是形式法律。他进而指出,形式上受到保证的法律的缺失是中国不可能产生理性的企业资本主义的一个重要原因。[1]

当然,如果这种状况仅仅是过去的现象,这个倒也没有什么,毕竟人是应当向前看的动物。但是,令人忧虑的是,传统的东西在当今中国刑事诉讼制度中根深蒂固地存在着,"重实体,轻程序""重结果公正,轻程序过程"仍然是亟待改革的现状。某省高级人民法院刑庭一副庭长就指出,当下法官办案的重点还是在惩罚犯罪,观念的转变需要一个过程。[2] 我们的一些教科书里不是还有这样的教导,即"严肃执法的基本要求是必须全面执行法律,既按实体法办事,又要按程序法办事,程序法是审判工作的操作规程,是正确实施实体法的保证"。其不言而喻的思想是,发现真实是中国刑事诉讼程序的最高目标,程序过程仅仅是实现这

---

[1] 参见〔德〕马克斯·韦伯:《儒教与道教》,王容芬译,商务印书馆1995年版,第154页。

[2] 参见莫洪宪主编:《死刑辩护——加强中国死刑案件辩护技能培训》,法律出版社2006年版,第39页。

一目的的有效手段。

司法实践中经常开展的所谓"严打"斗争从某种角度讲就是重实体结果、轻诉讼程序的典型反映。尽管有关决策者和普通百姓大都了解"严打"的特定功利目的及其人为制造出来的"紧张"氛围容易引发违反程序、简化程序、侵犯诉讼参与人权利的危险,但决策者们仍看好这一政策的有效性,普通百姓也大都容得下这一政策,在治安状况较差时甚至还期盼着"严打"的到来。

为顺利地进行这场"发现"真实的战斗,在我国,侦查、追诉机关被赋予强大的诉讼权力,法官被定位为侦控机关的盟友,法庭审判也被视为接承侦查、追诉机关,由法官主导的继续追究被告人刑事责任的活动,公检法三机关之间配合有余、制约不足,以至于实践中极易产生以追求实体真实之名而随意运作诉讼程序的现象,并且引发程度不同的负面效应。

有一个名叫林××的犯罪嫌疑人,生前系山东省烟台市某厂副厂长,1995 年 6 月 11 日,因涉嫌受贿被烟台市某县检察院传唤,5 天后,其家属被告知,林××在该县检察院办案室内利用落地电风扇上的电源线在暖气管上上吊自杀,死亡时间是 6 月 16 日凌晨 4 时 10 分。对此,该县政法委于当日立即成立了由人大、公、检、法共同参加的专案组,并由县公、检、法三家法医前往火化场进行尸检,并认定林××系自杀。6 月 17 日,烟台市公、检、法又派法医前往该县进行鉴定,对尸体进行解剖,结论仍是自杀。当日下午 4 时,该县政法委书记代表专案组宣布了关于林××受贿案及死亡案的处理报告。报告认为,检察院办理该案完全合乎法律程序,秉公执法,认真负责,对林××自杀一事,检察院不负任何责任。可是死者家属对林的死亡及善后处理表示不满并提出质疑:

(1)专案组所作鉴定,认为林系自杀,不能令人信服。因为烟台市法医解剖尸体前,翻转其尸体时,有大量血水从嘴角涌出,解剖后,胃内也发现大量血水,对此法医鉴定没有作出合理解释。

(2)据该县检察院之说法,林是在办案人员离开后10分钟内上吊自杀的。按规定检察机关应有2人轮流看守嫌疑人,并应消除一切使犯罪嫌疑人逃跑、自杀的隐患。但就是在办案人员眼皮底下,一个年过半百、胃里已无一点食物的老人竟利用短短的10分钟干脆利落地完成了利用落地风扇电源线在暖气管上上吊自杀的过程。检察机关对林死亡的责任应作何解释?

(3)有关部门在处理林死亡案时,程序有问题。第一,林的家属怀疑其死因,并向最高人民检察院提出了申诉,最高人民检察院批示,尸体不准火化并及时上报材料,但专案组在没有通知家属的情况下,将尸体火化。第二,当死者持省检察院介绍信到烟台市检察院申诉时,烟台市检察院却借口此案系×县政法委处理,死者家属应找烟台市政法委反映情况,将案件"踢来踢去",至今仍无令人信服的说法。第三,6月27日,在林的尸体火化后,该县召开了由全县23个乡镇和县直机关的政工书记以及死者所在村书记参加的会议,宣布林的死亡原因。[1]

该案在一定程度上反映了我国刑事诉讼程序与理想的诉讼公正观之间存在着较大的距离。政法委对刑事诉讼的过度介入及其以行政方式解决刑事案件中出现问题的思维模式、法官与警检机关之间过于亲密的配合、本应回避的刑事司法鉴定人员却从事着

---

[1] 参见徐继强、胡陆生:《程序公正的价值——由林××死亡案引发的思考》,载《法学》1997年第8期,第62—63页。

有关案件认定的关键问题的鉴定工作以及犯罪嫌疑人在检察机关的审讯室内非正常死亡之后,死者家属及其委托的律师却被隔离于司法机关(而且包括对犯罪嫌疑人的死亡可能负有主要责任的检察机关)对犯罪嫌疑人死亡原因所进行的调查活动之外,不能参与和监督有关机关的诉讼活动,还有,死者家属提出的几点质疑等,都严重损害了该案处理的公正性。死者家属因不满于处理过程,进而不满于处理结论以致会上访、申诉乃至作出极端行为,都不难想见。不仅如此,一般公众也会由此而对司法的公正性产生怀疑,在此影响之下,对犯罪的打击活动也就越来越难以取得公众的配合和支持,如此恶性循环下去,将造成结果公正与过程公正的双重受损。

如果说这是20世纪末发生的案例,距今较远的话,那么下面这起刑事案件的诉讼过程则昭示我们,上述问题并未从我国当下的刑事诉讼实践中销声匿迹。2020年7月,一张"法警与律师在法庭上对峙"的照片引发舆论的广泛关注。此照片拍摄于7月11日内蒙古包头市稀土高新区法院关于王永明等涉黑案的庭审现场。该案被告人王永明等人被检察机关以涉嫌组织、领导、参加黑社会性质组织罪,寻衅滋事罪,敲诈勒索罪等13个罪名提起公诉,王永明的女儿则称他是被人陷害,并一直通过多个渠道为父申冤。庭审中,王永明等人的辩护律师与审理法院冲突不断,一度出现法警与律师在法庭对峙的紧张状况。引发冲突的原因主要是:辩护律师认为本案存在合议庭组成违法、公诉人因涉嫌索贿应当回避但法庭不予理会、男法警打女被告人、公诉人滥用法律监督权当庭宣读法律监督意见书、法官不当压制律师的申请和发言等违法行为。另据报道,在审查起诉阶段,稀土高新区检察院就组织公、检、法、政法委等部门召开针对此案的联席会议,"对本案是否涉黑等问题达成了统一共识",未审先定;庭审之后,包头市公安局东河区公安分局的警察以律师代理费可能为赃款之名义,深夜闯入律师在呼和浩特入住的酒店,在辩护律师毫无准备、身上只穿着一条内裤的情况下,追讨律师代理费;在律师费被查扣一事闹得沸沸扬扬之际,当地检察院门口有人拉出多条横幅,上面写着"黑恶势力王永明团伙的律师团队 你们滚出包头去!"[1]

由此看来,我们当前面临着调整和优化刑事诉讼公正观的严峻任务。

首先,我们应做好观念的转变工作。一方面,认清诉讼规律,了解刑事诉讼不仅仅是认识活动,也是充满价值判断的法律实施活动,为此要弱化刑事诉讼的阶级斗争性或意识形态性色彩,强化其作为社会冲突解决机制的实质属性,突出控辩双方尤其是被告方的程序主体性和参与作用,实现法官从执行政治意志的工具到公正裁决冲突的中立第三者的角色转变,提高司法公信力。

另一方面,打破"刑法制定是完美无缺的",因而法官的裁判只是对刑法的忠实适用的"神话",了解人类在刑事诉讼机制中发现案件真相的局限性。对案件真实的探寻是一个在刑事诉讼的有限空间、时间条件下认识过去的过程,我国学者的下述说法有一定的道理:"对于已发生案件的推理过程与撰写历史并无二致。历史

---

[1] 参见《法警对峙照片背后:律师当庭举报公诉人索贿 警方要求查扣律师费》,载2020年7月17日《中国新闻周刊》百家号(https://new.qq.com/omn/20200716/20200716A0YREL00.html),2021年8月30日访问;《包头司法现形记:检察官被爆索贿 律师费被深夜查扣》,载2020年7月16日腾讯网(https://new.qq.com/omn/20200716/20200716A0YREL00.html),2021年8月30日访问。另据报道2020年7月27日,经内蒙古自治区高级人民法院指定管辖,将该案移出稀土高新区法院审判。

永远是历史,谁也无法让历史重现。历史学家笔下的历史不过是他们根据某些也许关键也许不关键的线索重构的故事。新的线索、新的痕迹一旦发掘,人们又改写历史。法律判决也是这样一种人为艺术(artifical art),只是故事必须在一定时间内有个结论,而且这个结论必须具有稳定性,即使以后发现错了,也没有太多的办法。这是人类的悲哀,但无法改变。"[1]这就要求我们把过去聚焦在诉讼结果上的视线一定程度地转移到诉讼程序的建构上,重视诉讼过程公正的特殊意义。

此外,当前程序法治建设的地位及其重要性正日益凸显出来,而程序法治的要义就是要加强对程序运作过程中公安司法权力的制约与监督,保障诉讼参与人的诉讼权利特别是被告人的诉讼权利,这也是观念转变的一个主要方面。

其次,应当以转变后的观念为指导,完善立法,确立和落实侦查的司法控制制度、不得强迫自证其罪制度、侦查讯问录音录像制度、羁押必要性审查制度、回避制度、辩护制度、法律援助制度、补充侦查制度、撤回起诉制度、控审分离制度、控辩式庭审制度、证据裁判制度以及非法证据排除规则等,赋予被告人沉默权,如此才可使刑事诉讼的"正义不仅应当得到实现",而且是"以人们能够看得见的方式得到实现"。

当然,与此同时,我们必须采取有效措施,切实防范这样一种风险的出现,即一些公安司法人员可能将程序公正理念作为工作懈怠乃至渎职犯罪的幌子,放纵或者轻纵犯罪人,进而影响司法的信誉和社会的稳定。

---

[1] 陈端洪:《法律程序价值观》,载《中外法学》1997年第6期,第47—51页。

第九章　法不贵神速吗？
——诉讼效率走笔

>　　刑事诉讼之机能,在维持公共福祉,保障基本人权,不计程序之繁琐,进行之迟缓,亦属于个人无益,于国家、社会有损。故诉讼经济于诉讼制度之建立实不可忽视。
>
> ——陈朴生

>　　从把罪犯交付审判的观点来看,美国的刑事司法制度显然效率不高。
>
> ——〔美〕乔治·W.皮尤

>　　某些法律和制度,不管它们如何有效率和有条理,只要它们不正义,就必须加以改造或废除。
>
> ——〔美〕罗尔斯

　　在社会科学的语境中,效率与公正常常被作为一对互斥又相联系的价值范畴为人们提及和辨析。

　　曾经读过一篇文章,题目叫《法不贵神速》,讲的就是法律中的公正与效率的关系问题。宽泛些说,这一立论是不错的,而且还有些新意,但如果较真儿一些,特别是着眼于刑事诉讼法律领域来看,它又不尽准确。事实上,不管人们是否意识到,效率都是各国立法者设计刑事诉讼程序时不能回避的问题,也是我们评价一种诉讼程序好与不好的重要参照系。

对于美国篮坛巨星——芝加哥"公牛队"的灵魂人物乔丹来说,1993年7月22日是一个不幸的日子。他的父亲老乔丹在当晚开车回家的路上,被人开枪打死,所乘红色豪华型雷克萨斯400型轿车被歹徒抢走。由于老乔丹平时比较忙,常常是不辞而别,东奔西走,所以直到他失踪三周以后,其家人才觉不妙,并向警察局报了案。这一消息立即成了美国的头条新闻。警方根据被歹徒抢走的老乔丹的移动电话的使用记录以及群众举报,查获了两名凶手。凶手之一拉里·德梅利年仅18岁,却已有14次违法犯罪记录,可谓劣迹斑斑。更令人震惊的是,拉里行抢老乔丹之时,正处于另一桩罪案的保释期间。1992年10月6日下午,他因在一家商店门口用一个大煤块猛击一位61岁妇女的头部,并抢走其身上的7美元现金和一些廉价首饰而被起诉到法院,但法院定于1993年8月审理该案,并准许拉里保释候审。候审期间,拉里恶习不改,又实施了上述抢劫老乔丹的犯罪行为。此案侦破之后,美国社会一片哗然,人们纷纷抨击和批评美国刑事司法制度特别是司法机关过于迟缓的行动。因为拉里犯抢劫罪已近一年,由于法院迟迟不开庭审理,才使得保释在外的拉里有机会继续作恶于社会。那位被拉里用煤块打击头部的妇女闻听老乔丹之案后愤怒而痛心地说道:"如果他(拉里)因为我的案子入了狱,这事就不会发生了!"不过,司法界人士也有他们的苦衷,他们申辩说,并不是他们疏于职责,而是由于监狱人满为患,法院负荷太重。[1]

就本案来看,无论是拉里抢劫老妇女一案的迟迟不予审判,还是司法界人士所辩解的苦衷,都向我们传递着这么一个信息:在刑事诉讼的立法与司法过程中,效率[2]理念都在不时提醒,若隐若现。

常言说得好:"天下没有免费的午餐。"现实生活中,除像阳光、空气等大自然无偿提供的东西之外,人们用以消费的一切产品,都是"生产出来"的,都是有成本、有投入的。作为人类特定实践活动的刑事诉讼,也同样是一种能够生产出一定"产品",同时又需要支付一定成本的行为,投入与产出同样是刑事诉讼无法回避的问题。没有投入就不会有产出,不同程度的投入以及投入的方式都极大地影响着"产品"的数量和质量,这就不能不涉及效率问题。

当然,如果用以投入的资源是能够充分获取、用之不竭的话,那么,效率的有无与高低是不会成为一个太大的问题的。然而,现实社会中,资源稀缺恰恰是人所共知的事实。正如美国经济学家阿瑟·奥肯所说,到目前为止,没有任何证据能表明,人类的可利用资源能充分满足社会成员的绝对需求。多生产某一样东西,意味着使用了原用以生产其他东西的劳动力和资本;目前多消费,意味着减少未来可享用的储蓄;延长工作时间,就侵占了闲暇;

---

1 参见何家弘:《从观察到思考——外国要案评析》,中国法制出版社2008年版,第47—50页。
2 效率是否与效益等同,学界存在一定的争议,本章是在同一意义上使用的。

制止通货膨胀,就要牺牲产量和就业水平。[1]

具体到刑事诉讼领域,由于以下两方面因素的影响,刑事司法资源有限的情况同样存在,甚至可以说更为严重。

一是刑事司法资源具有高消耗的特点。与其他领域不同,刑事诉讼中,国家专门机关的主要活动是围绕着侦查、揭露并打击犯罪的任务而进行的,由于犯罪具有过去性、隐蔽性和难以恢复性的特点,加之,犯罪人的狡诈、诡谲及反侦查的手段越来越高明,使得追究、惩罚犯罪的过程日益困难化,为此所耗用的各种资源远远大于多数其他形式的国家活动。据统计,1983年,美国联邦、州和地方在民事审判、刑事审判中的费用加在一起,高达397亿美元,即每人平均花费170美元。这项费用分三个部分,即在警方保护方面平均每人88美元,矫正措施方面44美元(如看守所和监狱),司法措施方面37美元。这项费用约占1983年财政年度中整个政府开支的3%。[2]

二是社会对惩治犯罪的需求具有无限性的特点。每一种社会形态无论其发展程度如何,也不管其意识形态怎样,人们都希望生活于其中的社会是一种"路不拾遗,夜不闭户"的无犯罪社会,因此,面对犯罪纷扰的生活环境,人们自然把期望寄托于国家机关对犯罪行为的有力惩治上,彻底消灭丑恶的犯罪现象成为人们的高需求之一。而要充分满足这种需求,国家必须投入足够数量的司法资源,但迄今为止的经验表明,任何一种社会形态的经济发展水

---

[1] 参见〔美〕阿瑟·奥肯:《平等与效率——重大的抉择》,王奔洲、叶南奇译,华夏出版社1987年版,第2页。
[2] 参见〔美〕罗伯特·考特、〔美〕托马斯·尤伦:《法和经济学》,张军等译,上海三联书店1991年版,第659页。

平都无法承受如此沉重的负荷。所以,从某种意义上说,资源的需求大于供给,可能是刑事诉讼领域中一个永远无法解开的结,也是人类自己给自己套上的枷锁。对此,一位美国学者做过精辟的分析,他说,法律实施的程度取决于提供给完成这项活动的人力和财力的数量,只要有足够的警察,几乎每辆超速行驶的汽车都能被查出来,可惜国家不可能给每位驾驶员都"配备"一位警察来认定其是否超速行驶,因为这样的资源配置必然使社会的其他活动无法进行,所以,社会通常只可能给予法律实施机关使法律实施达到较低的水平的预算。[1]

正是在司法资源有限与社会需求无限的挤压下,刑事诉讼的效率理念凸显出来。为减少案件积压和诉讼拖延,满足人们对惩治犯罪的需求,各国刑事司法机关就必须提高单位时间内的有用工作量,合理配置和利用有限的司法资源,把效率的大旗高高举起。美国法学家贝利斯就此评论道,经济效率问题是我们在对法律程序进行评价时所要考虑的一项重要因素,没有正当理由,人们不能使程序运作过程中的经济耗费增大,同时,在其他条件相同的情况下,任何一位关心公共福利的人都有理由选择其经济耗费较低的程序。[2] 另一位法学家陈朴生教授同样认为:"刑事诉讼之机能,在维持公共福祉,保障基本人权,不计程序之繁琐,进行之迟缓,亦属于个人无益,于国家、社会有损。故诉讼经济于诉讼制度之建立实不可忽视。"[3]

---

[1] 参见〔美〕乔治·J.斯蒂格勒:《法律实施的最佳条件》,周仲飞译,载《法学译丛》1992年第2期,第41—45页。
[2] See Mieheal D. Bayles, Principles for Legal Procedure, in Law and Philosophy 5 1986.
[3] 陈朴生:《刑事经济学》,正中书局1975年印行,第327页以下。

就此而言,如果可以把公正称作刑事诉讼的伦理价值的话,那么,效率则可被视为刑事诉讼的经济价值。

其实,效率原本就是一个经济学概念,只是随着20世纪六七十年代西方经济分析法学的兴起才被引入法律科学领域,并由此使人们的视域别开洞天:噢,法律的制定以及法律行为原来还受制于经济功利规则的支配!正如美国著名法理学家艾克曼所指出的:"这种思想路线(指运用效率原理解释和评价法律制度的思想路线——引者注)提供了一个分析结构,使我们能够对由于采用一个法律规则而不是另一个法律规则的结果而产生的收益的规模和分配进行理智的评价。这种分析是特别重要的,因为它常常揭示出,法律规则的潜在影响可能与推动制定该规则的立法机关或法院的目标(至少在表面上)不大相同。所以,只要不把经济学作为唯一的评价原则库误用,而是理智地运用它,就能使学生揭开修辞学的帷幕,抓住躲在法律问题背后的真正的价值问题。"[1]

在经济学上,效率一般是指在一个生产过程中,以最少的成本投入获得最大的既定水平的产出。具体而言,就是以最少的资源消耗取得同样多的效果,或者以同样多的资源消耗取得最大的效果,成本最小化、收益最大化是效率理念的两个必要组成部分。

推而广之,刑事诉讼效率则是指以一定的司法资源处理的刑事案件数量。对这一概念的理解至少应把握两个方面:

其一,一定的司法资源就是指进行刑事诉讼活动的成本或投入。从完整意义上讲,它包括国家所投入的人力、物力、财力以及被告人、被害人等诉讼参与人所投入的人力、物力和财力。但

---

[1] 转引自张文显:《当代西方法哲学》,吉林大学出版社1987年版,第263—264页。

是，由于国家在刑事诉讼的投入和产出活动中占据积极、主导的地位，而后者对整个刑事诉讼活动不发生决定性的影响，因此，本章所谈到的诉讼成本只是指国家所投入的司法资源，具体包括：法院为审理案件所支付的全部费用（比如办公设备、法官工资等）；检察机关为审查起诉和提起公诉所支付的全部费用；侦查机关为破获案件而支付的全部费用；执行拘留、逮捕等强制措施所要支付的全部费用（如看守所的建设、监管干警的工资和办公设施）；等等。

其二，刑事案件的处理数量就是指刑事诉讼活动的收益或产出。而且需要注意的是，刑事案件的处理还必须符合一定的标准，必须达到一定的规格，即刑事诉讼活动必须依法进行，并应在查清案件事实的基础上作出合理的裁判。换句话讲，刑事案件的处理不能是随意进行的，否则，即便某种刑事诉讼在既定资源投入的前提下处理的刑事案件数量较多，也不能视为有效率。

概言之，所谓"诉讼效率"，是从诉讼过程的成本/收益分析角度来说的。根据美国著名经济分析法学家波斯纳提出的包括刑事诉讼领域在内都应当适用的"效益极大化原理"来分析，当且仅当某种刑事诉讼程序是以最少的司法资源投入获得最大数量的刑事案件处理时，才可以认为它是高效率的，除此而外的情况则是低效率或负效率。那么，如何设计和适用刑事程序才能达至这种高效率状态呢？

我们认为，若大处着眼的话，不外乎从两个方面努力：一是减少司法资源的投入，降低诉讼成本，但又必须保证既定的案件处理水平（包括案件处理的质和量）保持不变；二是在符合基本案件处理规格的前提下，通过调整所投入的既定成本的组合方式，优化司法资源的配置，以扩大刑事案件处理总量。

就具体措施来看,当代各国刑事诉讼实践中,通过降低诉讼成本来追求效率的方式主要有以下几种:

其一,减少对执法或司法权力的限制,提高执法或司法人员活动的自由度。实践业已表明,对警察、检察官、法官等执法或司法人员活动的任何限制,都必然会使国家所投入的司法资源在使用过程中发生一定程度的耗散和流失,进而影响诉讼的效率。比方说,警察为调取犯罪证据需要对特定场所进行搜查,如果要求警察先向法官申请取得搜查证才能进行的话,那就把法官的一部分精力和时间也拖入到同一事件之中,增加了司法资源的投入量。但是搜查的结果却可能是一样的,甚至可能由于法官对搜查申请的审批过程拖延而让罪犯趁机把有关的犯罪证据销毁或转移他处,给案件侦破加大了难度,诉讼进程的延缓自然不可避免。事实上,由诉讼的特性所决定,对任何一种执法或司法权力的制约都会在两个方面不同程度地妨碍刑事诉讼效率的提高:一是本来就有限的司法资源被抽出一部分放到打击犯罪之外的目标上,这本身就是一种资源的流失;二是权力制约的基本方式是以一种执法或司法权力去牵制另一种执法或司法权力,而权力的牵制又必然导致具体案件中的诉讼成本增加、诉讼进度降低。封建社会的纠问式诉讼之所以把侦查、控诉与审判之权交由同一个官员合并行使,自由裁量,主要就是为了便利权力的顺畅运作,更好地实现高效打击犯罪的目标。正是从这种意义上可以说,执法或司法权力的受限制程度与刑事诉讼的效率高低之间基本上是成反比的,对执法或司法权力的限制越严格,效率一般就越低;反之,减少一份约束,就意味着节约了一部分用于"内耗"的资源,提高了资源的利用率,推进了诉讼效率。质言之,减少对执法或司法权力的限制,增大执法或司法人员活动的自由度,就可以有效地防止执法或司法人员在开展诉讼活动时因顾忌外在的约束而左顾右盼,不敢越雷池一步的现象,为执法或司法人员主观能动性的发挥提供一个宽松的环境,使其能够针对外界纷繁复杂的变化作出快速、及时的反应和处置,避免因时机贻误而进行补救时不得不再增加司法资源投入的低效率状况发生。

其二,取消某些设置与否无关大局的诉讼程序。众所周知,刑事诉讼是由一道道前后相继、没有间断的程序组成的,每增加一道工序,就意味着一定数量的司法资源的投入,而工序的相对增加却并不必然导致案件处理结果的绝对正确,所以,如果我们假定工序少的案件处理方式与程序繁复的处理方式能够获得同样的处理结果,那么,前者显然更具效率性。因此,取消一些不必要的诉讼程序是促进诉讼效率增长的基本方式。

举例来说,刑事诉讼中有所谓"审级制度"的存在,其含义是指对一个刑事案件依法经过几级法院审理便应当终结,法院所作的裁判即发生法律效力。这一制度的目的在于防止案件久拖不决,长期悬置在一种不确定状态。西方有些国家实行三审终审制,刑事案件在具备法定事由时,只有经过三级法院审理才告终结。另一些国家则拒绝三审终审的做法而采取一审终审制或两审终审制,这无疑大大节约了投入审判阶段的司法资源。

又如,意大利1988年通过的新《刑事诉讼法》规定,当公诉人认为某一公诉案件只应当适用财产刑,包括为替代监禁刑而科处财产刑时,在将被指控人的名字登记在关于犯罪消失的登记簿之日起的4个月内,公诉人可以要求法官发布刑事处罚令,直接对被告人处以罚金,而且罚金相对于法定刑减少50%。这就是一种速决型的处罚令程序,既无侦查,也无审判。

其三,合并程序。在一般意义上,刑事诉讼可以划分为侦查、公诉、审判、执行等几个具体阶段。侦查机关、公诉机关、审判机关、司法行政机关分别是上述各个阶段活动的主要开展者。但是,在可能的条件下,如果能够把本应分别于不同阶段开展的活动合并在同一时空中进行,甚至由同一诉讼主体同时行使,无疑将节约司法资源的投入。大家或许看过日本电影《追捕》,由著名影星高仓健所扮演的检察官在犯罪案件发生之初就亲赴犯罪现场,并按照自己的判断和构想指挥警察展开侦查活动,这就是日本《刑事诉讼法》所规定的检察机关指挥侦查的制度之体现。在这种制度框架中,执掌公诉职责的检察官在侦查阶段就可以着手准备控诉材料,开展一些控诉意义上的活动,因而在侦查终结后,能够迅速将案件移送法院审判,大大加快了诉讼的进度。

其四,缩短诉讼期间。对执法或司法人员侦查、控诉与审判活动的办案期限从法律上给予严格的限定,既可以使被告人尤其是无辜被告人尽快摆脱诉讼困扰,确保其合法权利,又可以使执法或司法人员增强时间观念,加快工作节奏,及时地进行各项诉讼活动,避免因贻误时机而给案件真相的查明带来不应有的困难,进而可以把由此而节约出来的司法资源特别是人力资源尽快转用于处理其他刑事案件,防止案件积压。

其五,简化证据规则,降低证明标准。比如,在一些被告人认罪的简单刑事案件中,检察机关对于被告人承认的犯罪事实可以简化举证或者不需举证。又如,对于程序性争议事项和量刑情节,减轻公诉方的证明负担,检察机关的证明只需达到"高度盖然性"或"优势证据"证明标准即可。

其六,转向处分。转向处分又称为"非刑事程序化",是指警察、检察机关对于已经构成犯罪的被告人,基于刑事政策的考虑,予以非刑事处理而终结刑事程序的制度。比如,对于检察官的转向处分,第八届联合国预防犯罪和罪犯待遇大会通过的《关于检察官作用的准则》第18条就规定,根据国家法律,检察官应在充分尊重嫌疑者和受害人的人权的基础上适当考虑免予起诉、有条件或无条件地中止诉讼程序或使某些刑事案件从正规的司法系统转由其他办法处理。据统计,在美国警察移送审查的案件中,相当数量的案件被检察院终结或者最初的指控被减少。比如,1998年,美国检察官起诉了47 277件案件(或者66 624名被告人),终结了40 746件案件(或者58 260名被告人)。[1]

通过转向,可以"筛选"掉一部分没有起诉必要的案件,减轻过重的法院负担,使刑事诉讼程序得以有效运转,提高诉讼效率,同时也可以避免犯罪人被贴上犯罪标签所产生的负面效应。[2]

各国刑事诉讼在直接通过减少诉讼成本以谋求诉讼效率之增长的同时,还普遍遵循了另一种提高诉讼效率的思路,这就是,在国家投入的诉讼成本不变的前提下,通过优化司法资源的配置,使这些既定的资源发挥出最大功能,"生产出"更多的刑事案件处理量。

具体而言,就是既不对所有的刑事案件一律按照严格、规范的

---

[1] See Kathleen Maguire & Ann L. Pastore, Bureau of Justice Statistics Sourcebook of Criminal Justice Statistics-1998, p.387, tbl.5.6. (The Hinderlang Criminal Justice Research Center, 1999).

[2] See National District Attorneys Association, National Prosecution Standards, p.135 (2nd ed.1991).

程序进行处理,也不把某一种宽松、简约的程序统一适用于所有的刑事案件,因为实践已经证明,前者会超出任何一个国家司法资源的供给能力,是不现实的,也是不必要的,后者则显得极不慎重、极不科学。各国基本上都遵循区别对待的原则,按犯罪的性质轻重及其处理的难易程度等,投入多少不等的司法资源,分别采取正规的普通刑事审判程序或者对普通刑事审判程序予以简约后的简易程序进行处理,从而既迅速有效地处理了刑事案件,又保证了案件处理所应当具有的基本的公正性。

目前,西方各国刑事诉讼中确立的简易程序不仅种类繁多,而且适用范围之广、作用之大令人惊叹。以日本为例,日本《刑事诉讼法》规定了两种形式的简易程序:主要适用于处理轻微犯罪的略式程序和适用于被告人自白案件的简易公审程序。其中,略式程序是由简易法院进行的一种书面审理形式,法官通常根据检察官提出的材料判处小额(现为 50 万日元以下罚金或罚款)财产刑。从日本法院办理刑事案件的实际数量来看,每年有 90%以上的案件是按照略式程序处理的。这就意味着,在刑事案件范围内,国民与法院的联系大部分是通过略式程序进行的,以至于日本著名学者田宫裕教授认为,略式程序具有作为日本"刑事审判之脸面"的重要意义。[1]

囿于法律文化、历史传统、诉讼结构以及司法体制的不同,西方两大法系国家对刑事诉讼效率的追求方式亦各具风格。

在历史上,英美当事人主义审判模式曾经是一种低成本的诉

---

[1] 参见〔日〕西原春夫主编:《日本刑事法的形成与特色》,李海东等译,法律出版社 1997 年版,第 409 页。

讼类型。在陪审团审判制度的发源地英国，1558 年到 1625 年期间，省巡回法院审理一个案件包括陪审团评议在内仅需要 15～20 分钟，到了 18 世纪晚期也不过才半个小时。19 世纪早期的城堡法庭一个早上就能审理 10～12 件案件，每个案件的陪审团评议时间仅 2～3 分钟。[1]

但是随着近现代社会的发展，当事人主义已经演化为一种以权利保障为主要追求的诉讼制度，为被告人配置了充分有效的权利保护"盾牌"，如广泛的律师帮助权利以及不受强迫自证其罪的权利等，以强化被告人针对侦控机关追诉的防御能力；同时对警察、检察机关的权力行使设置了较多的约束和障碍，法院通过司法令状、证据排除规则等严格控制和规范警察、检察机关的讯问、羁押、搜查、扣押、监听等行为，使得警检机关追控活动的开展相当艰难；特别是陪审团审判中，法官消极被动地听审，控辩对抗充分，庭审调查高度口头化，加之，由于作为法律外行的陪审员负责认定案件事实，因而需要遵守细致、复杂的证据排除规则。凡此种种，都使得刑事诉讼过程耗时较长，需要投入大量的司法资源。前述辛普森案的诉讼耗时一年零四个月之久就是一个明证。

据计算，在美国，早在 20 世纪 90 年代初，一起审判的全部人工成本估计就已经高于每小时 400 美元[2]，而当时平均庭审时间至

---

[1] See John Langbein, The Origins of Adversary Criminal Trial, Oxford: Oxford University Press, 2003, pp. 16-17.
[2] 参见〔美〕罗伯特·考特、〔美〕托马斯·尤伦：《法和经济学》，张军等译，上海三联书店、上海人民出版社 1994 年版，第 660 页。不过这是就所有类型案件的花销平均计算所得，考虑到刑事案件一般比民事案件需要消耗更多的诉讼资源，那么刑事审判的平均审判成本可能还要高于这个数值。

少在 3 天以上。[1] 诉讼的拖延、案件的积压使得美国司法部前副部长鲁道夫·吉里安尼发出了这样的警告:"州和地方级的刑事审判体系有崩溃的危险,原因在于两个方面:经受大量案件的积压;诉讼程序繁复重叠,美化被告的权利,使他高于一切其他人的权利。"[2]

由此可见,英美当事人主义刑事诉讼尽管在对被告人权利的保护方面十分周到,但其诉讼成本委实巨大,效率较低,从而不仅严重制约了国家打击犯罪的活动,也使当事人为讼累所困。这已是一个不争的事实。

毋庸置疑的是,英美国家对刑事诉讼的资源投入能力是有限的,因而,面对犯罪增多、案件积压以及刑事审判体系"崩溃的危险"之局面,提高诉讼效率成为其无法回避的任务。

由于英美国家的主流思想认为,权力天然具有腐败、专制的倾向,需要给权力套上绳索,加强制约,这就决定了英美国家对诉讼效率的提高总体上不可能依靠在其普通审判程序上作多大的改变来实现,而主要采取了审前"转向处分"和审判程序"繁简分离"的效率追求之路,即着力于在普通的审判程序之外"另开新枝",构建新型的、更具效率性的诉讼程序,作为普通审判程序的补充,甚至在特定条件下取代普通审判程序或者阻却审判程序的启动。具体说来,英美国家主要采取了以下措施来提高诉讼效率。

一是审前的转向处分。英美刑事诉讼实行起诉便宜主义,对

---

[1] 参见〔美〕理查德·A.波斯纳:《联邦法院——挑战与改革》,邓海平译,中国政法大学出版社 2002 年版,第 72 页。
[2] 〔美〕特德·杰斯特:《我们与犯罪作斗争一直失败》,李宗祥译,载《国外法学》1982年第 3 期,第 26—30 页。

于刑事案件,检察官在决定是否提起公诉时享有几乎不受制约的自由裁量权,即便犯罪证据确实充分,检察官基于提高诉讼效率、缓解法院审判负荷等公共利益的考虑,也可以不予起诉,不启动法院的审判程序。

二是取消正规的审判程序。在美国广为适用的辩诉交易制度就是这方面的典型体现。前已指出,辩诉交易是指检察官在被告律师的协助下,就案件的处理问题与被告人进行协商、谈判,甚至讨价还价,由被告人作出有罪答辩,以换取检察官在指控上的让步或在法官量刑阶段提出有利于被告人的建议,从而不经过法庭审判程序就了结案件。

至于其具体情况,我们不妨通过美国法学家唐纳德·纽曼讲述的一个案例来作大致的了解。有两名被告人罗伯茨和兰普被逮捕,因为他们被指控犯有持枪抢劫酒店罪。显而易见,47岁的被告人罗伯茨是犯罪的主犯和指挥者,而且作恶多端,罪行累累:一次持枪抢劫、两次殴击、一次滥用火器、一次盗车并犯有很多轻罪。而18岁的兰普除17岁时由于扰乱社会治安而被逮捕之外,历史清白,没有前科。在此次抢劫中,兰普显然受了年长的罗伯茨的支配,在抢劫中所起的作用相对小一些。虽然他携带了上膛的22毫米口径的手枪,但在罗伯茨进入酒店持枪威胁店主并抢走现金时,其主要作用不过是在酒店对面的街上望风而已。这两名犯人均被指控犯有一级抢劫罪,这种罪的刑罚是15年到20年监禁。检察官准备指控罗伯茨犯有持械抢劫罪,而将兰普的指控降为"盗窃商店罪",此罪的最高刑期是2年监禁,而且可以适用缓刑。这样,兰普为换取检察官的降格指控就作了有罪答辩,检察官还许诺在法官量刑时提出缓刑的建议。[1]

在辩诉交易实践中,应被告人的要求,检察官在指控时的让步主要有以下几种:(1)降格指控。上述案例中对兰普的指控由一级抢劫罪降格为盗窃商店罪即为一例。一般来讲,从被告人角度来看这是最为合算的交易。(2)在有数个罪名时,检察官只对其中一罪或两罪进行指控,而将其他罪名撤销。(3)把具有表明被告人堕落的某些特别的下流标记的指控降格为消极意义较少的指控,比如,将强奸降格为污辱。(4)检察官在法官量刑的时候建议使用缓刑。通常检察官许诺作出上述一种或多种形式的让步之后,被告人只要接受,可以就比其实际犯罪行为以及检察官的证据所能证明的指控都要轻的罪行作有罪答辩,辩诉交易即告达成,经法官对双方的"辩诉协议"加以认可后,案件就无需再进入审判程序而终结。

在美国,辩诉交易传统上都是秘密进行的,而且自其诞生之日起,废除与保留两方面意见的激烈争论就集于一身,并延续至今。尽管美国联邦最高法院于1970年在布雷迪诉联邦案[2]中明确承认辩诉交易的合法性,揭去其偷偷摸摸的面纱,使其从台下走上台面,但这并没有同时结束有关的争议。目前主张废除辩诉交易制度的人们仍然认为,辩诉交易:(1)具有使无辜者被认定有罪的危险;(2)通过干扰对案件的日程安排,使法院行政复杂化;(3)对社会通过打击犯罪、寻求保护的需要构成危险;(4)不以证据为依据作出有罪判决以及不根据相关的量刑情节进行量刑的方式,削弱

1　参见〔美〕唐纳德·纽曼:《辩诉交易》,李浩译,载《外国法学研究》1994年第3期。
2　Brady v. United States,397 U.S.742,752(1970).

了程序的合法性;(5)给检察官制造了过重指控被告人的诱因;(6)会降低公众对法律的尊重,因为它看起来是像把正义摆出来出售;(7)实际上把审判职责从法官身上转移到检察官身上;(8)在处理上制造了不公正、不均等,因为不同检察官对什么是适当的协议有不同的看法;(9)增加量刑的不平等现象;等等。[1] 在美国,由于辩诉交易实践的存在,已经从主要依赖法院裁判解决刑事案件的体制转向强调控辩协商与妥协的体制,因而还引发了学者如下的强烈质疑:刑事诉讼到底是正义至上的政治系统,还是一个效率至上,为追求帕雷托最优而可以随行就市,由检察官与被告方进行交易,从而以既有的稀缺资源行最大的预防犯罪之效的经济市场?[2]

与此相对,支持辩诉交易制度的人们也振振有词,其中以美国联邦最高法院前首席大法官伯格在圣托贝罗诉纽约案(Sartobello v. New York)中的思想最具有代表性。该案的基本情况是:被告人被纽约州的某县法院认定有罪,因为其对具有赌博前科的二级犯罪作了有罪答辩。降格指控是根据辩护方和代理检察官的协议作出的,检察官还同意在量刑时"不提任何建议"。但是在量刑时,另一名检察官代替原来曾参与辩诉交易的检察官,新来的检察官建议法官对已降格指控科以 1 年的最高刑。在提出此建议时,检察官还列举了被告人的前科,并说明被告人与集团犯罪有牵连。辩护律师以前一检察官曾许诺不作量刑建议为由,对其提出异议,但遭到初审法院的驳回,结果判处被告人监禁 1 年。上诉之

---

1 参见[美]唐纳德·纽曼:《辩诉交易》,李浩译,载《外国法学研究》1994 年第 3 期。
2 Stephen J. Schulhofer, Criminal Justice Discretion as a Regulatory System. Thomas Morawetz ed., Criminal Law, New York University Press 1991,pp.173-212.

后,州上诉法院维持原判。最后,美国联邦最高法院批准以调卷令程序重审该案。在重审该案时,首席大法官伯格转述了联邦最高法院的意见:"……本案是日常起诉程序不幸失误之又一例证。无疑,这应部分归属于因工作负担过重而起诉机关人员欠缺。繁重的工作负担尚可以解释这些事件,但不能作为开脱的借口。检察官和被告人通过协商来处理刑事指控,这有时被不准确地称为'辩诉交易',是刑事审判制度的一个基本组成部分,如果运用得当,这种交易应予提倡。如果每一刑事指控都要经过充分的审判,那么州政府和联邦政府就得成倍增加法官及法院设施。""通过辩诉交易来确定指控,不仅是刑事诉讼的基本部分,基于诸多理由,它还是极受欢迎的一部分:它迅速而彻底地处理了绝大部分刑事案件;它避免了审前羁押阶段由于迫不得已的拖延所造成不良的影响;它保护了公众免受即使在审前释放阶段也有可能再犯新罪的人侵害;由于缩短了从指控到处置阶段的时间,就使得有罪的被告人最终被监禁时,也有更大的可能复归社会。"[1] 唐纳德·纽曼也是辩诉交易制度的支持者,他认为,在纽约、芝加哥、华盛顿特区、洛杉矶等案件已严重积压的大城市法院,如果对辩诉交易进行一本正经的控制,就可能是灾难性的了。另外,辩诉交易一旦受到限制,被告人的刑期就会拉长,而这在各州是不受欢迎的,因为监狱早已人满为患。[2] 此外,正式庭审程序的放弃是建立在控辩双方的合意基础上,或者说,是取得被告人一方的同意的,被告人也从辩诉交易中获得一定的好处,因此并不构成对被告人接受公正审

---

[1] 〔美〕唐纳德·纽曼:《辩诉交易》,李浩译,载《外国法学研究》1994年第3期。
[2] 参见〔美〕唐纳德·纽曼:《辩诉交易》,李浩译,载《外国法学研究》1994年第3期。

判权的损害,相反,是对被告人接受"迅速审判"权的实现。

或许正是这一原因起了决定性作用,辩诉交易不仅被美国联邦最高法院确认为合法,而且这种本来极不正规、又极易被评头论足的诉讼程序的适用范围之广令人匪夷所思。在美国,90%以上的刑事案件被告人答辩有罪,通过辩诉交易定罪判刑。[1] 有学者甚至认为,"事实上,95%至98%的刑事案件都没有经过庭审,而是在被告人主动认罪的时候就得以解决,通常通过辩诉交易"[2]。另据统计,1990年,纽约市犯重罪而被逮捕的有118 000人次;犯轻罪而被逮捕的达158 000人次,但纽约市只有300个法官,500个检察官,1 000名律师。300个法官要处理118 000人次的重罪案件实在有困难,没有足够的人力、物力。结果仅重罪刑事案件,1990年就有64 000人在侦查阶段作了交易处理,余下按重罪起诉到法院的54 000人(54.24%)中,按辩诉交易解决的占83.33%,因证据不足撤销案件的占9.24%,按正式程序开庭审判的占7.4%(4 000人)。[3] 这些数字至少传达了两个方面的信息:一方面,辩诉交易可以进行的期间较长,它不仅仅局限于起诉之后到开庭审判之前的阶段,而且辐射逮捕之后一直到审判终结之前的整个过程;另一方面,其适用比率相当高,辩诉交易在美国已蔚然成风,以至

---

[1] 参见〔美〕爱伦·豪切斯泰勒·斯黛丽、〔美〕南希·弗兰克:《美国刑事法院诉讼程序》,陈卫东、徐美君译,何家弘校,中国人民大学出版社2002年版,第410页。

[2] 〔美〕杰·M.费曼:《推开美国法律之门》,张玉洁译,上海人民出版社2020年版,第334—335页。另请参见〔美〕斯蒂芬诺斯·毕贝斯:《刑事司法机器》,姜敏译,北京大学出版社2015年版,第42页。

[3] 参见〔美〕乔治·F.科尔:《美国刑事案件中被告人的权利》,刘赓书译,载《程序法论》,中国政法大学教务处印,第10页;苏斌:《美国刑事司法制度》,1993年7月之讲座录音稿。

于唐纳德·纽曼评论道:"有罪答辩而非审判是我们这个社会定罪的重要形式。"[1]

在英国,也存在较一般案件审理程序简化的被告人认罪答辩案件,且刑事法院审理一般案件的成本与审理被告人认罪答辩案件的成本之比为 7∶1 之多。2011 年,所有在刑事法院中达成认罪协议的被告人的比例为 70%。[2]

由上可见,虽然对抗制审判拖沓冗长、成本高昂,但使用率极低,相反,简捷的辩诉交易使用率极高,当事人主义由此形成了高成本的普通(陪审团)审判程序和低成本的简化诉讼程序(以辩诉交易、认罪答辩为代表)两分的格局,并且实践中以大量使用后者尽可能回避前者的使用而提高了整个刑事诉讼程序的效率性。

三是在正规的陪审团式审判程序之外,设置一些手续简单的简易程序作为补充,用以解决轻微犯罪案件或者其他符合法定条件的刑事案件。与正规陪审团式审判程序不同,简易程序由职业法官主审而无陪审团参加,庭审程序大大简化,法官甚至可以在特定情况下缺席判决。比如,在英国,犯罪分为简易罪和可诉罪两种,对简易罪的处理适用简易程序,由治安法院管辖;对可诉罪的处理则适用普通刑事审判程序,由陪审法院管辖。据统计,英国 1933 年采用简易程序审理的案件占总数的 69%,至 1978 年增加到 98%,只有 2%的案件是按正规的法庭审判程序审理的。[3]

---

[1] 〔美〕唐纳德·纽曼:《辩诉交易》,李浩译,载《外国法学研究》1994 年第 3 期。
[2] 参见〔英〕麦高伟、〔英〕路加·马什:《英国的刑事法官:正当性、法院与国家诱导的认罪答辩》,付欣译,商务印书馆 2018 年版,第 185、104 页。
[3] 参见许兰亭:《刑事审判简易程序初探》,载《政法论坛(中国政法大学学报)》1993 年第 1 期,第 5 页。

当然,也应当看到,为了适应打击犯罪形势的要求,英美法系国家对普通的刑事诉讼程序也在可能范围内采取了一些旨在促进诉讼效率的改革,抑制了对正当程序过分热衷的追求。

　　在美国,传统上参与案件审判的陪审团由 12 人组成,而且要求一致同意才能作出对被告人有罪的判决,但美国联邦最高法院已经承认,在某些刑事审判中使用 6 人组成的陪审团以及陪审团意见不完全一致情况下作出的判决是合乎宪法的;美国国会 1984 年通过的《犯罪综合控制法》则在一定程度上扩大了侦查机关的权力,降低了搜查、逮捕和扣押的适用标准,以便侦查人员更有效地采取这些强制措施;"9·11"之后通过的《爱国者法案》对侦查人员的诉讼权力进一步扩张……如此等等,都在给备受束缚的侦查人员"松绑",以促进诉讼效率的提高。英国出于快速推进审判效率的考虑,也于 1988 年废除了陪审员的无因回避制度。[1]

　　与英美法系不同,当代大陆法系国家虽然认识到强化诉讼中的国家权力有导致权力滥用的危险,但仍然对国家权力及其运作的积极效果和正面意义从整体上予以肯定,因而采行了以国家专门诉讼机关的职权推进为特征的非对抗式诉讼模式[2],与强调控辩双方对抗的当事人主义诉讼相比要简化得多,效率也要高得多。

---

[1] 参见〔美〕亨利·J.亚伯拉罕:《司法的过程:美国、英国和法国法院评介(第七版)》,泮伟江、宦盛奎、韩阳译,北京大学出版社 2009 年版,第 140 页。

[2] 对于当代大陆法系国家的刑事诉讼模式,我国刑事诉讼法学界普遍用"职权主义"一词来指称,但经考证发现,当下英美及欧陆学界均没有可与中文"职权主义"在语义上完全对应的术语,用"职权主义"来概括大陆法系国家刑事诉讼模式,不仅逻辑上难以通达,也难以实现有效的学术对话和交流。故为便于与强调当事人对抗的英美当事人主义诉讼模式进行对照性分析,本书采用"非对抗式"来指称当代大陆法系国家刑事诉讼模式。参见左卫民:《刑事诉讼的中国图景》,生活·读书·新知三联书店 2010 年版,第 168—198 页。

首先，当代大陆法系国家非对抗式诉讼普遍推行检察机关指挥侦查的检警一体模式，警察是作为检察机关的助手或辅助机关而开展侦查工作的，受制于检察机关的领导和指挥，司法资源的诉讼内耗相对较少，加之，被告方与追控机关的抗衡能力相对较弱，侦查、控诉活动因而得以在权力运作的内外阻碍相对较少的情况下高效运行。

其次，当代大陆法系非对抗式诉讼是以"审判中心主义"为指导思想构建起来的，整个审判过程又主要集中在以法官为中心的活动上，法官主动行使职权去查明案件事实，并主导庭审进程。法官的积极活动对控辩双方的主动性形成了抑制，因此控诉和辩护职能相对较弱，控辩活动消极化，被告方实际上处于配合法官查明案件事实的地位，以至于庭审活动缺乏对抗性。这种非对抗性或者说对抗性不强的庭审，导致整个刑事诉讼活动实际上是沿着法官为查明案件事实所主要关心的问题而展开的。法官本人显然最清楚案件的争点何在，因此由其主导庭审活动就使得审判非常具有针对性，诉讼资源也得以集中、有效地投入到查明事实的关键环节上，从而较好地避免了对抗制庭审中那种冗长、拖沓的"消耗战"，防止出现对抗制审判中控辩双方的"对抗过剩"问题，体现出明显的效率优势。

再次，正如前面所指出的，当代大陆法系非对抗式审判模式虽然也确立了直接言词原则，但并不排斥法官对审前阶段警检机关所形成的案卷材料的使用，这就避免了英美对抗制审判过程中过度依赖口头化表达而常常出现的庭审活动拖沓化问题。

最后，当代大陆法系非对抗式诉讼模式不采用陪审团审判，定罪量刑问题由职业法官或职业法官与陪审员组成的混合法庭裁定。对"门外汉"参与审判的控制,免去了挑选陪审员的冗长程序和花销,省略了控辩双方对陪审团的反复说明,也不需要法官额外花时间和精力就法律问题对陪审团进行专门的"指示",还避免了陪审员因专业知识不足而可能导致的讨论缺乏效率性乃至出现"悬而未决"的状况。所谓"悬而未决",是指在英美的陪审团审判中,当陪审团成员在案件的最后评议中无法就被告人是否有罪达成一致意见时所出现的状况。此时就形成了"悬而未决的陪审团"(Hung Jury),该次审判也因此无效,而必须重新选定日期,重新组织一个陪审团进行审理,这显然会导致较大的额外诉讼开支。

由此可见,在保障权利的前提下,当代大陆法系非对抗式刑事诉讼在本质上就已经具有相当的经济性。不过,随着"二战"以后特别是20世纪七八十年代以来犯罪率的急剧上升以及权利思潮的推波助澜,大陆法系国家不仅面临着刑事案件数量的急剧增长,而且因其在强化权利保障方面的不断改革而导致司法资源投入的上升,使得大陆法系传统的效率追求方式已经难以满足司法实践的需求,从而不得不积极探索其他形式的改革,以进一步提高诉讼效率。

具体来说,当今大陆法系国家通过立法在正规的诉讼程序之外增设了一些简易审判程序或者在实践的缝隙中滋生出一些类似于辩诉交易的程序类型。前述日本的略式程序和简易公审程序就是这方面体现。

在意大利,为解决案件积压的难题,1988年新《刑事诉讼法》专门设置了五种简单化的速决程序,即避免举行预审程序的"立即审判程序"和"快速审判程序"以及可替代法庭审判的"处罚令程序""辩诉交易程序"和"简易审判程序"。该法规定,检察官或被告人可以根据罪行严重程度、刑罚不同、检察官所掌握的有罪证据的充分程度以及被告人诉讼主张的不同而选择相应的速决程序。而且,为吸引被告人主动选择相应的特殊速决程序,以迅速处理案件,该法还特意规定,适用特殊速决程序将能够获得减刑判决的机会。比如,在处罚令程序中可以相应减少 50% 的法定罚金数额,在辩诉交易程序和简易审判程序中刑罚可减轻 1/3 的幅度。不仅如此,其中的简易审判程序的适用范围还相当广泛,可适用于除无期徒刑(意大利刑法中已废止了死刑)案件之外的其他任何案件。

　　德国《刑事诉讼法》也规定了一种不经审判而判处被告人有罪的处罚令程序,即对于轻罪,检察院可以放弃提起公诉,进而放弃开庭审理程序,而申请由法官签发处罚令予以处理。法官在处罚令中认定被告人有罪,确定对他的处罚,被告人没有在法官面前就对他的指控进行陈述的机会。当然,如果被告人对该处罚令提出异议,则必须进行通常的开庭审理程序。据说,在德国,整个刑事程序的一半左右,是以处罚令程序来处理的。[1] 由此,原则上以书面方式实现刑罚权的刑事处罚令程序,已经成为检法机关不可或缺的案件简易处理工具。[2]

　　据学者观察,当前德国刑事诉讼程序发展的趋势之一就是,人们努力经济有效地设计程序,以便在可预见的时间内解决大量的刑事诉讼,同时也不造成失控的经济费用,此项努力体现在形成现今德国刑事诉讼设置格局的很多改革上。[3] 突出表现是,类似于美国辩诉交易的刑事协商制度在德国实践中逐渐发展起来。据考

---

[1] 参见《德国刑事诉讼法典》,李昌珂译,中国政法大学出版社 1995 年版,第 10 页。
[2] 参见[德]魏根德:《德国刑事案件快速处理程序》,载《法学丛刊》第 178 期。
[3] 参见《德国刑事诉讼法典》,宗玉琨译注,知识产权出版社 2013 年版,序二。

察,1979年以后,德国开始出现被告人以承认指控,以及放弃申请证据调查、在共同犯罪案件中作证、放弃上诉权、同意支付赔偿金等方式获得法院从宽处罚的量刑协商制度。[1] 2009年德国《刑事诉讼法》第257c条对此予以确认。但与美国辩诉交易不同的是,德国的刑事协商可以在法院与诉讼参与人之间进行。具体而言,刑事协商由法院启动,可以是在公诉阶段和审判开始之间的阶段,也可以在审判过程开始以后,法院在适宜的案件中与诉讼参与人达成一项就有关如何推进程序运行和程序结果的协议。德国联邦最高法院就协商问题要求:协商可以在法庭外进行,但必须在公开的法庭审理中公布于众;协商作为重要程序进程,需要做笔录;尽管有被指控人的指控,但法院仍然有义务对供认的可信度进行审查,并对其他显而易见的疑问进行调查;不得在法庭审理之外准确确定和许诺刑罚,但可以指出刑罚上限,并许诺不会超出此界限,也不可超出相应的量刑幅度,给出过低的上下限;虽然通常会告知,如果供认则会有较轻量刑并就此给出刑罚度,但不能向被告人指出过高的刑罚,这样的刑罚差额度是种强制供认,是不准许的;不能在判决宣告之前协商决定放弃法律救济途径,也不能以此作为条件而协商。对于协商,要求所有的诉讼参与人都能够有所陈述,提出意见。如果被告人和检察院同意法院的提议,协议即成立。协商是有拘束力的,它不仅是种法庭承诺,还是法院与诉讼参与人之间的协议。[2]

---

[1] 参见周维明:《德国刑事协商制度的最新发展与启示》,载《法律适用》2018年第13期,第101—112页。
[2] 参见《德国刑事诉讼法典》,宗玉琨译注,知识产权出版社2013年版,第204—205页。

在德国的司法实践中,还存在着公诉人与辩护人就是否接受处罚令进行的交易。如果被告人答应接受,则检察官不将被告人交付审判,或者是被告人承认检察官的指控内容,但可以向国家或慈善机构交付一定金钱,这样他就不受有罪判决,甚至也不必接受处罚令。[1]

此外,当代大陆法系国家还通过不断扩大检察机关的起诉裁量权来提升诉讼效率,减轻司法负荷,即突破传统的起诉法定主义原则(即凡是认为有足够的证据证明确有犯罪事实,且具备起诉条件的,检察机关必须起诉)的束缚,兼采起诉便宜主义原则,赋予检察机关酌定不起诉和附条件不起诉的权力。

关于酌定不起诉,前文已述及,此处不再细说。至于附条件不起诉,又称暂缓起诉,指的是对于轻微犯罪案件的被告人,检察机关综合案件情况特别是犯罪人各方面的情况,认为暂不提起公诉为宜的,可以暂缓提起公诉,并确立一定的考验期间,如果被告人在考验期间内没有违背法定义务,则考验期限届满,检察机关就作出不起诉决定;如果在考验期间内违背法定义务,则检察机关立即提起公诉。

以德国为例,德国1877年《刑事诉讼法》采行的是绝对的起诉法定主义,但从那时到现在,德国已经就相关部分至少增加了12条允许撤销案件的非证据上的理由,既包括酌定不起诉,也包括附条件不起诉,使得起诉法定原则出现了一系列的例外,检察起诉裁量权不断在扩张,以至于有学者评价到:起诉法定原则可以比作瑞

---

[1] 参见〔德〕赫尔曼:《德国刑事司法制度》,1993年7月之讲座录音稿。

士奶酪,充满了漏洞。[1] 在德国,几乎 50% 的刑事案件是由公诉人以自由裁量的形式作出决定而撤销案件的[2],起诉便宜主义原则的适用范围已经延伸到了中等严重的犯罪。[3] 另有学者总结指出:"在德国和在欧洲任何地方所发生的变化,概括来说,是在从强调公正而朝着效率和犯罪控制的预防方向发展……在资源紧缺的时代,效率这一价值更受重视。"[4]

需要说明的是,作为现代刑事诉讼的两大典范,英美法系当事人主义诉讼模式与大陆法系非对抗式诉讼模式对效率的追求基本上都是建立在保障诉讼当事人权利的基础之上的,体现了刑事诉讼的文明性。无论是英美法系的辩诉交易,还是大陆法系的处罚令程序,其是否采用及其具体内容,都必须经过被告方的同意,被告人事后还可以反悔(辩诉交易)或者如果不服还可以向法院提出异议书而另外审判(处罚令程序),并且通常都要求必须有律师的参与。概言之,都以被告人认罪的自愿性和合法性为前提,没有逾越诉讼公正的底线。

不过,美国辩诉交易的适用范围是否存在"正当性不足"的问题,需要打个问号。这是因为,美国的辩诉交易不仅适用于轻罪案件,而且也适用于包括一级谋杀罪在内的重大刑事案件,只要被告人的有罪答辩是"自愿的"和"理智的"。换句话讲,对于类似中国

---

[1] 参见〔德〕托马斯·魏根特:《德国刑事诉讼程序》,岳礼玲、温小洁译,中国政法大学出版社 2004 年版,第 44—45 页。
[2] 参见陈光中、〔德〕汉斯-格格·阿尔布莱希特主编:《中德不起诉制度比较研究》,中国检察出版社 2002 年版,第 33 页。
[3] 《德国刑事诉讼法典》,宗玉琨译,知识产权出版社 2013 年版,序二。
[4] 陈光中、〔德〕汉斯-约格·阿尔布莱希特主编:《中德不起诉制度比较研究》,中国检察出版社 2002 年版,第 32 页。

故意杀人犯罪案件的处理都可以听任被告人一方和检察官私下交易,而不经过公开的法庭审理,这至少背离了国际刑法学协会第十五届代表大会于 1994 年 9 月 10 日通过的《关于刑事诉讼法中的人权问题的决议》第 23 条的规定,即"严重犯罪不得实行简易审判,也不得由被告人来决定是否进行简易审判,至于其他犯罪,立法机关应该规定实行简易审判的条件,并且规定保障被告人与司法机关合作的自愿性质的方法,例如由律师进行帮助",该决议还建议"简易审判只适用于轻微罪行,目的是加快刑事诉讼的进行和向被告人提供更多的保护"。

经验事实表明,当代大陆法系国家的刑事诉讼在整体上更能满足高效率的要求,尤其是在对重大刑事案件的追诉上,英美刑事司法制度的效率明显偏低。

根据美国联邦调查局《统一犯罪报告》公布的数据,美国暴力犯罪的破案率为 47.7%,其中破案率最高的是谋杀案件,为 64.8%,而抢劫案件的侦破率只有 28.7%。[1] 美国法律界人士也认为,从把罪犯交付审判的观点来看,美国的刑事司法制度显然效率不高。[2] 相反,在大陆法系的一些国家,重大刑事案件尤其是重大暴力犯罪案件的破案率相对要高一些。不少刑事法学家包括英美学者都承认,当代大陆法系的刑事司法制度更有利于高效开展侦查和审判工作。

当然,这种优劣判断只是就效率指标而言的。但效率仅仅是

---

[1] 参见〔美〕塞缪尔·沃克:《美国警察》,公共安全研究所外警研究室译,群众出版社 1989 年版,第 159 页。

[2] 参见〔美〕乔治·W.皮尤:《美国与法国刑事司法制度之比较》,叶逊译,载《法学译丛》1986 年第 4 期,第 16—21 页。

刑事诉讼的价值之一，而且一般认为，它还不是刑事诉讼的最重要价值。法学家顾培东就认为，效益应被视为诉讼的第二价值，而公正才是诉讼的最高价值。[1] 美国经济分析法学家波斯纳则用另外一句话曲折地表达了效率在诉讼中的地位，他说："公正在法律中的第二个意义，就是效益。"[2] 由此，若综合加以评断的话，效率较高的刑事诉讼制度并不一定就是最佳的，效率较低的刑事诉讼制度也不一定就是最差的。

这样，又自然地引出另外一个话题：如果我们把公正的价值目标也考虑进来的话，则在构建和完善刑事诉讼的过程中应当如何协调效率与公正的关系？

对此问题，需要结合公正、效率各自对人们心理需求满足的程度才能做出较为合理的回答。一般说来，公正是人们对刑事诉讼最根本、最深层的需求，它更能引起普通百姓的关注，对刑事诉讼的发展走向起着关键性的作用，因而应作为刑事诉讼立法、司法的首要考虑目标。当然，前已指出，刑事司法资源的有限性从整体上决定了刑事诉讼对正义的追求不可能是无限的、绝对的，而且过分强调诉讼公正还会导致诉讼投入的无度以及案件积压、诉讼拖延等司法痼疾，不仅会影响案件当事人合法权益的实现，而且给犯罪预防带来极大的消极影响。对此，意大利刑法学家贝卡里亚曾做过深入的分析，他说，"诉讼本身应该在尽可能短的时间内结束"，这是因为"惩罚犯罪的刑罚越是迅速和及时，就越是公正和有益"，"犯罪与刑罚之间的时间隔得越短，在人们心中，犯罪与刑

---

[1] 参见顾培东：《社会冲突与诉讼机制》，四川人民出版社1991年版，第98页。
[2] 〔美〕柏士纳：《法律之经济分析》，唐豫民译，台北商务印书馆1987年版，第18页。

罚这两个概念就越突出、越持续,因而人们就很自然地把犯罪看作起因,把刑罚看作不可缺少的必然结果","只有使犯罪和刑罚衔接紧凑,才能指望相联的刑罚概念使那些粗俗的头脑从诱惑他们的、有利可图的犯罪图景中立即猛醒过来,推迟的刑罚只会产生使这两个概念分离开来的结果。推迟刑罚尽管也给人们以惩罚犯罪的印象,然而,它造成的印象不像是惩罚,倒像是表演。并且只是在那种本来有助于增加惩罚感的、对某一犯罪的恐惧心理已在观众心中减弱之后,才产生这种印象。"[1] 由此,对每一个具体刑事案件处理中的公正理念都应当做出一定的限制,以为效率价值的追求留出适当的空间。

如何保留效率空间?保留多大的效率空间才算合适?每个国家基于其特有的诉讼传统和社会背景必然会有不尽相同的理解和做法。不过,根据人类目前对诉讼规律的认识水平,我们认为,在对诉讼效率价值进行定位时,应当满足一些基本的要求。

首先,就刑事诉讼整体来看,在公正与效率之间,公正优位。对效率的追求不能妨碍正义目标的实现,二者的主次关系一定不能颠倒。

其次,应当根据刑事诉讼各阶段的不同特点,在不同诉讼阶段合理安排对公正与效率的注意程度。一般来讲,审判程序是最终决定被告人有罪与否及处罚轻重的关键阶段,被告人是否服判以及整个诉讼的效果主要取决于法庭审判,所以,在此阶段,法庭审理的程式及其复杂程度和速度快慢等都应当以公正作为主要的指

---

[1] 〔意〕贝卡里亚:《论犯罪与刑罚》,黄风译,中国大百科全书出版社1993年版,第56—57页。

导理念,效率目标则处于相对次要的地位。在侦查阶段,效率则应当被放到一个突出的位置上。道理很简单,侦查阶段的主要工作就是要查找与收集犯罪证据,并据此查获、缉拿犯罪嫌疑人,但是犯罪证据由于自然或人为的因素会很快发生变质、毁损、遗失等,这就要求侦查活动的开展必须迅速、及时,不得延误。当然,公正在侦查阶段不如审判阶段的地位重要,并不等于说侦查活动可以不顾公正的要求而恣意进行。在侦查过程中,对效率的追求仍应止步于程序公正的底线,保证最低限度的公正性。

最后,循着上述认识路径深入下去,世界各国对刑事诉讼效率追求方式的主要趋势可以用一句话来概括:程序繁简分离。即对那些案情重大、复杂或社会影响较大的刑事案件,适用公正性程度较高的普通程序进行追控和审判;对那些罪行轻微、事实情节简单的案件,则适用公正性程度相对较低的简易程序处理。当然,需要说明的是,程序的繁简分离只是为了使公正与效率得到总体上的最佳调和与最大实现,而并非同时意味着公正与效率的分离。换句话讲,普通程序也必须适当照顾效率的要求,尽量避免诉讼资源浪费和诉讼拖沓现象;简易程序也要确保诉讼参与者特别是被告人享有最基本的权利,体现最低限度的程序公正要求。

在中国,刑事诉讼制度一直被作为打击犯罪、稳定社会秩序的工具,效率始终是刑事诉讼立法和司法追求的重要目标。这种特有的土壤和水分孕育了我国传统刑事诉讼中丰富多样的效率追求方式。

首先,公检法人员是以追控犯罪的权威者的姿态出现在刑事诉讼过程中的,享有为查明真相、控制犯罪所必需的充分的诉讼权力,而且权力实行的自由度较大;审前的侦查、起诉程序完全不具备诉讼的形态而类似一种行政治罪程序,被告人不享有国际公约中规定的沉默权等程序性权利的保障,即便是法律赋予被告人的诉讼权利,其在实践中的实现也困难重重,对执法或司法权力构不成有效的制约。

其次,整个刑事诉讼是以侦查阶段而非审判阶段为中心运作的,强调公检法三机关之间在打击犯罪、维护社会秩序目的上的高度一致性及其行动上的密切配合、高度信任和彼此依赖。中央电视台1998年下半年曾播出一期名为《黑脸姜瑞峰》的"新闻调查",片中那位"现代包公"——时任河北省石家庄市纪委书记的姜瑞峰谈起的他从河北省魏县调到永年县担任县纪委书记后所办的第一起案件,就事关公检法三机关过度配合的问题。根据他的叙述,案件经过是:该县某乡党委书记带人以计划生育为名打了村民之后,连夜跑到县委书记家谎报情况,说是听了县委书记的计划生育报告,带人到村里落实,却遭到村民的围攻、殴打,并致多人被打伤。县委书记听信了他的一面之词,当场定性,并连夜调集公检法"三长"联合办案,要求从重从快予以打击,结果以7名农民被错误逮捕而告终,当地村民于是不停地大规模上访、申冤,直到姜瑞峰介入此事,并克服重重困难后才予以解决。此案中出现的"联合办案"形式就是公检法过度配合的一种典型体现,在当下诉讼实践中仍不时出现。前述内蒙古包头案,在审查起诉阶段召开公检法联席会议、未审先定的做法即其例证。时至今日,公检法仍然如同"同一条战壕中的战友""开门三家店,闭门一家亲",结成特殊的"神圣同盟关系"。[1]

---

[1] 参见杨兴培:《论刑事辩护的价值重构——以建立刑事法律关系新概念为目标追求》,载《法治研究》2015年第2期,第75—81页。

再次，实践中还广泛存在一些突出公检法三机关内部横向或纵向配合以致在事实上合并或取消相关诉讼程序的现象。比如，在一些疑难、重大、复杂的刑事案件审判过程中，一审法院常常以请示、汇报的形式与上级法院交流有关案情认定或者法律适用方面的意见，以便在一审程序中就能作出令一审法官和以后将要主持此案二审的法官都满意的裁判，这就会在一定程度上消解二审程序的意义，因为在这种情况下，即便被告人对一审裁判不满提起上诉，二审法官因事先已经与一审法官达成一致意见，故基本上会维持一审法院的裁判结论。二审改判可谓有登天之难。

最后，由于我国《刑事诉讼法》没有明确确立直接言词原则，导致实践中证人、鉴定人基本不出庭作证，而广泛地以阅读审判前由警检机关收集的书面材料来代替，法官对案件事实的认定很大程度上沦为侦查、控诉职能的简单重复和权威认可，审判也就成为一种"影子审判"，而走过场式的"影子审判"一般是不会有拖延现象的。还有，我国刑事辩护制度整体上不够成熟，运作乏力，大多数刑事案件没有律师的参与（值班律师制度推行之前），庭审基本不具对抗性。因此，无论是较之于英美国家还是欧陆国家，我国刑事庭审的时间耗费和资源消耗都要少得多。据学者调研，在处理案件数最多的基层人民法院，适用普通程序审理案件的平均耗时仅45分钟左右。[1]

还需要提及的是，1997年以前，我国刑事诉讼实践中广泛适用一种与1979年《刑事诉讼法》所确立的普通程序大为不同的程

---

[1] 参见艾明：《实践中的刑事一审期限：期间耗费与功能探寻——以S省两个基层法院为主要样板》，载《现代法学》2012年第5期，第172—184页。

序,这就是名为"速决程序"实即简易程序的程序类型。其法律依据是 1983 年 9 月 2 日由全国人大常委会通过的《关于迅速审判严重危害社会治安的犯罪分子的程序的决定》,该决定规定,对杀人、强奸、抢劫、爆炸和其他严重危害公共安全应当判处死刑的犯罪分子,主要犯罪事实清楚,证据确凿,民愤极大的,应当迅速、及时审判,可以不受 1979 年《刑事诉讼法》关于起诉书副本以及各项传票、通知书送达期限的限制,这些案件中的上诉、抗诉期限也由 1979 年《刑事诉讼法》规定的 10 天改为 3 天。这种程序又被称为"从重从快程序"。在我国,受司法人员素质等因素的影响,实践中的具体运作与法律的规定往往就像是两条道上奔跑的马车,相去甚远。"速决程序"依照决定本应只适用于几类特定严重犯罪案件的处理,但实践中常常被"泛化"适用于其他犯罪案件的处理。[1]

这种强调效率追求的诉讼体制也确实在案件侦破与犯罪控制方面产生了极为明显的效果。统计数据显示,在 20 世纪 80 年代至 90 年代末期间,我国刑事案件的侦破率一般都保持在 70%—85%,居于世界前列。[2] 除破案率较高以外,破案的效率同样值得称道。正是这样的高效率侦查,在某种程度上增强了民众对于我国刑事诉讼制度的信赖,也为社会的安定和发展提供了必要保障。

不过,传统诉讼效率追求方式也引发了一些严重的问题。一方面,过于强调执法或司法权力使用的便利性,不仅容易出现以

---

[1] 在我国,类似的情况不少。比如,法律规定刑事拘留的 37 天最长期限只适用于流窜作案、多次作案、结伙作案的重大嫌疑分子,但实践中已泛化适用于所有类型的犯罪嫌疑人……

[2] 参见《中国法律年鉴》1987 年以来的统计数据。

效率牺牲公民个人权益特别是被告人诉讼权利的现象,而且在特定条件下还可能导致效率与控制犯罪目标的"两败俱伤"。比如,公检法三机关的过度配合使得案件处理的质量审核机制荡然无存,可能放纵真正有罪的罪犯,又可能因错罚无辜而引发上访、申诉,加剧案件"回炉"重新审理的现象,国家为此又要投入更多的司法资源,这种司法资源就是美国法学家波斯纳所说的"错误耗费"或"错误成本"。另一方面,侦查、起诉、审判的"高效"推进伴随着另一种形态的资源消耗,即不论是否有必要,执法和司法机关都习惯于对被告人长时间羁押,以至于超期羁押现象严重。刑事案件处理实践中,被告人处于未羁押状态的只占相当小的比例。国家为此必然需要建设较多的羁押场所,招募大量的监管人员,经费开支巨大。

此外,传统刑事审判制度中,虽然也有事实上的普通程序与简易程序之分,但是程序的繁简分流存在严重的倒错现象。对于杀人、强奸、抢劫等严重危害公共安全的犯罪,本来应适用复杂的普通程序审理,实践中却以简易、快捷但不规范、不明确的"速决程序"处置,这就很难保证刑事诉讼应有的公正性,给被告人和社会公众带来相当消极的影响;相反,对于本来应适用简易程序处理的大量轻微刑事案件,法律却规定以繁琐、复杂的普通程序予以处理,从而导致不必要的司法资源浪费。总之一句话,司法资源配置不合理,违背了诉讼规律。

1996年在修改刑事诉讼法时顺应国际刑事诉讼发展的潮流,借鉴西方发达国家效率追求方面的合理制度和做法,在改革传统普通诉讼程序,提高其公正含量的同时,废除了"速决程序",以一种新型的简易程序取而代之,使公正与效率理念得到更为合理的协调。

具体说来,一方面,通过强化公检法机关之间的制约关系,弱化法官在审判过程中的职权活动以及增强被告人的诉讼防御能力等措施,抑制传统诉讼程序对效率的过分追求,提升其公正性程度;另一方面,增设简易程序,规定对于被告人可能被判处3年以下有期徒刑、拘役、管制或单处罚金的公诉案件,事实清楚、证据充分,人民检察院建议或同意适用简易程序的,以及告诉才处理的自诉案件和被害人起诉的有证据证明的轻微刑事案件,可以适用简易程序。简易程序在审判组织、审判过程、审判期限等方面都比普通审判程序大为简化或者缩短,这就有助于节省司法资源,使法院能够集中人力、物力、财力审理那些重大、复杂的刑事案件,体现了"该简则简,当繁则繁"的辩证法思想,提升诉讼效率。但是,由于立法将简易程序适用与否的决定权赋予人民法院和人民检察院,而不管被告人是否同意,没能充分彰显简易程序中被告人的程序主体性,因而自然大大妨碍了被告人对简易程序裁判过程及结果的认同和遵从。鉴此,最高人民法院、最高人民检察院、司法部于2003年颁布实施了《关于适用简易程序审理公诉案件的若干意见》,对1996年《刑事诉讼法》的上述缺漏予以弥补,将被告人/辩护人对所指控的基本犯罪事实没有异议以及被告人/辩护人同意适用该程序作为适用简易程序的前提,确认了被告人/辩护人的程序否决权,同时要求法院决定采用该程序时,应将适用程序的决定书面通知被告人、辩护人,确认了被告人/辩护人的程序知悉权,而且对于自愿认罪的被告人酌情从轻处罚,确认了被告人享有程序利用的收益权。

不过,实践中,简易程序的适用存在"减外不减内"的问题,即法院内部的审结报告、审批程序等并未与审判程序同步简化,因而效率提升有限,仍然不能充分满足刑事案件办理的现实需要。因此,最高人民法院、最高人民检察院、司法部于2003年又联合颁布了《关于适用普通程序审理"被告人认罪案件"的若干意见(试行)》,对于被告人认罪的案件进一步简化了庭审程序。

此外,1996年修改《刑事诉讼法》时,在废除免予起诉制度的同时,增设了具有诉讼分流功能的酌定不起诉制度。据此,检察机关在审查起诉后,认为被告人的行为已经构成犯罪,但犯罪情节轻微,依法不需要判处刑罚或者免除刑罚的,可以做出不起诉的决定。酌定不起诉将一部分不具有起诉必要性的轻微刑事案件终结于审查起诉阶段,一定程度上缓解了法院的审判压力。

当然,1996年修正后的《刑事诉讼法》和相关法律性文件所确立的诉讼效率追求方式仍然存在不少的问题。问题之一是,以简易程序为例,尽管"两高一部"的上述意见确立了必须有被告人的自愿选择或接受这一前提,提升了其程序正当性,但被告人仍然不能直接向检察院或法院提出适用的建议,即并不享有完整的程序选择权。问题之二是,简易程序中的被告人在实践中往往缺乏律师的协助,这就很难确保被告人是基于明智的理性与自愿同意适用简易程序的。问题之三是,公诉人不出庭指控,会导致简易程序中的控审职能在事实上的合一,从而违背了控审分离原则。问题之四是,简易程序的适用范围较窄,难以满足审判的现实需要,也是一个备受批评的方面。

不仅如此,我国刑事审判中既存的案件报批做法对诉讼效率也造成了相当的负面影响。实践中,刑事案件的承办法官对案件审理后做出的处理意见往往并非最终判决意见,而需要报庭长审批,庭长还可能再报请分管院长审批,重大、疑难、复杂的案件还有可能由分管院长提请审判委员会讨论,甚至还需要以法院名义向上级法院请示汇报后才能最终确定。这种裁判内部形成程序不仅分割了合议庭或独任法官的独立审判权,而且导致决策主体、决策层次的增加,以至于独任制或三人合议制实际上变成了四人、五人甚至更多人的合议制,而这无疑是以延长办案时间、增加诉讼资源投入为代价的。

还有,"速决程序"尽管早已在立法中废除,但受制于司法"惯习"的影响,诉讼实践中仍不时地可以看到其闪烁的"身影"。据《法制日报》2004年10月29日报道,在河北省政法委部署开展的"严打整治百日会战"中,省检察院向全省检察机关提出要求:会战期间,批捕一般案件不超过24小时,重大复杂案件一般不超过3天审结;起诉一般案件不超过20天,重大复杂案件不超过1个月审结。张家口市中级人民法院则做到受理案件后及时组成合议庭、及时送达起诉书、及时排期、及时开庭、及时宣判。在9月4日至13日的10天中,该院刑一庭办案人员先后奔赴怀来、宣化、万全、沽源、赤城、蔚县等地开了11个庭,审结重大刑事案件9件。[1] 此类速决程序的合法性和正当性,颇值得探究。

综上可见,我国传统刑事诉讼制度的设计常常是以牺牲被追诉人的权利保障为代价来追求打击犯罪的效率的。尽管如此,由于我国正处于"社会转型期""矛盾凸显期"和"犯罪高发期",案多人少,法官埋在案卷堆里"疲于应付"仍是许多基层法院的司法图

---

[1] 参见马竞:《河北"严打整治百日会战" 半月破案五千起》,载《法制日报》2004年10月29日。

景,因而如何进一步提升刑事诉讼的运作效率依然是相当紧迫的课题。

正是基于对上述状况的认知,2012年修正的《刑事诉讼法》在提升诉讼效率方面做了许多的努力。比如,在普通审判程序中增设了开庭前准备程序,审判人员在开庭前可以召集控辩双方,对回避、出庭证人名单、非法证据排除等与审判相关的问题,了解情况,听取意见,进而整理争点,以提高庭审效率。又如,扩大了简易程序的适用范围,规定基层法院管辖的案件,只要同时符合下列条件的,都可以适用简易程序审判:案件事实清楚、证据充分;被告人承认自己所犯罪行,对指控的犯罪事实没有异议;被告人对适用简易程序没有异议。但被告人是盲、聋、哑人或者是尚未完全丧失辨认或者控制自己行为能力的精神病人等特定情形除外。与此同时,基于最低限度的程序正义理念,调整了简易程序的启动主体,规定只有经过被告人同意,才可以适用简易程序审判,同时修改了简易程序审判中检察院可以不派员出庭的规定,要求检察院必须派员出席法庭。此外,为避免案件反复发回重审,久拖不决,规定对于事实不清或者证据不足的案件,第二审法院只能发回重审一次。

不过,由于实践中的刑事案件数量急剧攀升但办案人手增长有限,因而提升诉讼效率一直是公安、司法机关强烈的刚性需求,以致立法尽管在不断进行着效率化的革新,但似乎永远跟不上办案机关需求的节奏。

2012年修正的《刑事诉讼法》施行后不久,全国人大常委会于2014年6月发布了《关于授权最高人民法院、最高人民检察院在部分地区开展刑事案件速裁程序试点工作的决定》,在北京等18

个城市开展刑事案件速裁程序试点,规定对事实清楚,证据充分,被告人自愿认罪,当事人对适用法律没有争议的危险驾驶、交通肇事、盗窃、诈骗、抢夺、伤害、寻衅滋事等情节较轻,依法可能判处1年以下有期徒刑、拘役、管制的案件,或者依法单处罚金的案件,进一步简化刑事诉讼法规定的相关程序。

2016年7月,中央全面深化改革领导小组第二十六次会议审议通过了《关于认罪认罚从宽制度改革试点方案》;2016年9月,十二届全国人大常委会又通过了《关于授权最高人民法院、最高人民检察院在部分地区开展刑事案件认罪认罚从宽制度试点工作的决定》,授权北京等18个城市开展刑事案件认罪认罚从宽制度试点。

2016年10月,最高人民法院、最高人民检察院、公安部、国家安全部、司法部发布的《关于推进以审判为中心的刑事诉讼制度改革的意见》,在效率提升方面强化了两方面的制度建设:一是完善当庭宣判制度,确保裁判结果形成在法庭。要求适用速裁程序审理的案件,除附带民事诉讼的案件以外,一律当庭宣判;适用简易程序审理的案件,一般应当当庭宣判;适用普通程序审理的案件,逐步提高当庭宣判率。二是推进案件繁简分流,优化司法资源配置。完善刑事案件速裁程序和认罪认罚从宽制度,对案件事实清楚、证据充分的轻微刑事案件,或者犯罪嫌疑人、被告人自愿认罪认罚的,可以适用速裁程序、简易程序或者简化了的普通程序进行审理。

2018年《刑事诉讼法》第三次修正时进一步强化了诉讼效率的保障。最高人民法院2021年2月发布的《关于适用〈中华人民共和国刑事诉讼法〉的解释》在此基础上又将目光投向了财产刑执行和长期不到案被告人的处置效率上。例如,对于贪污贿赂、失职渎职、恐怖活动、黑社会性质组织、电信诈骗等重大犯罪嫌疑人、被告人逃匿,在通缉1年后不能到案,依照刑法规定应当追缴其违法所得及其他涉案财产的,可以适用违法所得没收程序;对于犯罪嫌疑人、被告人死亡,依照刑法规定应当追缴其违法所得及其他涉案财产的,也可适用违法所得没收程序。同时,对于贪污贿赂犯罪案件,以及需要及时进行审判,经最高人民检察院核准的严重危害国家安全犯罪、恐怖活动犯罪案件,犯罪嫌疑人、被告人在境外的,可以适用缺席审判程序依法作出判决,并对违法所得及其他涉案财产作出处理。这有利于及时处理涉案财产,减少复归流通的制度成本,避免涉案财产长时间、大额度闲置所带来的不效率。

不过,更为引人注目的效率变革,乃是在前期试点基础上,新法正式确立了认罪认罚从宽原则/制度,并将速裁程序写入法律。修正后《刑事诉讼法》规定,犯罪嫌疑人、被告人自愿如实供述自己的罪行,承认指控的犯罪事实,愿意接受处罚的,可以依法从宽处理,并要求公检法机关在侦查讯问、审查起诉和审判过程中,应当履行告知被告人认罪认罚的法律规定以及审查被告人认罪认罚的自愿性等方面的义务。同时,配合认罪认罚从宽制度的实施,新法增设了速裁程序,规定基层法院管辖的可能判处3年有期徒刑以下刑罚的案件,案件事实清楚,证据确实、充分,被告人认罪认罚并同意适用速裁程序的,可以适用速裁程序,由审判员一人独任审判。检察院在提起公诉时,可以建议法院适用速裁程序,但下列情形除外:被告人是盲、聋、哑人,或者是尚未完全丧失辨认或者控制自己行为能力的精神病人的;被告人是未成年人的;案件有重大社会影响的;共同犯罪案件中部分被告人对指控的犯罪事实、罪名、量刑建议或者适用速裁程序有异议的;被告人与被害人或者其法定代理人没有就附带民事诉讼赔偿等事项达成调解或者和解协议的;其他不宜适用速裁程序审理的。适用速裁程序审理案件,不受刑事诉讼法规定的送达期限的限制,一般不进行法庭调查、法庭辩论,但在判决宣告前应当听取辩护人的意见和被告人的最后陈述意见,而且应当庭宣判,还要在受理后 10 日以内审结,对可能判处的有期徒刑超过一年的,可以延长至 15 日。

申言之,2018 年修正后的《刑事诉讼法》为解决审判压力和提高诉讼效率,构建了认罪认罚从宽制度,对刑事审判程序进行了更为细致化的繁简分流,设计了三类审判程序:普通程序、简易程序和速裁程序。其中,速裁程序适用于基层法院管辖的可能判处 3 年有期徒刑以下刑罚,案件事实清楚,证据确实、充分,被告人认罪认罚并同意适用速裁程序的案件,必须在 10 日至 15 日内审结;简易程序适用于基层法院管辖的案件事实清楚、证据充分,被告人承认自己所犯罪行,对指控的犯罪事实没有异议,且对适用简易程序没有异议的案件,必须在 20 日至一个半月内审结;普通程序则适用于基层法院管辖的可能判处 3 年有期徒刑以上刑罚的、特别是被告人不认罪的案件,一般应当在受理后 2 个月以内宣判,至迟不得超过 3 个月。

认罪认罚从宽制度推行以来,诉讼效率显著提高。2020 年 10 月 15 日,最高人民检察院检察长张军在十三届全国人大常委会第二十二次会议上所作的《关于人民检察院适用认罪认罚从宽制度情况的报告》中指出:2019 年 1 月至 2020 年 8 月,检察机关适用认罪认罚从宽制度办结案件 1 416 417 件,1 855 113 人,人数占同期办结刑事犯罪总数的 61.3%。2019 年 12 月,检察机关办理刑事案件适用认罪认罚从宽制度的比例达到 83.1%;2020 年 1 月至 8 月,整体适用率达到 83.5%。检察机关适用认罪认罚从宽制度办理的案件,起诉到法院后,适用速裁程序审理的占 27.6%,适用简易程序审理的占 49.4%,适用普通程序审理的占 23%,比 2018 年下降 20 个百分点。庭审对检察机关确定刑量刑建议采纳率为 89.9%。一审后,被告人上诉率为 3.9%,低于其他刑事案件 11.5 个百分点。

不过,从理论上讲,认罪认罚从宽制度的设计有一些必要的前提预设。比如,被告人认罪认罚具有自愿性,被告人有律师帮助且律师帮助具有有效性,公安司法机关的客观义务能够切实履行,法官具有中立性和公正性……这些也是认罪认罚从宽制度具有正当性的基础。实践中,如果这些前提预设落空或不具备,则认罪认罚从宽制度的推行很可能会出现程度不同的异化问题。

需要警醒的是,这些前提条件在我国目前可能都不够成熟甚或存在实质性的缺失。比如,值班律师的帮助走过场,一些经济欠发达地区甚至还存在值班律师供给不足的问题。又如,公安、司法机关特别是在认罪认罚制度推行中负有主导责任的检察机关,重打击、轻保护,存在强迫、欺骗或不当诱惑被告人认罪认罚,以致可能出现无辜被告人"认罪"的问题。再如,法官出于配合的想法或者解决案件负荷的考虑,不能保持客观中立等。

也正是缘于此,前述美国辩诉交易制度的风险在当下我国认罪认罚制度的推行实践中已经有所展现。这从有律师披露的蒙城涉黑第一案的审理中可窥一斑。[1] 该案中,14 名犯罪嫌疑人在蒙

---

[1] 参见《朱明勇律师 14 连问辩真相:20 万人关注的蒙城涉黑第一案再现荒唐一幕》,载微信公众号"法耀星空",2020 年 9 月 13 日。

城神州客运公司宁波车队上班,从事运营业务,在制止非法营运的黑车时发生冲突,被打成黑社会。但是,除第一被告人外,庭审时其余的13名被告人全部认罪认罚,且在律师见证下都签署了认罪认罚具结书。在接下来的法庭调查中,面对第一被告人的辩护律师的发问,这些认罪的被告人却无法回答关于被指控犯罪的任何情节。比如第三被告人在回答第一被告人的辩护律师的发问时,连续回答了14个"不知道""不记得了",直至表示头被问懵了、晕了。

问:李磊,有关买卖身份证件这件事,我问你几个问题。

答:我在公安的笔录里都说了,以笔录为准。

问:你为什么买身份证件?

答:不记得了。

问:你什么时候买的?

答:不记得了。

问:你找谁买的?

答:不记得了。

问:你在什么地方买的?

答:不记得了,在网上买的。

问:你通过什么平台买的?

答:不记得了。

问:那你什么都记不得了,你公安的笔录是怎么形成的呢?

答:起诉书上认定的事儿我都认。

问:你是什么时候加入车队的?

答:2004年8月份左右。

问:你还记得是8月份几号吗?

答:不记得了。

问:你是怎么加入的?

答:记不得了。

问:你是找谁加入的?

答:不记得了。

问:当时车队在哪里办公?你是在哪里加入的?

答:不记得了。

问:那你是在路边就加入了吗?

答:不记得了。

问:你怎么加入车队的都不记得了吗?

答:我现在啥都记不得了,案卷材料里都有,你就别问了,我的头现在嗡嗡叫,马上就要晕了。

这种奇怪的场景暴露出一些认罪认罚案件特别是共同犯罪案件中被告人认罪认罚的真实性疑问及其背后的深层次问题,无疑会影响办案质量和司法信誉。

因此,如何在推行认罪认罚从宽制度的同时,加强刑事正当程序建设,实现公正与效率的适度平衡,是我国刑事诉讼面临的紧迫课题。从建构一种既能充分保障权利行使又能使国家权力高效运行的刑事诉讼制度着眼,还需要我们作出更多的努力!

第十章 刑事诉讼的"王冠"
——诉讼人权夜话之一:域外镜像

> 在美国,权利的理论基础来自于个人的自由与自治,并且反过来支持个人自由与自治,而不是需要社会为个人提供他自己所不能提供的东西。
>
> ——〔美〕L.亨金

> 与我们的对抗制度不同,刑事程序中的调查官制度,除了反映了法国的其他传统之外,可能也反映了国家参与保证权利的享有的一种权利观念。
>
> ——〔美〕L.亨金

> 固然,民族特性和地域特征的意义,以及不同的历史、文化和宗教背景都必须考虑,但是各个国家,不论其政治经济和文化体系如何,都有义务促进和保护所有人权和基本自由。
>
> ——联合国《维也纳宣言和行动纲领》

在现代社会科学的园地中,人权是一枝散发着温馨、清香的鲜花,吸引着无数的人们驻足观望。

早在20世纪70年代,美国著名法学家德沃金在他那部传世名作《认真对待权利》中就警醒人们:不能认真对待权利,就不能认真对待法律;要认真对待法律,就必须认真对待权利。时至今日,"认真对待权利"已成为现代法治理念中一个经久不衰的话题。刑事诉讼——法治大厦的一块重要基石——也当然地遭遇着权利理念的撞击。

有人类社会就有权利义务。据法学家夏勇考证,原始社会的人们就已经产生了权利意识,具有了习俗意义上的权利。[1] 进入阶级社会以后,主要表现为法律权利。但是,由于各自的文化传统、社会环境、政治制度等的不同,对权利概念的理解,众说纷纭,以至于不同的人往往是在不同的意指范围上使用"权利"一词,形成你说你的、我说我的混乱状况,正如《牛津法律大词典》中所说:"权利(Right)这是一个受到相当不友好对待和被使用过度的词。"我国学者多是从法律角度来理解权利概念的。法学家张文显先生就认为,权利是规定或隐含在法律规范中,实现于法律关系中的主体,以相对自由的作为或不作为的方式获得利益的一种手段。[2] 权利有个体权利、集体权利、国家权利和人类权利之分。个体权利的主体是个人——自然人;集体权利的主体是社会团体、企事业组织、法人等,比如企业作为法人签订合同的权利;国家权利则是国家作为法律关系的主体以国家或社会的名义所享有的各种权利,如审判权、检察权等;人类权利是人类作为一个整体或地球

---

[1] 参见夏勇:《人权概念起源》,中国政法大学出版社1992年版,第3页。
[2] 参见张文显:《法学基本范畴研究》,中国政法大学出版社1993年版,第82页。

上的所有居民共同享有的权利,如环境权、和平权等。

人权概念则并非人类社会产生之后就有的,而是社会发展到一定历史阶段的产物,是人们的权利要求和权利积累不断增长的结果。

一般认为,人权是一个以人与动物的本质区别为前提,以肯定个人的自由和平等为基础的概念,就其性质和作用来说,人权包含着"是人的权利""是人作为人的权利""是使人成其为人的权利"和"是使人成为有尊严的人的权利"等多个层次。[1] 1993年在维也纳召开的联合国大会世界人权会议所通过的《维也纳宣言和行动纲领》就指出:"一切人权都源于人与生俱来的尊严和价值,人是人权和基本自由的中心主体,因而应是这些权利和自由的主要受益者,应积极参与这些权利和自由的实现。"

我国著名法学家李步云先生从逻辑思辨的角度把人权划分为应有权利、法定权利、实有权利三种形态[2],并认为应有权利是人权的本来意义,它是每个人由于其人的属性,且人人都平等享有的权利,是并不以法律是否规定为转移的;法定权利是应有权利的法律化,因而是一种更有保障的人权;实有权利则是指人们在现实生活中实际能够享受到的权利。从应有权利转化为法定权利,再从法定权利转化为实有权利,这是人权在社会生活中得到实现的基本形式。

从历史的维度来看,现代意义上的人权观念是作为对封建社会的神权和王权的反动而出现的。17世纪以后,从欧洲人道主义

---

[1] 参见徐进等主编:《宪法学原理》,法律出版社1998年版,第165页。
[2] 参见李步云:《论人权的三种存在形态》,载《法学研究》1991年第4期,第11—17页。

思潮发展出来的自然权利概念已经算得上对人权的正式表达,对自然权利的体认和倡导进而引发了 18 世纪欧美人权运动的高涨,它最重要的成果便是美国独立战争、法国资产阶级革命以及具有划时代意义的美国《独立宣言》和法国《人权和公民权宣言》的出台。后两个宪政文件也是人类社会最早的人权宣言,它们强调了言论、信仰、宗教、主张和发表意见的自由以及免受武断扣押、逮捕及通信免受干预等自由,这些也构成了联合国 1996 年通过的《公民权利和政治权利国际公约》的基础和主要内容。从人权发展史的角度,学者们一般把这一时期产生的人权称之为第一代人权。第一代人权立足于自然权利思想,特别突出个人反对国家权力干预的权利,以及国家权力的有限性和消极性观念,因而有学者又称之为"消极人权"。

历史发展到今天,其间又陆续产生了第二代、第三代人权。第二代人权又称为"经济、社会和文化的权利",它是随着 19 世纪末 20 世纪初反抗剥削和压迫的社会主义运动而产生的,主要内容包括:工作和公正报酬的权利,组织和加入工会的权利,享有休息闲暇和带薪定期休假的权利,享有足够卫生和福利条件的生活水准的权利,以及参与社区文化生活的权利等。如果说,第一代人权的特征是需要国家的消极或弃权行为来保障的话,那么,第二代人权的特征则是需要国家采取积极的干预措施,来求得个人上述权利的实现,因此,人们又称第二代人权为"积极人权"。第三代人权的产生则与第二次世界大战后对殖民主义压迫的民族解放运动有密切联系,它主要包括:民族自决权、和平权、发展权、卫生环境权以及继承人类共同遗产权等。与前两代人权不同,第三代人权都是关涉人类生存条件的集体"连带关系权利",其主体主要是诸如民族、社会、国家这样的集体,个人可以作为某一特定社会的成员享受这些集体权利,而且这类人权的实现需要整个社会的协调与合作,比如健康环境权的实现,不仅需要各国在预防和治理环境污染方面采取具体措施,以保障个人所处的局部环境的健康、优美,而且更需要整个人类为维护地球的健康环境采取协调步骤和国际合作。

显然,上述人权的分类方法带有很强的政治性色彩,也正是由于人权问题上的意识形态差异,并非每个国家的学者都同意上述关于人权的界定及其分类,而是存在着较为严重的分歧。由于第三代人权总是与第三世界国家联系在一起,是在国际关系领域中处于不利地位的第三世界国家向国际社会尤其是西方发达国家提出的权利主张,对西方发达国家来说,主要表现为一种义务,因而,西方发达国家无论英美还是法国、德国等国家都反对所谓第三代人权的存在,强调只有个人才是人权的主体,"认为团体包括民族可以而且的确享有许多权利,但是那些不是人权。尽管它们有重要联系但(个人)人权与(集体)民族权是不同的权利,必须区别开来"[1]。

当然,西方学者反对集体人权的存在还有一个重要原因,那就是害怕"集体人权"被滥用,导致个人人权屈从于国家的更大利益。英国学者丹尼斯·罗伊德(Dennis Loyald)就认为,使个人基本权利受制于含义暧昧且完全由行政裁量决定界限的"公共

---

[1] Jack Donndly, "Universal Human Rights in Theory and Practice", Cornell University Press, Haca and London,1989,p.144.

利益",这是很危险的![1]

尽管存在着对集体人权概念的共同拒斥和否定,两大法系的主要国家关于个人人权的内容及其享有方式的理解仍然大不相同,从而代表了两种不同的人权观念和人权保障模式。

英美国家据以立国的政治思想基础是洛克式的社会契约和自然权利理论。根据洛克的理论,在国家产生之前,人类处在原始的自然状态中,享受着生命、自由和财产占有的自然权利。但是,由于人的利己本性,在自然状态中,人们不能保证每个人永远不损害他人,由于没有公认的是非标准和仲裁人,一旦发生争端,也存在着导致战争的可能性。为避免战争,保护自己的自然权利,人们便通过订立社会契约,把自己权利的一部分让渡于公共机关,组成国家。也就是说,人们订立契约后,并不把全部权利转让给国家,而只是转让裁判权。国家作为契约的一方,如果不能保护人的自然权利,那么它就是不合法的,作为契约另一方的人民,就可以对其采取怀疑和否定态度,以至于可以发动革命推翻它。洛克还认为,人们参加社会的理由在于保护他们的财产,绝不能设想社会的意志是要使立法机关享有权力来破坏每个人想通过参加社会而取得的东西,所以,当立法者们图谋夺取和破坏人们的财产或贬低他们的地位使其处于专断权力下的奴隶状态时,立法者就使自己与人民处于战争状态,人们因此就无须再予服从,而只有寻求上帝给予人们抵抗强暴的共同庇护。所以,立法机关一旦侵犯了社会的这个基本准则,它们就由于背弃了委托的行为而丧失了人民为了

---

[1] 参见〔英〕丹尼斯·罗伊德:《法律的理念》,张茂柏译,新星出版社2005年版,第149页。

极不相同的目的曾给予它们的权力。这一权力便归属人民,人民享有恢复他们原来的自由的权利,并通过建立他们认为合适的新立法机关,以谋求他们的安全和保障,而这些正是他们所以加入社会的目的。[1] 究其深义,洛克是说,在已经结成政治国家后,个人权利的最大危险就不再是来自其他人个人权利的滥用,而是政治权力了,因此,为了保障个人保留的自然权利的不可剥夺性,必须确定国家权力的界限。美国《独立宣言》中的下述语句可以说是洛克思想的翻版:"我们认为这些真理是不言而喻的,人人生而平等,他们都从'造物主'那边被赋予了某些不可转让的权利,其中包括生命权、自由权和追求幸福的权利。为了保障这些权利,所以才在人们中间成立政府。而政府的正当权力则系得自被统治者的同意。如果遇有任何一种形式的政府变成损害这些目的的,那么人民就有权利来改变它,以建立新的政府。这新的政府必须是建立在这样的原则的基础上,并且是按照这样的方式来组织它的权力机关,就人民看来那是最能够促进他们的安全和幸福的。"由此可见,美国的建国之父们是把宪法看作人民与其代表的契约,或者说,是人民对其代表的一系列指令,它规定了政府的任期和必须满足的条件,最重要的是,政府必须向人民负责,并且尊重个人的权利,这既是人民同意政府统治的条件又是政府合法性的基础。个人权利是自然的、与生俱来的,是先于宪法、先于政府的建立而存在的,个人为有限的目的将某些权利给予政府,政府就是为这些目的而创立的,而个人则保留了其他的权利——实质性的自治权与免

---

[1] 参见〔英〕洛克:《政府论——论政府的真正起源、范围和目的》(下篇),叶启芳、瞿菊农译,商务印书馆1995年版,第133—134页。

受政府干涉的权利。美国社会还认为,1971年通过的美国宪法修正案即"权利法案"并不是对个人权利的授予,而只是对权利的承认和保障而已。

由此看来,正如一些学者所指出的那样,英美国家中"权利的理论基础来自于个人的自由与自治,并且反过来支持个人自由与自治,而不是要求社会为个人提供他自己所不能提供的东西。宪法告诉政府不能做什么而不是必须做什么,宪法的缔造者们认为政府的目的应该是作为警察和保镖,而不是管人们的衣食住。"[1]个人权利至上的理念和一个让人民自由地追求自己幸福的消极政府是英美国家宪制原则的精髓之所在。

由于公民的经济、社会和文化的权利(即第二代人权)强调国家对公民生活的积极干预和介入,要求相应的国家"尽最大努力"采取步骤,以便用一切适当方法,逐渐地"实现为其人民提供的社会安全和福利帮助——食品、居所、健康、保险、工作、教育等等"方面的积极性义务,这是与英美国家关于权利先于政府而存在以及有限政府的理念相悖的,因而英美学者不仅普遍否定"第三代人权"的存在,而且反对把上述带薪休假、教育等经济社会利益视为人权的内容,反对赋予其法律地位,他们认为承认这些主要依赖于国家能力和政策才能实现的利益为权利将会减弱国际争取尊重公民权利和政治权利的努力,甚或可能以经济、社会发展为由牺牲或淡化公民权利和政治权利。[2]

---

[1] 〔美〕L.亨金:《权利的时代》,信春鹰、吴玉章、李林译,知识出版社1997年版,第201页。
[2] 参见〔美〕L.亨金:《权利的时代》,信春鹰、吴玉章、李林译,知识出版社1997年版,第41页。

概而言之,英美国家在个人人权的保护方式上,强调公民个人的自保,反对国家权力的干预。也就是说,人权的主体是个人,人权的客体是政府,政府被视为对人权的最大威胁,政府权力也就成为人权的主要防范对象。美国宪法中的"权利法案"所保护的只是"消极人权",也就是传统意义上的公民权利和政治权利,而基本上不认可"积极人权"即"经济、社会和文化的权利"。按照法学家亨金的观点,美国现在虽已是一个发达的福利国家,但这一局面的达成不是由于美国宪法规定了经济、社会、文化等福利权利并加以强制推行的结果,恰恰相反,宪法的规定使美国成为福利国家的历程至少延缓了半个世纪。美国之所以成为一个福利国家,并非宪法有意促成,而是美国国会促成的结果。[1] 归根结底一句话,在英美人的固有意识中,权力最小的政府是最好的政府,也是公民个人人权得以实现的基本前提。

个人人权也一直是大陆法系国家的意识形态的核心。1789年法国《人权和公民权宣言》就把自然权利和社会契约理念作为其基本内容和政府合法性的惟一基础,该宣言第 2 条规定:"任何政治结合的目的,都在于保存人的自然的和不可剥夺的权利。"这些权利就是"自由、财产、安全和反抗压迫。"第 16 条规定:"凡权利无保障和分权未确立的社会,就没有宪法。"但是,由于大陆法系国家长期的封建君主统治以及资产阶级革命的激进性等方面的影响,其社会契约和自然权利的理论深深地打上了卢梭思想的烙印。美国法学家博登海默指出,卢梭的思想对法国革命的政治理论以

---

[1] 参见〔美〕L.亨金:《权利的时代》,信春鹰、吴玉章、李林译,知识出版社 1997 年版,第201 页。

及19世纪、20世纪上半叶法国的立宪制度等都产生了强烈的影响。[1] 卢梭是法国18世纪的著名启蒙思想家,与洛克一样,他也借自然权利和社会契约之名,阐述其权利学说,不过,与洛克不同的是,卢梭认为,人们在签订社会契约结合成国家时,"每个结合者及其自身的一切权利全部都转让给整个的整体",而没有保留任何自然权利。在成立国家后,个人不服从任何其他人而只服从"公意",即共同体的意志,个人的意志完全消溶在"公意"之中。卢梭认为,主权就意味着执行公意,主权则完全是由组成国家的个人组成的,"公意永远是公正的,而且永远以公共利益为依归"。公意的所有表现形式,都采取少数服从多数的形式。在他看来,受托执行公意的多数人永远不可能犯错误,不可能侵犯个人权利,因为公益即公共利益。相反,对于个人来说,"为了使社会公约不至于成为一纸空文,它就默契地包含着这样一种规定……即任何拒不服从公意的,全体就要迫使他服从公意。这恰好就是说,人们要迫使他自由"[2]。换句委婉的说法,卢梭实际上就是主张个人权利要绝对服从最强有力的国家。这种将公民个人的所有自然权利都让渡给国家,进而由国家来主宰公民的生死自由的理论,就为个人权利的被侵犯埋下了隐患。博登海默曾指出:"卢梭的理论极易导向绝对的民主。在这种民主中,多数人的意志不受任何限制。除了多数人的明智和自我抑制外,它没有提供任何预防主权者无限权力的措施,也没有提供任何保护自然法的措施。……建立在公意的

---

1 参见〔美〕E.博登海默:《法理学——法哲学及其方法》,邓正来、姬敬武译,华夏出版社1987年版,第64页。
2 〔法〕卢梭:《社会契约论》,何兆武译,商务印书馆1994年版,第23—39页。

无限权力基础上的社会制度,包含着产生一种专制主义的危险,托克威尔将这种专制主义称为'多数人的专制'。"[1] 英国哲学家罗素更是一针见血地指出,希特勒是卢梭的结果,罗斯福和丘吉尔是洛克的结果。[2]

思想渊源上的上述差别,导致大陆法系国家在人权观念和保障模式上也自成一统。

其一,由于大陆法系国家的主导思想认为,个人在通过社会契约结成国家时,已将先于政府而存在的个人自治全部融入社会全体意志,个人人权的保障职责便委诸社会全体意志而制定的法律,国家通过法律决定社会中个人人权的范围,并保护个人不受政府武断行为的侵犯,个人人权通过立法得到保护,也必须由立法加以明文规定,即通过法律对权利的强调,实际上就意味着国家应积极参与对个人人权的保障,个人人权主要不是通过自保,而是借助国家权力的介入和参与才得到保障的,权力在事实上培育着个人权利并帮助其实现,这与英美国家把个人人权看作先于宪法而存在的个人自治的权威的继续的观念截然不同。

其二,大陆法系国家不仅重视公民权利和政治权利这些所谓的"消极人权",而且承认个人的经济、社会、文化权利等"积极人权"。国家一方面要保障"消极人权",另一方面还担负着提供就业机会,改善工作条件,提高工作待遇和社会保障水平,以成就福利国家的积极义务。由此,它们对国家的定位就是一种积极、能动意义上的国家,不同于英美那种"守夜人"式的消极国家。法国

---

[1] 〔美〕E.博登海默:《法理学——法哲学及其方法》,邓正来、姬敬武译,华夏出版社1987年版,第64页。
[2] 参见〔英〕罗素:《西方哲学史》(下卷),马元德译,商务印书馆1991年版,第225页。

1946年《宪法》序言中明确宣布了"当代所必需的政治、经济和社会原则",并明确地提到劳动和就业权利、参加工会的权利、罢工的权利以及个人、家庭的社会福利权利。而且,大陆法系主要国家还帮助把受社会主义思想影响形成的经济、社会和文化权利规定于联合国的法律文件中,这就是1966年通过的《经济、社会、文化权利国际公约》。

两相对比,不难发现,英美社会认为人权基本上就是免受国家权力侵犯的权利,它与国家权力处于一种永恒对抗状态中,正是在这种对抗关系中,人权才得以实现,据此可称为"对抗式人权"。大陆法系国家中个人与政府的对立从来没有英美社会那么绝对,相反,个人人权的实现必须以立法机关所制定的法律作为保障,还要借助其他国家机关尤其是行政机关的权力的介入和帮助,因此,可称之为"非对抗式人权"。换言之,"对抗式人权"观认为,个人权利的充分实现必然要求政府权力的相对减弱;"非对抗式人权"观则相信,个人权利的需求与国家力量的增大是同步发展的。对此,一位哲人睿智地总结道,英国人的自由观就是个人摆脱强迫的自由,而法国人的自由观则是在政府权威下,人人自由地生活。

近现代刑事诉讼的出现在本质上可以说是人权思潮及人权活动结出的硕果。

虽然刑事诉讼法是为探究刑事案件真相、追控和惩治犯罪而制定的规范,但国家在没有刑事诉讼法的情况下,照样可以实现这一目的,甚至可以说,抛开近现代刑事诉讼法的繁琐约束,复归到封建社会那种以"打板子""上刑具"等为主要办案方式的状态,对查明案情、惩治犯罪或许更为便利和有效!由此可见,近现代所谓民主的、文明的刑事诉讼从某种角度上看,未尝不是一种反效率的、有碍于事实发现的程序。之所以如此,主要是为了防止国家过于追求追控、惩治犯罪的效率而不当侵犯个人人权。换句话讲,近现代刑事诉讼法的主要规制对象是国家,而非被告人。

基于此,如果说刑法是犯罪人的大宪章(李斯特语),那么,刑事诉讼法则可以被视为被告人的大宪章。

当然,刑事诉讼中的人权主体不仅仅是被告人,还应当包括被害人及其他诉讼参与人。比如,在封建社会,县太爷审案时,不仅拷打被告人,还要刑讯犯罪受害人和有关证人。但是,在现代社会中,社会公众与舆论媒体多是同情、声援和支持刑事被害人的,而且国家公诉机关追究犯罪的活动本身就包含了对被害人利益的保护,尽管被害人的权利要求并非都能通过国家公诉机关的追诉活动而获得满足,有时还可能出现不相一致的地方,被害人甚至可能会遭遇侦、控、审等办案机关的侵害,但是被害人的人权保障不构成刑事诉讼的主要问题,这是大家基本都能认可的;其他诉讼参与人如证人、鉴定人等大都处于协助司法机关证明案件事实的地位,其人权遭到公权力非法侵犯的可能性尽管不能说没有,但微乎其微。与他们不同,刑事案件中的被告人身陷囹圄,是国家怀疑其涉嫌犯罪而予以指控和追究的对象,处于弱者的地位,不仅常常会被社会公众过早地打上"罪犯"的标签,而且容易受到办案机关基于办案心切或者对犯罪行为的仇恨心理而施加的不理智的粗暴对待乃至刑讯逼供。因此,刑事诉讼中的人权保障焦点便自然落在了被告人身上。在这方面,各个国家都不例外。所以我们这里只谈谈被告人的人权保障问题。

毋庸置疑,上述有关人权问题的认识分歧必然在刑事诉讼领域中折射出来,其具体表现便是存在两种典型的刑事诉讼人权观念与保障模式:一为现代英美法系模式;一为近代大陆法系模式。两者都承认刑事诉讼保障的人权本质上是一种以被告人为中心的个体人权,人权保护的内容是以自由权利为核心的公民基本权利,即所谓第一代人权。然而,在被告人人权的特性、被告人人权与其他公民人权的关系、被告人人权与国家权力的关系以及如何保障被告人人权等问题上,两种模式的认识和做法大为不同。

  英美社会对国家权力始终怀有一种疑惧的心理,刑事诉讼既然是政府反对涉嫌有罪的个人的行为,那么,后者的人权就可能受到政府权力滥用的侵害,而这是英美社会所不愿看到也不能容忍的事情。为此,在构建刑事诉讼制度时,就非常注意为被指控者提供足够的保护措施和公正的诉讼环境,以防止刑事追诉机关不当侵犯被告人与政府签订"社会契约"时所保留的自然权利。当然,英美国家也并非不重视被告人以外的那些已经受到或可能面临犯罪侵害的公民的人身、财产、民主等基本权利,但它们同时也认为,国家权力为保护这些人免受犯罪行为之害而对被告人展开的刑事追控活动应当受到严格的限制,不得逾越应有的界线而侵害被告人的人权。因为被告人免受政府权力不当侵犯的人权与社会上每一个公民免受他人犯罪行为之侵害的权利都非常重要,没有谁高谁低之分,不允许为了所谓的公共安全等社会利益、集体利益而侵犯任何一个人(即便是涉嫌犯罪的被告人)的基本权利。

  美国哲学家罗尔斯强调指出:"每个人都拥有一种基于正义的不可侵犯性,这种不可侵犯性即使以社会整体利益之名,也不能逾越。因此,正义否认为了一些人分享更大利益而剥夺另一些人的自由是正当的,不承认许多人享受的较大利益能绰绰有余地补偿强加于少数人的牺牲。在一个正义的社会里,平等的公民自由是确定不移的,有正义所保障的权利决不受制于政治的交易或社会利益的权衡。"[1] 不仅如此,美国哈佛大学法学教授德肖微茨还认为,越是在危险的时刻,越是能显示出一个社会的人权保障水平;一个国家只有连被告人这种具有特定身份的公民的权利都保障得完美无缺,才可以说它具有较高的人权保障水平。[2]

此外,英美社会还有一重考虑,这就是每一个普通的公民都有可能基于特定的事由而被卷入刑事诉讼,成为刑事被告人,司法资源的有限性和司法人员认识能力的局限性已从根本上决定了任何一个国家都不可避免地会出现这种情况。还有,一个人尽管可能保证自己目前清白,但谁也不敢或者不能保证自己永远清白,不犯错误,不出问题。

由此,既然国家在开展反对涉嫌有罪的被告人的过程中极易发生权力的滥用,从而严重威胁着被告人的基本人权,那么,就应当加强刑事追诉过程中被告人的自我防御能力,弱化国家追究机关的权力,限制其自由活动的时空,使其不得逾越应有的界线,即便由此"放走许多有罪的人,也比惩罚一个无辜者要好"[3]。

那么,如何保护被告人以外的其他公民免受犯罪行为之害的权利呢?对此,英美法系国家强调公民个人的自保,譬如美国宪法第二修正案就规定:"纪律严明的民团即为自由国家之安全所必

---

1 〔美〕罗尔斯:《正义论》,何怀宏、何包钢、廖申白译,中国社会科学出版社 1988 年版,第 1—2 页。
2 参见〔美〕艾伦·德肖微茨:《最好的辩护》,唐交东译,法律出版社 1994 年版,第 259 页。
3 〔美〕罗纳德·德沃金:《认真对待权利》,信春鹰、吴玉章译,中国大百科全书出版社 1998 年版,第 263 页。

需，人民配戴武器的权利不得受到侵犯。"规定持枪权利的宗旨之一，就是强化每一个公民的自卫能力。当然，国家权力也需充分发挥其追究犯罪、保障被害人权利及社会公共安全的职能，不然的话，要国家干什么？设立司法机关又为哪般？但是国家司法机关只有在充分保障被告人人权的前提下开展追控和打击犯罪的诉讼活动，才具有正当性。也就是说，保障被告人的人权应是刑事程序设计和适用的首要和基本目标。

从现实的层面来观察，英美刑事诉讼对被告人人权的保障，从两个方面得以突出和强化。一方面，严格限制国家的司法权力，尤其是侦查机关和控诉机关的权力，强制侦查实行令状制度，必须经过法官批准，而且法官不得将自己视为侦查、控诉人员的"同盟军"。按照亨金的说法，在美国刑事程序中，坚持司法独立于政府其他部门之外的制度，不把法院放在"人民"或政府（在刑事诉讼中就表现为侦查、控诉机关——引者注）一边，而指望法院保护个人权利免受政府侵犯。[1] 对于侦控机关以非法方式获取的证据材料，法官要依据证据排除规则，切实将其排除在定案证据之外。另一方面，赋予被告人一系列充分的诉讼权利，作为对抗侦查、控诉机关的"盾牌"和"武器"，并以无罪推定原则为依据，建立起完善的权利保障机制。

以美国为例，对刑事被告人的权利保障已上升到宪法高度，在作为其基本大法的十条宪法修正案中，竟有五条涉及保护刑事被告人的权利，基本内容是：刑事被告人享有人身、住宅、文件和财产不受无理搜查和扣押的权利；由犯罪行为发生地的公正陪审团予

---

[1] 参见〔美〕L.亨金：《权利的时代》，信春鹰、吴玉章、李林译，知识出版社1997年版。

以迅速和公开审理的权利;不得因同一犯罪行为而受两次生命或身体危险的权利;不得在任何刑事案件中被迫自证其罪的权利;获得律师帮助为其辩护的权利;被告知控告性质和理由的权利;以强制手段取得于被告人有利证据的权利;与对方证人对质的权利;不得被课以过多保释金和过重罚金的权利;不得被课以残酷和非常刑罚的权利;不经"正当法律程序"不得剥夺任何人的生命、自由或财产的权利;获得法律平等保护的权利等。

下面让我们通过一个具体的案例[1]来看看美国刑事诉讼中被告人权利的保障机制在实践中是如何运作的。克鲁克通过邮寄发出通知单,招引人们购买一宗不存在的金矿的股票。这种行为至少违反三项联邦法律。邮政官员发现此事,就从联邦地区法院的法官处获得一张逮捕克鲁克的逮捕证和另一张从他家里搜查通知单的搜查证。他们在克鲁克家里找到了他,向他宣读了"米兰达告知",特别强调他有保持沉默的权利和得到律师帮助的权利。他们给他看了逮捕证和搜查证,以利用邮件进行诈骗的罪名逮捕了他,找出并扣押了一些搜查证上提到的通知单。

克鲁克很快被送交联邦地区法院法官。法官再次强调指出,克鲁克有聘请律师帮助的宪法权利。美国联邦最高法院曾经裁定,无律师参加的刑事诉讼违宪,被告人因经济上的原因无力聘请律师的,国家应免费为其提供律师,这样,原则上在刑事诉讼的每一个阶段——侦查、预审、审判、上诉等都要求有律师帮助被告人,以避免无律师帮助而使被告人可能遭受不当侵犯和不利裁判

---

[1] 参见〔美〕詹姆斯·M.伯恩斯、〔美〕杰克·W.佩尔塔森、〔美〕托马斯·E.克罗宁:《美国式民主》,谭君久等译,中国社会科学出版社1993年版,第215—220页。

的危险。

　　基于此,在本案中,当克鲁克告诉法官他无力聘请律师时,法官指派一名由联邦政府付薪的律师为其辩护,并将保释金定为2 500美元,克鲁克要被拘留到联邦大陪审团召集时为止。在请一位职业保证人寄交保释金后,克鲁克获释,只要他留在这个司法管辖区内,他就是自由的。此即被告人针对羁押享有保释权的体现。美国宪法第八修正案就规定,禁止收取"过多的保释金",这是由美国刑事诉讼所推行的"无罪推定"原则决定的。按照无罪推定原则,被告人在经过公正审判并被法院宣判有罪之前,应当被假定为无罪,因为只有首先在观念上把被告人当作一个正常的公民来对待,才会真正减少乃至避免把被告人当作诉讼客体,并进行刑讯逼供等侵犯被告人人权的现象。而在一个人被宣布有罪之前,原则上不得剥夺其自由,所以允许被告人保释在外,等候审判,以避免当确定被告人确实无罪时,由于事前关押而给他带来的不适当的损害。当然,从社会公共利益的角度考虑,对于特定的被告人也不允许保释,如对于可能判处死刑的被告人等,法官可以拒绝被告人的保释申请,因为多少钱也不足以保证他这种面临丧失生命危险的被告人按时出席法庭接受审判。

　　当又一次大陪审团召集时,联邦地区检察官在23名陪审员面前提出证据,表明克鲁克犯有违反联邦法律的罪行。由于宪法规定被告人有权获悉被指控的罪名及其原因,以便其准备答辩,所以,联邦检察官把清楚地载明了指控事由的起诉书副本送交克鲁克及其律师,并告诉他去一位联邦地区法院法官处到案。

　　此后,克鲁克的律师在法院开庭审判前同联邦地区检察官进行了接触,商谈能否进行辩诉交易。这实质上也是美国当今刑事诉讼中被告人的一项重要权利,即诉讼处分权。被告人在开庭审判之前可以通过承认一种较轻的犯罪来换取检察官放弃原来的重罪指控,或者通过对一项或多项指控作有罪答辩以换取撤销对于他的其他控告,进而放弃由陪审团审判的宪法权利,并且在大多数情形下永远不得对他们的定罪提出反对意见。

不过,克鲁克和他的律师商议之后,放弃了辩诉交易,而作了不认罪的答辩。由此,联邦法院必须对他进行迅速而公开的审判,这也是被告人的宪法权利。如果不给予被告人宪法意义上的迅速审判,那么,不仅要取消定罪,而且必须立即撤销这一案件。而且,克鲁克的律师指出,根据美国宪法第六修正案,克鲁克有权受由被指控罪行所发生的州和地区选出的公正陪审团的审判,因为他是因重罪(即可判处"6个月以上监禁或500美元以上罚款的罪行")而受审的。

克鲁克在准备自己的辩护时告诉律师,在他被控寄发有破坏性的通知单的那个晚上,他和乔治·威特内斯在一起吃晚饭。律师便利用克鲁克享有的可以以强制程序取得有利于自己证据的宪法权利要求法官传威特内斯出庭作证。于是,威特内斯作为辩方证人出庭作证。

不过,被告人克鲁克却行使宪法规定的反对自证其罪的权利(即被告人有权不作证明自己有罪的证词)而拒绝在审判过程中作证。因为克鲁克知道,只要他选择作证,那么根据法律规定,检察官就有权对其进行盘问,而克鲁克害怕检察官的盘问会使他不得不说出一些对他不利的事情。对于被告人克鲁克的这种选择,主持审判的联邦法官告诫陪审团不得从克鲁克的不愿作证而保持沉默中推导出任何不利于他的结论。

当然,根据宪法规定,被告人克鲁克有权与控方证人对质,因此,控方证人全部出庭并接受了被告人的辩护律师的盘问。

最后,审判以陪审团裁决被告人克鲁克有罪而结束。法官于是将克鲁克的保释金增至 7 500 美元,并宣布将在下周一宣判。按照宪法第八修正案关于对被告人不得收取过多的罚金和处以残酷的或非常的刑罚之规定,法官依法判处克鲁克最高罚金 7 500 美元和 3 年监禁。

就近代大陆法系来看,肯定并重视公民的个体人权也是其个人主义人文传统的一个重要组成部分,从而在基本价值观和总体精神取向上与英美法系是一致的,但其刑事诉讼中的人权保障观念颇不同于现代英美法系。

在刑事被告人"免受国家权力滥用之害"的人权与被告人以外的其他公民"免受犯罪行为之害"的权益之间,近代大陆法系国家更为关注后者,而且,不相信也不看重公民个人面对犯罪行为时的自保能力。相反,信任并依赖国家权力对人权保障的积极意义和正面作用,认为国家权力对刑事诉讼的积极介入和干预既能有效地打击犯罪,将犯罪人绳之以法,又能站在客观、公正的角度保障被告人的权利,这也必然带来了国家司法权力对公民个人生活尤其是被告人的自由等方面的深度介入和干预。

美国法学家 L.亨金就曾精辟地指出:"与我们的对抗制度不同,刑事程序中的调查官制度,除了反映了法国的其他传统之外,可能也反映了国家参与保证权利的享有的一种权利观念。"[1]

---

[1] 〔美〕L.亨金:《权利的时代》,信春鹰、吴玉章、李林译,知识出版社 1997 年版,第 220 页。

从制度建构的视角去考察,可以发现,近代大陆法系刑事诉讼在突出侦控机关之间的配合,赋予侦控机关较大裁量权的同时,对被告人诉讼权利的保障相对较弱。主要体现在以下两个方面:

一是在侦查阶段。经验事实表明,侦查阶段中被告人的人权最易遭到来自国家权力的侵害,因而也是刑事诉讼中人权保障的重点环节。但在近代大陆法系,虽然多数国家的法律赋予被告人沉默权和聘请律师的权利,但从前述谈到的"德塞耶案件"中不难看出,被告人的这些权利行使面临着许多法律方面的、实践方面的障碍或限制。有学者指出,德国的刑事诉讼仍然受到传统观念的支配,即审判阶段获得律师非常重要,但是在侦查阶段举行的听审中有没有律师则并不重要。[1] 不仅如此,被告人的律师一般只能在侦查后期才能介入诉讼过程,而且通常不能在警察讯问被告人时在场监督,同时,被告人仍负有忍受侦查人员讯问的义务,而在与外界严格隔绝的警方审讯室中,被告人该需要多大毅力保持一言不发呢?

事实上,不少学者业已指出,被告人在这种侦查环境中很少真正享有实质上的沉默权。根据达马斯卡教授的比较观察,在大陆法系,尽管作为正式的规则,通常不允许事实的裁判者从被告人的沉默中推出不利于他的结论,被告人还是会很自然地担心审判者自觉不自觉地作这样的推论,这样的担心在特定案件中会转化成回答问题的心理压力,因此,大陆法系几乎所有的被告人都会选择作证。这种迫使被告开口的压力,在某种程度上强于普通法系被

---

[1] 参见〔美〕米尔吉安·R.达马斯卡:《比较法视野中的证据制度》,吴宏耀、魏晓娜等译,中国人民公安大学出版社2006年版,第314页。

告人选择出庭作证所受到的压力。[1]

此外,侦查机关对侦查手段和强制措施的使用具有相当大的自由裁量权,因此而滥用权力侵犯被告人权利的现象并不鲜见。还有,对于被告人来讲,羁押成为常态,实践中的被告人大都处于羁押状态。这是因为,大陆法系国家并不存在像英美法系国家那样的权利保释,不把保释视为犯罪嫌疑人、被告人的一项权利,法官在裁定保释方面享有几乎不受限制的裁量权。法国人自己也承认,由于"预防性监禁"的滥用,法国监狱关押者中百分之四五十都是等候审判的对象,称其侵犯了被告人的人权,构成了司法恶习。

二是在审判阶段。在大陆法系国家,一般而言,被告人获得指定律师帮助权利的范围较窄。比如在德国,只有当案件由上级法院审判,或者被告人实施了极其严重的犯罪,或者被告人有精神疾病,或者有其他情形时,法官才必须指定辩护律师;而在美国,法官必须在除判处罚金刑等极其轻微的案件之外的所有案件都应当指定辩护律师。在指定辩护的约束力方面,德美之间也存在颇有意思的区别。德国刑事诉讼中,指定辩护是绝对强制性的,即对于符合应当指定辩护情形的被告人,法官可以不顾被告人的反对而指定,即采用一种带有家长式作风的方法——对被告人权利的保护优先于其个人意愿;美国法律则认为,被告人的自治高于其福利,被告人有自行辩护的权利。[2] 另一方面,近代大陆法系国家的

---

1 参见〔美〕米尔吉安·R.达马斯卡:《比较法视野中的证据制度》,吴宏耀、魏晓娜等译,中国人民公安大学出版社 2006 年版,第 114 页。
2 参见〔美〕弗洛伊德·菲尼、〔德〕约阿希姆·赫尔曼、岳礼玲:《一个案例 两种制度——美德刑事司法比较》,郭志媛译,中国法制出版社 2006 年版,第 325—326 页。

法官常常在庭前形成的先入之见的影响下压制被告人辩护权的行使,一定程度上出现被告人权利"虚化"的现象,以至于美国法学家埃尔曼教授对法国早在1791年《人权宣言》中就已明确规定下来的无罪推定原则作出如下的评论:"审判前的调查行为和审判方案本身在某种情况下如此不利于被告,以致无罪推定完全或部分受到挫败。"[1]

欧洲人权法院是根据《欧洲人权公约》的规定设立的机构,法国、德国等欧洲大陆国家是该公约的当事国。欧洲人权法院不时收到申诉,控告所在的大陆法系国家在刑事程序立法和司法方面无视和限制人权。就在1990年年底,欧洲人权法院还指责法国警察任意窃听电话,侵犯了公民的隐私权。

当然,英美社会的民众对其人权保障模式也并非众口称颂,没有非议。事实上,由于可以想见的原因,刑事诉讼过程中的被告人往往就是真正的犯罪者,必然借法律赋予的权利逃避追究,从而使许多犯罪人得以逃脱法网,同时也使诉讼效率降低,影响了犯罪预防目的的实现,导致再犯率上升。美国学者丹尼尔曾经针对美国的情况质疑到:"究竟什么是司法的最高道德:是正义还是公正?谁应该为美国的高犯罪率负责?是警察、法官等权力者的无能,还是被神化的人权至上主义?"[2]

与此同时,需要明确的是,人权也具有普遍性的一面。有一些基本的权利,如思想自由、人格尊严等,只要是一个有生命的人,无

---

[1] 〔美〕埃尔曼:《比较法律文化》,贺卫方、高鸿均译,生活·读书·新知三联书店1990年版,第167页。

[2] 王达人、曾粤兴:《正义的诉求:美国辛普森案与中国杜培武案的比较》,北京大学出版社2012年版,第177页。

论其财富多寡、地位高低、健康状况如何,也不管他是一般的公民还是涉嫌犯罪的被告人,都应当享有的。每一个国家,无论其属于什么性质的国家,要想确保其存在的合法性、正当性,对此都必须予以充分的保障。

那么,如何把握人权的普遍性,或者说,到底哪些种类的人权是每个国家都必须保障其公民享受到的呢?尽管这在理论上尚存在不同的看法和争论,但在第二次世界大战后,出于对法西斯主义对人权大肆践踏行为的恐惧和反思,国际上已经达成一些基本的共识,这就是包括《世界人权宣言》和《国际人权公约》等有关人权问题的国际性法律文件的诞生和实施。其中所确认的权利被认为是最低限度的人权,每一个国家不管其奉行什么意识形态,只要是签订或认可了这些国际人权文件,都应当确保其地域内的公民享有这些权利。

刑事案件中被告人的特定身份,决定了其处于一种最可能受到权力滥用之害的境地,因为经验事实表明,不仅社会上的一般公民往往用一种怀疑或鄙夷的眼神来看待他们,就连警察、检察官乃至法官也容易受职业心理的影响,而对他们怀有不信任甚或敌视的心理。对此,法国著名律师勒内·弗洛里奥的话可谓一语中的,他说:"如果是年轻的男人,人们会认为他性欲旺盛;如果他年纪大些,人们就要说他是色魔;如果他是个色情狂,人们一定会说他因为放荡而去找那些未成年的女孩子;而如果相反,他本来是寡欲的,人们又会认为他对性欲的抑制是犯罪的根源。"[1] 英国法学家边沁也指出,人们常常可以观察到,法官由于职业的原因习惯于

---

[1] 〔法〕勒内·弗洛里奥:《错案》,赵淑美、张洪竹译,法律出版社1984年版,第2页。

看见罪犯,并坚定地相信存在犯罪,故而一般都存有不利于被指控人的偏见。[1] 因而,为确保刑事被告人能与其他公民一样切实享受到最基本的人权,国际人权法还为其提供了特别的补救手段,即专门规定了刑事被告人这一特殊群体所享有的一些诉讼权利,这就是人权理论中所说的"类人"的权利的一种。与此类似,有未成年人的权利、妇女的权利、残疾者的权利,等等。需要指出的是,这些权利在本质上都是个体人权,因为只有每一个处于某种特定状态的个人才是这些权利的真正享有者。

根据《国际人权宣言》《公民权利和政治权利国际公约》以及《禁止酷刑和其他残忍、不人道或有辱人格的待遇或处罚公约》等国际人权性法律文件的规定,刑事案件中被告人享有的基本人权主要有如下几个方面:

第一,人身自由的权利。《公民权利和政治权利国际公约》第9条就规定:(1)任何人不得被任意逮捕和拘禁。除非依照法律所确定的根据和程序,任何人不得被剥夺自由。(2)任何人不得被剥夺自由。等候审判的人受监禁不应作为一般原则,但可规定释放时应保证在司法程序的任何其他阶段出席审判,并在必要时报到听候执行判决。(3)任何因逮捕或拘禁被剥夺自由的人,有资格向法庭提起诉讼,以便法庭能不拖延地决定拘禁他是否合法,以及如果拘禁不合法时,命令予以释放。这就是通过法院对拘禁的司法审查方式来防止和纠正不合法的羁押措施,保护被告人基本人权的人身保护令制度。

---

[1] 参见〔美〕米尔吉安·R.达马斯卡:《比较法视野中的证据制度》,吴宏耀、魏晓娜等译,中国人民公安大学出版社2006年版,第97页。

第二，不得被加以酷刑或施以残忍的、不人道的或侮辱性的待遇或刑罚的权利，以及应当排除由酷刑逼迫作出的陈述的证据效力的权利。《公民权利和政治权利国际公约》和《禁止酷刑和其他残忍、不人道或有辱人格的待遇或处罚公约》中都确认了这一权利。所谓酷刑，是一个相当宽泛的概念，不能按照它的字面意思仅仅理解为一种刑罚处置。具体而言，依照上述公约的界定，酷刑是指为了向某人或第三者取得情报或供状，为了他或第三者所作或涉嫌的行为对他加以处罚或为了恐吓或威胁他或第三者，为了基于任何一种歧视的任何理由，蓄意使某人在肉体或精神上，遭受剧烈疼痛或痛苦的任何行为，而这种疼痛或痛苦是由公职人员或以官方身份行使职权的其他人所造成或在其唆使、同意或默许下造成的。纯因法律制裁而引起或法律制裁所固有的或附带的疼痛或痛苦不包括在内。每一缔约国应确保在任何诉讼程序中不得援引任何确属酷刑逼供作出的陈述为证据，但这类陈述可引作对被控施用酷刑逼供者起诉的证据。换言之，通过酷刑逼迫所获得的被告人口供不得在指控被告人的审判程序中采纳为定案证据，但可以用作证明警方实施了酷刑犯罪的证据。

第三，尽快接受独立的法庭公正、公开审判的权利。《公民权利和政治权利国际公约》第9条第3款，任何因刑事指控被逮捕或拘禁的人，应被迅速带见审判官或其他经法律授权行使司法权力的官员，并有权在合理的时间内接受审判或被释放。第14条第1款规定，人人有资格由一个依法设立的合格的、独立的和无偏倚的法庭进行公正和公开的审讯。由于民主社会中的道德的、公共秩序的或国家安全的理由，或当诉讼当事人的私生活的利益有此需要时，或在特殊情况下法庭认为公开审判会损害司法利益因而严格需要的限度下,可不使记者和公众出席全部或部分审判。但所有案件的判决,除涉及少年利益或婚姻争端外,一律公开宣布。

第四,被无罪推定的权利。《公民权利和政治权利国际公约》第14条第2款规定,凡受刑事控告的人,在未依法证实有罪之前,应有权被视为无罪。换句话讲,被告人在未经法院依法定程序宣判有罪之前,应当被看作一个未犯罪的普通公民。

联合国人权委员会在《〈公民权利和政治权利公约〉的一般评论》中指出,无罪推定原则具体包括两项内容:其一,证明责任由控诉方承担,被告人不承担证明自己无罪的责任;其二,当控诉方不能证实被告人有罪,审判者对被告人是否有罪、罪行轻重尚存怀疑、难以确证时,被告人有权获得对其有利的判决。

此外,需要指出的是,无罪推定并非指被告人事实上真的无罪,而只是针对侦、控、审机关应当如何推进诉讼程序的指导,是就对待被告人的方式作出的要求。

第五,反对自我归罪的权利,即被告人不得被强迫提供不利于他自己的证言或被强迫承认犯罪,或者说,被告人享有沉默的权利。

第六,自我辩护权和律师协助权。《公民权利和政治权利国际公约》第14条第3款规定:刑事被告人应当具有相当时间和便利准备他的辩护并与他自己选择的律师联络;刑事被告人有权出席法庭受审并亲自替自己辩护或由他自己所选择的律师进行辩护;如果他没有聘请律师,法官要告知他享有这种权利;在司法利益需要时,法官还要为他指定辩护律师;而在他没有足够能力偿付所指定的辩护律师的案件中,国家所提供的法律援助是免费的。

第七,要求法院保障其与不利证人的对质权以及对其有利的证人出庭作证的权利。《公民权利和政治权利国际公约》第 14 条第 3 款规定,要保证被告人询问或业已询问对他不利的证人,并使对他有利的证人在与对他不利的证人相同的条件下出庭和接受询问。

第八,免受双重危险的权利。任何人已依一国的法律和刑事程序被最后定罪或宣告无罪的,不得就同一罪名再予审判或惩罚。

第九,上诉的权利。凡被判定有罪的人,应当有权由一个较高级法庭对其定罪及刑罚依法进行复审。

第十,错案赔偿的权利。《公民权利和政治权利国际公约》第 9 条第 5 款规定,任何遭受非法逮捕或拘禁的受害者,有得到赔偿的权利。第 14 条第 6 款规定,因被错误定罪而受到刑罚的人,享有依法得到赔偿的权利。

以上这些权利是国际上公认的刑事诉讼中最低限度的人权,是刑事诉讼文明的公分母。当然,随着社会进步和文明的发展,刑事诉讼人权的普遍性标准也会不断上调,保障力度也将日趋加强,因为人类社会发展的历史本身就是个人人权持续扩展的历史,这是我们不能回避且必须清醒地认识与对待的社会发展趋势。对此,我们应当给予足够的重视和充分的体认。

第十一章　刑事诉讼的"王冠"

——诉讼人权夜话之二：中国图景

> 欧风美雨捎来的权利概念连同社会达尔文主义、阶级斗争论所推动乃至塑造的实际上主要是关于群体权利的理论与实践。
>
> ——夏勇

> 任何一地的不公正，都会威胁到所有地方的公正。我们都落在相互关系无可逃遁的网里，由命运将我们结为一体，对一处的直接影响，对他处便是间接影响。
>
> ——〔美〕马丁·路德·金

> 为权利而斗争。
>
> ——〔德〕耶林

当今时代，即使是已被确证犯罪的罪犯，都应享有基本的人的尊严和权利，更何况并不一定是真正犯罪人的被告人。实践中，被告人或许就是一个在某种偶然情况下身不由己地卷入刑事诉讼的无辜公民，这是每一个公民都可能面临的遭遇。

这是否夸大其辞呢？让我们来看一个现实生活中发生的真实案例。据《法制文萃报》1998年4月2日报道，1995年4月24日晚8点左右，安徽阜阳市某村一学生谭娟，被一男青年用刀刺死，功勋警犬一路追踪到了青年农民任继成家咬住了他。后来，公安刑警队又将他和另几名嫌疑人排成一行，结果警犬又一口咬住了他。随后，公安人员动用威逼利诱乃至刑讯拷打的方法使任继成承认是自己作的案。接着，阜阳市公安局以故意伤人罪向阜阳市人民检察院提请批捕，检察院审查后，将案卷退回，后来，又改由阜阳市公安局颖泉区公安分局向颖泉区人民检察院报请批捕，又被检察院退回补充侦查。公安机关后来再次提请批捕，检察机关作出了不批捕决定。检察机关的理由是，被告人的口供疑点较多，而且其他证据也不足。就这样，一个无辜的青年农民由于被警犬错咬，关押了一年六个月之后，方被公安机关批准取保候审，走出了收审所。

如果说这个案例发生的时间距离今天有点久远的话，那么再来看看前文曾经提到的浙江张氏叔侄案。

2003年5月18日晚9时许，被害人王某（女）经他人介绍搭乘张辉、张高平驾驶送货去上海的皖J—11260解放牌货车。张高平与张辉是叔侄俩。次日凌晨到达杭州后，王某与张氏叔侄分别。当天早晨，王某即被人杀害，尸体被抛至杭州市西湖区留下镇留泗路东穆坞村路段的路边溪沟。公安机关经侦查，认定是张辉、张高平所为。

来自杭州市公安局西湖分局刑侦大队的一份"办案经过"显示，张氏叔侄被锁定为嫌疑人，始于他们对案发当晚与死者分别时间的回忆。经警方查证，死者生前最后一次进食的时间为5月18

日23时35分许,杭州市公安局刑事科学技术研究所分析认为,死者死亡的时间应在"两小时之内",即5月19日1时35分之前。但张辉、张高平首次被警方询问时,曾表示直至19日凌晨2时30分死者下车前,三人一直在一起。警方因此认定"二张反映情况不实,有重大嫌疑"。然而,2011年11月《东方早报》记者翻阅尘封8年的案卷时,发现杭州市公安局刑事科学技术研究所关于该案死者"尸体胃内容的消化时间分析"的文字材料中,竟有因各人身体情况不同,在消化时间的推断上会有"较大误差"的表述。对这一直接影响侦查方向的重要表述,当时的杭州公安机关没有引起重视。

侦查过程中,警方也未找到任何直接或间接可以证明张氏叔侄作案的物证。死者阴道内未发现精斑,身上和被丢弃的衣物、行李上均未留下张辉、张高平的指纹、毛发;张氏叔侄身上也没有与死者肢体接触的痕迹;被认定为作案现场的载重卡车上,也没有找到任何痕迹物证。相反,从死者指甲中提取的惟一物证——混合DNA样本,甚至直接排除了张氏叔侄作案的可能——警方鉴定结果显示,该DNA为死者与另一名男性的DNA混合而成,"排除与张辉、张高平混合形成的可能"。

尽管如此,通过狱侦耳目袁连芳等人的威逼利诱,警方顺利取得了张辉、张高平的认罪材料,检察机关在"退侦"两次并未获得新证据的情况下坚持起诉,法院在既无物证也无直接人证的情形下,一审判决张辉死刑、张高平无期徒刑。而一审之际,杭州市人民检察院并未将这份对张氏叔侄极为有利的DNA鉴定报告作为证据提交法庭,直到张高平的代理律师王亦文据理力争,才得以呈堂。

2004年10月,浙江省高级人民法院在对这一起有重大疑点的命案二审时,选择了不开庭审理。蹊跷的是,在肯定了杭州市中级人民法院一审时采信的几乎全部"犯罪事实"之后,对于曾在刑满释放后5年内"重新犯罪""依法应当从重处罚"的"累犯"张辉,浙江省高级人民法院又将其改判死缓。改判的理由只有一句:"鉴于本案的具体情况,张辉尚不属于须立即执行死刑的罪犯。"

不仅如此,对于可能影响案件走向的关键物证——死者指甲中的混合DNA鉴定结论,浙江省高级人民法院在二审判决书中作出了如下表述:本案中的DNA鉴定结论与本案犯罪事实并无关联,不能作为排除两被告人作案的反证。

2005年初的一天,被关押在浙江监狱的张高平从电视中看到了浙江大学一名女学生乘坐出租车被害的新闻。又过了几天,报道说凶手被逮捕归案。遇害学生叫吴晶晶,凶手名为勾海峰,吴乘坐勾的出租车,勾归案后交代,因车费发生口角,他将吴掐死、脱去衣服并扔进窨井之中。张高平认为,勾海峰的作案手法与王某被害案作案手法十分类似,勾海峰出租车司机的身份与王某被害当晚需乘出租车到亲友指定的会面地点的情况也完全吻合。他怀疑,王某也是被勾海峰所杀。因此,在勾海峰伏法之前,他就向公安机关报告了自己的怀疑,并要求将勾海峰的DNA与王某指甲内的混合DNA进行比对,但这一怀疑并未被重视。

2008年5月,张辉、张高平已被押送至新疆石河子监狱服刑,其间河南鹤壁一起灭门血案当事人马廷新无罪获释。出狱后的马廷新在接受媒体采访时表示,自己在狱中所写的"自首书",出自一位与警方关系密切的"牢头狱霸"袁连芳之手。这份"自首书"在牢头逼迫马廷新抄写、背会之后,送到了办案人员手中，成为日后马廷新"有罪"的主要依据。袁连芳的名字立刻勾起了张氏叔侄二人的回忆：2003 年"5·19"案发生后，逼迫张辉写下认罪材料的同监犯的名字也叫"袁连芳"，该案一审的判决书记载，袁连芳曾出具证言，证明张辉曾在看守所内自陈强奸致人死亡的过程。张高平迅速将情况汇报给驻监检察官。此后，经该检察官之手，新疆石河子市人民检察院多次将该情况连同张高平的申诉寄往浙江，并正式发函提请浙江省人民检察院依法对此案提起抗诉。此后多年里，石河子市人民检察院监所科从未间断千里寄送张高平的申诉材料，但一直没有引起浙江方面的重视。

2009 年，在河南马廷新案中作伪证的袁连芳浮出水面后，张辉父亲张高发听从新疆检察官的建议，花费近两年的时间找到了成功为马廷新洗脱罪名的律师朱明勇。2010 年年底至 2012 年间，接受委托的朱明勇屡次陪同张高发前往浙江省高级人民法院，对该案提出申诉，但始终未获明确的答复，纠正冤案的契机被一次次错过。

2011 年 11 月 21 日，在历经一个月的深入调查后，《东方早报》刊发《跨省作证的神秘囚犯》《一桩没有物证和人证的奸杀案》，首次详尽披露了狱侦耳目"袁连芳"的真实身份，并提出了"5·19"案侦办、起诉、审理过程中的六大疑点，引起舆论的强烈关注。次日，杭州市公安局随即将"5·19"案从被害人王某指甲内提取的 DNA 材料与警方的数据库比对，发现了令人震惊的结果：该 DNA 分型与 2005 年即被执行死刑的罪犯勾海峰高度吻合。接下来的两天里，不放心的杭州公安机关又将结果送往公安部物证鉴定中心，鉴定结果再度显示：被害人王某指甲中的混合 DNA 包含勾海峰的 DNA。

为了不出现意外,公安机关甚至再赴死者王某的安徽老家,查证王某生前是否可能认识勾海峰,以确定王某指甲中的混合 DNA 是不是案发之前就与勾海峰接触形成的。调查结果排除了二者生前有过其他交往的可能。

不过,案件的立案、重审依旧没有被提上议事日程,正义再一次迟到。

2012 年春节后,浙江省委政法委成立专案评查组,远赴南疆库尔勒监狱和北疆石河子监狱,提审了张辉、张高平。同年 2 月 27 日,浙江省高级人民法院开始对该案立案复查,并另行组成合议庭调阅案卷,查看审讯录像,调查核实有关证据。在关键性证据已经锁定、案情已基本明了的情况下,复查仍进行了 1 年之久。直至 2013 年 2 月 6 日,浙江省高级人民法院才决定再审。2013 年 3 月 26 日,浙江省高级人民法院再审撤销该案原审判决,宣告张高平、张辉叔侄无罪。[1]

可见,一个无辜的刑事被告人的基本权利如果得不到充分有效的保障,那么,他就有可能被错误地长期关押,乃至被错判死刑,夺走生命。下面是另一个曾经引发广泛关注的案例。

1987 年 4 月下旬,在湖南麻阳县城的锦江河中,陆续发现了 6 块被肢解的女性尸块,警方当即立为"4·27 特大杀人碎尸案",并展开侦查。警方在对失踪人员的排查中,发现在麻阳县城当时的"广场旅社"做过服务员的贵州省松桃县女青年石小荣离奇失踪。

---

1 参见鲍志恒:《浙江叔侄被冤奸杀入狱 10 年:曾有 7 次纠正机会》,载《东方早报》2013 年 3 月 27 日;吴佳蔚:《浙江政法委介入张氏叔侄错案涉及公检法多环节》,载人民网(http://legal. people. com. cn/n/2013/0409/c188502 - 21075597. html),2013 年 7 月 31 日访问。

警方通过血型对比等调查手段(当时未有 DNA 测试),石小荣最终被认定为被害人。警方把与石小荣有过往来的人员都列入排查范围。而根据肢解尸体的手法比较专业的特征,办案人员将当地马兰村村民滕兴善确定为重点怀疑对象。后来,滕兴善被提起公诉,并于同年 12 月 13 日被一审判处死刑。判决书对案情是这样认定的:"一九八七年四月下旬的一天晚上,被告人滕兴善同与其有暧昧关系的贵州籍女青年石小荣在其家奸宿后,发现丢失现金,怀疑系石盗走,便追赶石至马兰州上,将石抓住,石呼救挣扎,被告将石活活捂死。之后用刀和小斧头等工具将石的尸体肢解成六块,分别抛入锦江河中灭迹……"二审期间,尽管律师提交了有上百名当地党员、干部及村民签名的《申诉状》,请求"枪下留人",但湖南省高级人民法院终审裁定维持原判。1989 年 1 月 28 日,滕兴善被执行枪决。但所谓的"死者"石小荣于 1993 年突然返回了贵州老家。原来,石小荣是在回贵州老家的途中被人贩子拐卖到山东,生了一儿一女后才与贵州老家的亲属联系上的。石小荣表示,自己不认识滕兴善,更谈不上与他有"暧昧关系"。她还明确要求当地法院撤销当年关于她与滕兴善"有暧昧关系"且已被滕"杀害"的错误判决,并给予名誉损害赔偿。[1]

有学者基于我国近年来纠正的 22 起刑事错案的考察,从心理学角度总结了我国刑事错案形成的一般过程:(1)一旦某地发生有影响的恶性案件(如故意杀人案、强奸案等),办案人员将面临来自多方面的破案压力,甚至被要求"限期破案""命案必破";人手不足、案件积压严重也使办案人员必须尽快侦破该案。(2)由

---

[1] 参见向明凯:《"凶手"被毙 "死者"在世》,载《齐鲁晚报》2005 年 6 月 16 日。

此,尽快确定犯罪嫌疑人,尽快将犯罪嫌疑人绳之以法,就成了办案人员的动机与目标,而为了满足该动机、实现该目标,办案人员就可能在只有片面、不充分证据的情况下,认定某犯罪嫌疑人为罪犯。(3)一旦认定某人为罪犯,办案人员在回忆以前的调查活动时,就会觉得他一开始就"不对劲",而在回忆和解释以前取得的证据与信息时,不利于他的证据更可能被记起,也更可能被认为具有很强的证明力,而有利于他的证据则可能被忽视,或者被认为证明力很弱。(4)确信某犯罪嫌疑人为罪犯后,办案人员的调查活动将围绕该犯罪嫌疑人进行,而不再考虑其他可能性。(5)办案人员将竭力获取不利于该犯罪嫌疑人的证据,并认为这些证据有很强的证明力,同时无视甚至隐匿能证明该犯罪嫌疑人无罪的证据。(6)为了证明该犯罪嫌疑人有罪,办案人员虽然明知刑讯逼供、强迫证人提供不利于犯罪嫌疑人的证言等行为不被法律许可,但仍可能实施这些行为,其为自己开脱的理由就是自己的目标(将罪犯绳之以法)是正当的。(7)因直接接触案件而产生的同情被害人、痛恨罪犯的"义愤"也可能导致办案人员将对犯罪的痛恨转换成对犯罪嫌疑人的恶意,以至于要千方百计地证明犯罪嫌疑人有罪。(8)随着侦查活动的深入,办案人员认为犯罪嫌疑人就是罪犯的信念将被逐步加强,即使有证据证明犯罪嫌疑人无罪,该信念也已经很难被改变,而办案人员重申这一信念及其证据基础的次数越多,该信念就越根深蒂固。(9)案件进入审查起诉阶段后,检察官可能会受到警察移送审查起诉决定的影响,认为犯罪嫌疑人应该就是罪犯。(10)与之类似,一审法官可能受到警察和检察官决定的影响,二审法官则可能受到警察、检察官和一审法官决定的影响。[1] 据此分析,实践中,看似荒唐的错案之发生,有时具有一定的必然性,值得深思。

客观地讲,在人权问题上,我国的认识与实践经历了一个逐渐深化和成熟的过程。近些年来,随着国门打开以及中国对国际事务参与的不断增强,人权问题一度成为法学研究中的热点问题。1991年国务院发表了《中国的人权状况》(白皮书),引起了国内外舆论的广泛关注和积极评价。白皮书中指出:"享有充分的人权是长期以来人类追求的理想。""联合国通过的有关人权的宣言和一些公约,受到许多国家的拥护和尊重。中国政府对《世界人权宣言》也给予了高度的评价,认为它作为第一个人权问题的国际文件,为国际人权领域的实践奠定了基础"。1993年参加联合国在维也纳召开的第二次世界人权大会的中国政府代表团成员田进先生在参会期间对记者发表的谈话中明确指出:"人权有共性,即普遍性,联合国通过了几十个关于人权的国际文书,就是普遍性的一种体现。但人权问题也有特性,这种特性是由各国不同的历史、文化和观念以及不同的社会政治和经济条件造成的。发展中国家认为,谈论人权问题,要兼顾共性与特性这两个方面。"[2] 2009年4月以来,国务院新闻办公室先后发表了三期以人权为主题的国家规划《国家人权行动计划》,最近一期是《国家人权行动计划(2016—2020年)》。

基于上述人权理念,中国目前已加入了有关刑事被告人人权

---

[1] 参见黄士元:《刑事错案形成的心理原因》,载《法学研究》2014年第3期,第26—44页。

[2] 转引自李步云:《人权的普遍性和特殊性》,载王家福、刘海年、李林主编:《人权与21世纪》,中国法制出版社2000年版,第4页。

的一些主要的人权国际公约,比如《公民权利和政治权利国际公约》(我国政府已于 1998 年 10 月 5 日签署加入,有待全国人大常委会批准)及《禁止酷刑和其他残忍、不人道或有辱人格的待遇或处罚公约》等,按照国际法上"条约必须遵守"的原则,这就意味着中国已经做出或即将做出保障这些公约中所确立的被告人的最低限度人权之承诺。

应当说,经过 1996 年、2012 年、2018 年三次修订,我国《刑事诉讼法》在被告人的人权保障方面有了相当大的进步,最高人民法院 2021 年发布的《关于适用〈中华人民共和国刑事诉讼法〉的解释》则进一步落实了修订后的《刑事诉讼法》在人权保障方面所确立的诸多先进制度,许多方面已经达到或接近于刑事被告人人权的国际保障标准。具体体现在:

第一,严格规范了拘留、逮捕的适用条件和适用程序。特别是公安机关侦查过程中需要逮捕被告人的,必须经过检察机关批准,并且增加规定了人民检察院审查批准逮捕时讯问犯罪嫌疑人和听取辩护律师意见的程序,以及在逮捕后仍然应当对羁押必要性继续进行审查的程序;严格限制公安机关采取羁押措施后不通知家属的例外情形,规定逮捕后应当立即送看守所羁押,除无法通知的以外,应当在逮捕后 24 小时以内,通知被逮捕人的家属,同时规定拘留后应当立即送看守所羁押,至迟不得超过 24 小时,除无法通知或者涉嫌危害国家安全犯罪、恐怖活动犯罪通知可能有碍侦查的情形以外,应当在拘留后 24 小时以内,通知被拘留人的家属,有碍侦查的情形消失以后,应当立即通知被拘留人的家属。此外,被告人及其法定代理人、近亲属或者律师对于超期羁押的,有权要求解除强制措施。被羁押的被告人、法定代理人及其律师等还有权申请取保候审或者监视居住,以替代羁押措施。

第二,明文规定严禁刑讯逼供和以威胁、引诱、欺骗以及其他非法的方法收集证据,不得强迫任何人证实自己有罪。对于采用刑讯逼供等非法方法收集的犯罪嫌疑人、被告人供述和采用暴力、威胁等非法方法收集的证人证言、被害人陈述,应当予以排除;收集物证、书证不符合法定程序,可能严重影响司法公正的,应当予以补正或者作出合理解释,不能补正或者作出合理解释的,对该证据应当予以排除,并明确了非法证据排除的程序性规则和操作性规范,如排除的范围、启动程序、调查程序、证明责任分配、证明标准等,大大增强了非法证据排除规则的可操作性。

第三,被告人有尽快接受公正、公开审判的权利。主要体现在:侦查、起诉、审判的办案期限有明确的限制,司法机关必须在法定期间内尽快认定被告人的刑事责任,不得拖延;人民法院依法独立行使审判权,不受行政机关、社会团体和个人的干涉,被告人有权要求与本案有利害关系的审判人员回避,以保证公正审判;除涉及国家秘密、个人隐私或未成年人的案件外,人民法院审判第一审刑事案件应当公开进行。

第四,确立了未经人民法院依法判决,对任何人都不得确定有罪的原则,从而最大可能地吸收了无罪推定原则的精神。为确保这一诉讼原则的贯彻,刑事诉讼法还同时进行了如下配套性的制度完善:(1)明确区分犯罪嫌疑人和被告人的称谓;(2)明确控诉方承担被告人有罪的举证责任,被追诉者不承担证明自己无罪的责任;(3)确立了疑罪从无原则,具体体现为规定了存疑不起诉制度和证据不足、指控罪名不能成立的无罪判决类型。

第五,明确了被告人的自我辩护权和辩护人协助辩护权。

(1)被告人除自己行使辩护权外,还可以委托一至二人作为辩护人。(2)被告人自行辩护不受诉讼阶段的限制;被告人在被侦查机关第一次讯问或者采取强制措施之日起,有权委托律师作为辩护人。侦查机关在第一次讯问或者采取强制措施时,应当告知被告人有权委托辩护人。被告人在押期间要求委托辩护人的,人民法院、人民检察院和公安机关应当及时转达其要求。被告人在押的,也可以由其监护人、近亲属代为委托辩护人。(3)律师会见程序不断完善。在侦查阶段,辩护律师持律师执业证书、律师事务所证明和委托书或者法律援助公函要求会见在押被告人的,看守所应当及时安排会见,至迟不得超过48小时。辩护律师会见在押人,可以了解有关案件情况,提供法律咨询等;自案件移送审查起诉之日起,可以向其核实有关证据。辩护律师会见被告人时不被监听。只有在危害国家安全犯罪、恐怖活动犯罪案件中,侦查期间辩护律师会见在押的犯罪嫌疑人,应当经侦查机关许可。上述案件,侦查机关应当事先通知看守所。(4)律师阅卷程序逐步规范。辩护律师在审查起诉、审判阶段,均可以查阅、摘抄、复制本案案卷材料。其他辩护人经法院、检察院许可,也可以查阅、摘抄、复制本案案卷材料。(5)法律援助的适用范围日益扩大。当被告人是盲、聋、哑人或者未成年人,或者是尚未完全丧失辨认或者控制自己行为能力的精神病人,或者可能被判处无期徒刑、死刑,而没有委托辩护人的,人民法院、人民检察院和公安机关应当通知法律援助机构指派律师为其提供辩护。(6)确立值班律师制度。法律援助机构可以在人民法院、看守所等场所派驻值班律师。犯罪嫌疑人、被告人没有委托辩护人,法律援助机构没有指派律师为其提供辩护的,由值班律师为犯罪嫌疑人、被告人提供法律咨询、程序选择建议、申请变更强制措施、对案件处理提出意见等法律帮助。人民法院、人民检察院、看守所应当告知犯罪嫌疑人、被告人有权约见值班律师,并为犯罪嫌疑人、被告人约见值班律师提供便利。(7)构建辩护人涉嫌犯罪的特殊办理机制。辩护人涉嫌犯罪的,应当由办理辩护人所承办案件的侦查机关以外的侦查机关办理,辩护人是律师的,应当及时通知其所在的律师事务所或者所属的律师协会,以减少乃至避免侦查机关滥用追诉权对辩护人进行职业报复的现象。(8)赋予律师职业保密权。辩护律师对在职业活动中知悉的委托人的有关情况和信息,有权予以保密。但是,辩护律师在执业活动中知悉委托人或者其他人准备或者正在实施危害国家安全、公共安全以及严重危害他人人身安全的犯罪的,应当及时告知司法机关。(9)强化律师执业权利的保障。辩护律师认为公检法机关及其工作人员阻碍其依法行使诉讼权利的,有权向同级或者上一级人民检察院申诉或者控告。检察院应及时进行审查,情况属实的,通知有关机关予以纠正。(10)赋予辩护人要求有关人员回避和申请复议的权利。(11)赋予辩护人在审判前收受法院起诉书副本的权利和判决后收受判决书的权利。

第六,被告人的辩护人有申请法院通知有利于被告人的证人出庭作证的权利,被告人也有权询问出庭作证的不利于或有利于他的证人。

第七,赋予被告人认罪认罚从宽的权利,并初步建构了相应的保障机制。侦查人员在讯问犯罪嫌疑人的时候,应当告知犯罪嫌疑人如实供述自己罪行可以从宽处理和认罪认罚的法律规定。犯罪嫌疑人认罪认罚的,人民检察院审查案件时应当告知认罪认罚的法律规定,听取犯罪嫌疑人、辩护人或者值班律师、被害人及其诉讼代理人对下列事项的意见,并记录在案:(1)涉嫌的犯罪事实、罪名及适用的法律规定;(2)从轻、减轻或者免除处罚等从宽处罚的建议;(3)认罪认罚后案件审理适用的程序;(4)其他需要听取意见的事项。人民检察院听取值班律师意见的,应当提前为值班律师了解案件有关情况提供必要的便利。犯罪嫌疑人自愿认罪,同意量刑建议和程序适用的,应当在辩护人或者值班律师在场的情况下签署认罪认罚具结书。犯罪嫌疑人自愿如实供述涉嫌犯罪的事实,有重大立功或者案件涉及国家重大利益的,经最高人民检察院核准,公安机关可以撤销案件,人民检察院可以作出不起诉决定,也可以对涉嫌数罪中的一项或者多项不起诉。被告人认罪认罚的,审判长应当告知认罪认罚的法律规定,审查认罪认罚的自愿性和认罪认罚具结书内容的真实性、合法性。

第八,被告人有上诉的权利。

第九,被错误拘留、错误逮捕、刑讯逼供或者依照审判监督程序再审改判无罪而原判刑罚已经执行的人,依照《国家赔偿法》享有获得国家赔偿的权利。2012年10月26日修正的《国家赔偿法》第17条规定:"行使侦查、检察、审判职权的机关以及看守所、监狱管理机关及其工作人员在行使职权时有下列侵犯人身权情形之一的,受害人有取得赔偿的权利:(一)违反刑事诉讼法的规定对公民采取拘留措施的,或者依照刑事诉讼法规定的条件和程序对公民采取拘留措施,但是拘留时间超过刑事诉讼法规定的时限,其后决定撤销案件、不起诉或者判决宣告无罪终止追究刑事责任的;(二)对公民采取逮捕措施后,决定撤销案件、不起诉或者判决宣告无罪终止追究刑事责任的;(三)依照审判监督程序再审改判无罪,原判刑罚已经执行的;(四)刑讯逼供或者以殴打、虐待等行为或者唆使、放纵他人以殴打、虐待等行为造成公民身体伤害或者死亡的;(五)违法使用武器、警械造成公民身体伤害或者死亡的。"

不过,毋庸讳言的是,囿于各种条件和原因的限制,《刑事诉讼法》关于被追诉人的权利保障状况与我们已经认可的理想标准相比,仍存在一定的差异。主要有以下几方面:

第一,当处于拘留或逮捕状态的被告人认为对自己的羁押措施不合法或系超期羁押时,法律并没有赋予被告人申请法院审查该措施的合法性之权利,尤其是对于检察机关自行侦查的案件中被告人的逮捕,纯粹是由检察机关一手操办,不利于被告人人权的保障。

与此相关,区别于西方法治国家的普遍做法,我国法律没有规定明确的审查起诉和审判阶段的羁押期限,刑事被告人的羁押期限与公安司法机关的办案期限合二为一。其结果是:实践中,取保候审难,羁押比例高,超期羁押现象严重,审前羁押往往沦为个案中最后所判刑罚的"预支"。

第二,对于无固定住处的被告人以及涉嫌危害国家安全犯罪、恐怖活动犯罪的被告人,保留了指定居所监视居住的措施。《刑事诉讼法》第75条第1款规定:"监视居住应当在犯罪嫌疑人、被告人的住处执行;无固定住处的,可以在指定的居所执行。对于涉嫌危害国家安全犯罪、恐怖活动犯罪,在住处执行可能有碍侦查的,经上一级公安机关批准,也可以在指定的居所执行。但是,不得在羁押场所、专门的办案场所执行。"由于法律没有同时对指定居所监视居住措施的适用规定严格的规范措施,因而实践中有泛化适用乃至借此进行刑讯逼供或其他不当获取口供行为的危险。

第三,虽然严禁刑讯逼供等行为,并确立了非法取得的被告人口供予以排除的规则,但法律对取供行为合法性的证明手段规定得过于宽泛,从而相对减轻了控方的证明责任,导致实践中发生的刑讯逼供行为很难得到证明和查处,非法证据排除规则因此被不少律师戏称为"非法证据不排除规则"。

第四,人民法院的审判独立仅仅是指法院作为一个整体的独立,主持案件审理的法官本人不享有独立审判权。

第五,无罪推定原则未被正式认同和完整确立。最高人民法院原常务副院长沈德咏在反思冤假错案的成因时就指出,目前有罪推定思想尚未完全根除、无罪推定思想尚未真正树立,冤假错案发生的概率可以说还比较大。[1] 这从刑事法庭席位的安排上不难窥知一二。无论英美国家还是欧陆国家,尽管检察官的席位安排可能存在一定的不同,但被告人的席位安排是基本相同的:被告人与其辩护律师挨在一起,坐在法庭的左侧或者右侧。但在我国,被告人的位置被安排在法官席的对面,与辩护律师截然分开,以致法庭中的控、审、辩、律四方呈伞状展开,使得作为被告人合法利益专门维护者的辩护律师在整个庭审过程中不能与被告人进行及时的交流、沟通和协商。[2]

第六,没有赋予被告人沉默权。现行法律中有关"不得强迫任何人证实自己有罪"的规定仅仅是对侦查、检察和审判人员办案的要求,即属于一项诉讼原则或者规则;被告人对于侦查人员的讯问,仍然负有如实陈述的义务;讯问被告人被确立为法庭调查之初

---

[1] 参见沈德咏:《我们应当如何防范冤假错案》,载《人民法院报》2013 年 5 月 6 日。
[2] 参见卞建林等:《从我国刑事法庭设置看刑事审判构造的完善》,载《法学研究》2004 年第 3 期,第 82—93 页。

的必经程序,被告人对于来自公诉人、法官等的讯问,都必须如实回答。

第七,法律规定只对几类特殊的被告人免费提供律师协助,而对于那些贫穷的被告人即便是重罪案件的被告人,法律没有赋予其当然获得承担法律援助义务的律师免费为其提供辩护的权利。

第八,对有利于被告人的证人,被告人虽有权申请法院传唤其出庭作证,但是否传唤,要由法院裁量决定;对不利于被告人的控方证人,法律没有确保被告人与其对质的权利。

第九,被告人没有免受双重危险的权利。根据法律规定,法院本着"实事求是,有错必纠"的精神,只要发现已经生效的法院裁判确有错误,不管是把有罪错判为无罪,还是把无罪错判为有罪,或者是量刑畸轻畸重,都可以也应当启动审判监督程序通过再审予以改判。

第十,最后也是更应当引起重视的,被告人认罪认罚从宽的权利保障措施不够精致严密,存在制度异化的风险。

我们知道,法律上的权利规定仅仅是认可了被告人从事某种行为或免受某种干预的合法性,但由于各种条件的制约,现实中的被告人并不一定真的能享受到这些权利,并因此而化作其生活中的组成部分。这就如同盖房子,法律上的权利规定只是"图纸",但房屋设计"图纸"并不等同于盖的房子本身(现实中的权利兑现),要住上房子,还必须经过一个投入资源、添砖加瓦的艰苦奋斗过程。也正是由于对权利的本质及其实现难度的深刻洞察和揭示,德国法学家耶林的那篇《为权利而斗争》的论文才在法学发展史上垂之久远,传唱不衰!

由刚才谈到的几起发生在中国司法实践中的真实案例,不难看出，较之于法律上的人权规定状况，我国现实中的诉讼人权保障水平更是亟待提升！这里再举一个基层法院院长因涉嫌职务犯罪被追诉后又无罪释放的案例。

原河南省平舆县人民法院院长刘德山卷入的这场风暴，发端于毗邻驻马店的河南南阳。他曾经给予减刑的当事人白玉岗出狱5年之后，被指控为涉黑组织头目，案件由公安部挂牌督办。

2009年6月，全国打黑办派员全程旁听庭审，之后递交的报告认为：白玉岗涉黑案件的经济基础未被摧毁、"保护伞"未被打掉。

公安部和中央综治办主要领导分别作出批示，其中一则批示为："要认真总结、剖析工作中存在的突出问题，并积极地整改。"

白案审理结束后，河南省政法委抽调50余人，成立"3·21"专案组，启动调查白案中的漏罪漏犯、白玉岗的"保护伞"以及白2004年在驻马店市监狱服刑期间的情况。

刘德山和当年的另一位合议庭成员、驻马店市监狱有关人员、南阳市人民检察院的一位检察官，均被调查。

日后检方起诉时认为，时任刑庭法官刘德山违反了河南省政法系统的一份内部文件——豫高法〔2004〕214号中"一般在执行一年半以上方可减刑"的规定，属于玩忽职守。

刘德山坚持认为自己是正常行使法官的自由裁量权，当年的审理完全符合刑事诉讼法和最高人民法院关于减刑案件审理的司法解释。

一审和二审法院均认为刘德山法官无罪，但判决书还是留了个"尾巴"——认为他虽不构成犯罪，但"有所疏忽"且存在"滥用职权"。

当 2011 年 12 月 14 日这位老法官拿到无罪判决时,自被带走调查已 19 个月,其中失去人身自由达 16 个月之久。其间遭遇了刑讯逼供、强迫劳动等令他感慨良多的办案行为和看守所经历。

在刘德山看来,这仍是一份"有瑕疵的无罪终审判决",让他非常不满。他没有申诉。作为多年的老法官,他深知,经过层层请示过的案件,申诉成功的希望微乎其微。

刘德山说,如果将来还有机会做法官,对被告人的权利,他会更加重视,对办案中程序的审查,会更严格,对案件最终的判决,会更加慎重。因为,这次司法体验已告诉他,"很多法律规定被架空,而当事人、被告人,实在是太弱势了"。[1]

此案从一些侧面反映出我国刑事被告人权利保障现实中存在的突出问题。

第一个问题,应当引起重视的是刑讯逼供等非法取证现象。或许是受过去办案习惯的影响,刑讯逼供在当下的侦查实践中仍是难以治愈的顽症。云南杜培武案、河北李久明案、湖北佘祥林案、河南胥敬祥案、河南赵作海案、浙江张氏叔侄案、内蒙古呼格吉勒图案、江西张玉环案……不胜枚举!以及安徽律师吕先三案件中被告人邵柏春被警察用手铐按压勒紧而嗷嗷直叫的刑讯视频上网所引发的全国性关注。有学者在对我国媒体公开报道的 20 起震惊全国的刑事冤案研究后发现,其中有多达 19 起案件,也即 95%的案件存在刑讯逼供,只有 1 起案件因有被害人指认犯罪嫌疑人的证据而警方

---

[1] 参见刘长:《30 年坐堂审案,不如 19 个月"震撼教育"?法院院长公开求证:我有何违法》,载《南方周末》2012 年 5 月 11 日。

没有采取刑讯逼供。[1]

学者邓子滨就国人对待刑讯逼供的心理作过精辟的分析,他认为,对于刑讯逼供,国人多采取"抽象否定,具体肯定"的态度。如果笼统地问某人"刑讯逼供好不好",他一定说不好;如果告诉他有坏蛋绑架了一个孩子,不打就不能及时找到孩子,相信多数人会认为应该打。具体到个案,人们痛骂呼格[2]被刑讯,仅仅是因为"打错了",如果"打对了",人们就不会有什么异议。问题在于,刑讯逼供一旦开始,就不可能止步。[3]

在刑讯逼供之外,指供、诱供等非法取证问题也相当严重。在冤错案件的形成过程中,刑讯逼供与指供、诱供往往是密不可分的,因为缺乏了指供、诱供的配合,单纯的刑讯逼供是很难获取被告人的认罪口供的。[4]

---

[1] 参见陈永生:《我国刑事误判问题透视——以20起震惊全国的刑事冤案为样本的分析》,载《中国法学》2007年第3期,第45—61页。
[2] 呼格是呼格吉勒图的简称,呼格吉勒图案是一起在中国引起广泛关注的冤案。基本案情如下:1996年4月9日,在呼和浩特第一毛纺厂家属区公共厕所内,一女子被强奸杀害。公安机关认定报案人呼格吉勒图是凶手。5月23日,呼格吉勒图被判死刑,剥夺政治权利终身。呼格吉勒图不服,提出上诉。6月5日,内蒙古自治区高级人民法院驳回上诉,维持原判。1996年6月10日,呼格吉勒图被执行死刑。2005年10月23日,呼和浩特市赛罕区公安分局抓获的奸杀犯罪嫌疑人赵志红承认在呼和浩特第一毛纺厂家属区公共厕所内杀害了一名女性,从而出现"一案两凶"的情况。2006年,内蒙古自治区司法机关组织专门调查组复核此案。2007年1月1日,赵志红的死刑被临时叫停。2014年11月20日,呼格吉勒图案进入再审程序。12月15日,内蒙古自治区高级人民法院的再审判决宣告原审被告人呼格吉勒图无罪,之后启动追责程序和国家赔偿。12月30日,内蒙古自治区高级人民法院依法作出国家赔偿决定,决定支付呼格吉勒图的父母李三仁、尚爱云国家赔偿金共计2059621.30元。参见百度百科词条"呼格吉勒图案"。
[3] 参见邓子滨:《冤案的偶然与必然》,载《中外法学》2015年第3期,第588—591页。
[4] 参见刘志明:《四川宜宾"11·28"杀人冤案调查》,载《凤凰周刊》2005年第19期。

第二个问题,刑事被告人的候审羁押过滥、超期羁押严重是被告人权利保障实践中突出存在的问题。长期以来,我国刑事案件审前羁押率偏高等问题较为突出。2020年2月2日,最高人民检察院第一检察厅厅长苗生明在接受采访时提到两个数据,即当前我国刑事诉讼中提请逮捕案件批捕率近80%,审前羁押人数超过60%,且轻罪案件占比高。[1] 此外,超期羁押现象不仅普遍,还相当严重,存在"以羁代侦""以捕代刑""一抓了事"等问题……从超期的长度看,3年、5年的都不算稀奇。广东省河源市某村村民刘双喜在公安机关没有出示逮捕证的情况下,被以杀人嫌疑犯的名义带去"了解"情况,一"了解"就用去近7年的时间,公安机关虽一直找不到充分的证据证明他犯了罪,但就是不放人;河南省洛阳市伊川县某村村民吴留锁在法院没有判决的情况下,被超期羁押在看守所内长达14年之久,连中央都惊动了,可就是解决不了。[2] 实践中,除个别案件是明显违背法定的办案期限超期羁押外,大多数都属于办案机关在法定办案期限快要用近时,通过退回补侦、撤回起诉等名义"借时间"所致,即隐性超期羁押现象严重。

第三个问题,律师辩护实践中存在诸多普遍性的难题。律师虽然自侦查阶段开始就有权为被追诉人提供刑事辩护,但实践中,公安司法机关往往以这样那样的理由对律师的辩护权利加以不适当的限制或剥夺,致使律师在侦查阶段中难以有所作

---

[1] 参见郭璐璐:《最高检:减少不必要的逮捕,合理降低逮捕羁押率》,载正义网(https://www.spp.gov.cn/spp/zdgz/202102/t20210202_508278.shtml),2021年2月2日访问。

[2] 参见卞君瑜:《吴留锁案结论难产 超期羁押达十四年》,载《法律与生活》1999年第1期,第4—7页。

为,立法的目的难以实现。

一是律师与犯罪嫌疑人的会见交流难。比如,有看守所设置的律师会见室数量有限,完全不能满足律师会见的需求,律师若想当日会见成功,必须早起排队,导致一些稍微晚起的或者从外地赶来会见的律师往往赶不上会见,长此以往,看守所门口竟然出现了春运时火车站出现的奇特现象——黄牛党。又如,有律师在某地申请会见一毒品案件犯罪嫌疑人时,看守所工作人员看了看犯罪嫌疑人的姓名,然后拿出一张 A4 纸记录的名单进行比对,并告诉该律师犯罪嫌疑人在名单之中,所以不能会见,该律师从背包里拿出《刑事诉讼法》,告诉看守所工作人员关于会见的法律规定,据理力争,但徒劳无功,无奈之下,该律师去找驻所检察官寻求帮助,希望其监督和纠正看守所工作人员的违法行为,但驻所检察官办公室大门紧闭,无人开门,气愤之余,急忙驾车去当地检察院寻求救济,但接待他的检察官打了一连串电话后,告诉他如果要会见,必须去办案机关(缉毒大队)备案,经他们领导许可后方可会见。找到缉毒大队的领导,被告知此案因为是公安部督办、9 省公安厅联办的,很多领导都在关注这个案子,所以暂时不能会见,从而又回到了起点,花了很长的时间,跑了很长的路,去了很多单位,找了很多人,费了很多口舌,最后的结局还是不能会见。[1]

二是律师在刑事辩护实践中还面临着"取证难"的突出问题,与"会见难"一道,构成了压在刑事辩护律师身上的两座大山。具体而言,法律赋予辩护律师在审查起诉和审判阶段调查取证权

---

1 参见黄云:《有效的辩护》,中国法制出版社 2020 年版,第 322—323 页。

的同时,又设置了诸多障碍,使得律师很难收集到有利于被告人的证据。根据《刑事诉讼法》第 43 条的规定,辩护律师向证人或者其他有关单位和个人收集与本案有关的材料时必须经过其同意;辩护律师向被害人或者其近亲属、被害人提供的证人收集与本案有关的材料时,必须经人民检察院或者人民法院许可,并且经过被取证对象的同意。《刑法》第 306 条则规定了辩护人、诉讼代理人毁灭证据、伪造证据、妨害作证罪(俗称"律师妨害作证罪"),即在刑事诉讼中,辩护人、诉讼代理人毁灭、伪造证据,帮助当事人毁灭、伪造证据,威胁、引诱证人违背事实改变证言或者作伪证的,处 3 年以下有期徒刑或者拘役;情节严重的,处 3 年以上 7 年以下有期徒刑。辩护人、诉讼代理人提供、出示、引用的证人证言或者其他证据失实,不是有意伪造的,不属于伪造证据。实践中,此罪名某种程度上已经异化为公安、检察机关对律师进行职业报复的利器。

换句话讲,在当下中国,对于刑事辩护律师来讲,不仅仅有"取证难"的问题,还有或者更有"取证险"的问题。据统计,从 1996 年到 2003 年,全国一共有近 300 名辩护律师因为辩护导致被追究刑事责任,其中 90% 以上最后被无罪释放,真正被定罪的不到 5%。[1]

三是在涉黑等重大敏感案件的办理实践中,律师甚至会被相关党政部门禁止作无罪辩护,从而出现"无罪辩护难"的问题。比如,在四川李某案中,试图作无罪辩护的律师,受到市委政法委官员的批评,被禁止作无罪辩护。[2]

---

[1] 参见陈瑞华:《刑事诉讼制度改革的若干问题》,载《国家检察官学院学报》2007 年第 6 期,第 93—103 页。
[2] 参见刘志明:《四川宜宾"11·28"杀人冤案调查》,载《凤凰周刊》2005 年第 19 期。

此外,还有"非法证据排除难""辩护意见采纳难"等这样那样的律师辩护难题。

第四个问题,律师辩护率低、控辩不平衡的问题突出存在。一般认为,我国刑事案件中的律师辩护率不超过30%,大多数被告人尤其是那些盗窃、抢劫、伤害等普通刑事犯罪案件的被告人常常无钱聘请律师,但又不符合指定辩护的条件,只能孤身应对公检法机关的追诉和审判活动。在我国不断强化控辩式审判改革、法官日趋消极化的背景下,被告人的处境由此可能变得比以前更为糟糕。

2018年《刑事诉讼法》修正时,为解决律师辩护比例过低的问题,规定了值班律师制度,要求所有的认罪认罚案件都必须有辩护人或值班律师提供帮助,但控辩失衡状况并未得到有效的改观。因为值班律师的活动主要局限于庭审之前,其主要提供的是法律咨询、程序选择建议、申请变更强制措施、对案件处理提出意见等法律帮助,不包括庭审辩护等内容,因而没有实现刑事辩护全覆盖的目标;从实践来看,值班律师对诉讼活动的参与还存在严重的形式化问题,实际作用有限。

第五个问题,法庭审理中,证人不出庭的现象较为严重。对于被告人要求传唤有利于自己的证人之申请,法官常常置之不理;对于不利于自己的证人,被告人即便有与其对质的要求,实践中也往往难以获得满足,以致被告人因缺乏有力证据的支持,而有理说不明,有冤伸不清。

第六个问题,"审、判分离"现象的普遍存在事实上大大限制乃至剥夺了法庭审判过程中被告人一方的辩护功效。辩护在不少情况下成为一种只有付出、没有效益的"无用功"。对媒体披露的

22起错案的考察表明,有18起案件的被告人或者委托了律师,或者被指定了律师,其中16起案件的辩护律师作了强有力的无罪辩护,但这些辩护意见都没有被采纳。[1] 在浙江陈某某案中,对于公诉方宣读的书面证言等证据,庭审法官只问被告人有无异议,"被告人略作解释,则遭训斥"[2]。我国近年来的司法责任制改革试图让"审理者裁判、裁判者负责",其推行尽管弱化了"审、判分离"现象,但未能从根本上解决"审、判分离"问题。

"审、判分离"自然牵引着社会生活中实际运行着的审判模式偏离了法定的审判制度,形成了法社会学意义上的"纸面上的法"与"行动中的法"本质相异却能并存于同一社会时空中的"二元化"司法现象。从前面的介绍中已经知道,当代中国的刑事诉讼法律制度并非土生土长的东西,而基本上是"取法欧美"借鉴移植的产物,特别是经过1996年、2012年、2018年的三次修正,《刑事诉讼法》已经在原则上确立了以审判公开、言词直接审理、辩论主义等为主干的现代刑事审判原理,并以此为基础构建起诸如回避、陪审、合议等体现现代刑事诉讼特质的诉讼制度。然而,由于没有同时把现代意义上的法院独立审判制度充分吸收和确立下来,从而使上述法定的刑事审判原理和制度在相当大的程度上被"虚置"起来。按照立法精神,法院所从事的认定事实和适用法律以及作出裁判的实质性审判活动都应当在法定的开庭审理过程中(主要包括法庭调查、法庭辩论和评议判决三个阶段)进行,但在实践

---

[1] 参见黄士元:《刑事错案形成的心理原因》,载《法学研究》2014年第3期,第26—49页。
[2] 参见刘长、廖颖:《浙江萧山五青年杀人案复盘:"真凶"再现考验刑诉法》,载《南方周末》2013年1月24日。

中,由于"上定下判""审、判分离"的现象之存在,上述实质性审判活动有时会异化为通过法官于庭外所主持的社会调查、庭外控辩、庭外裁判三阶段来完成,而且,这里所说的"庭外"活动不少发生于开庭审判之前,实际的法庭审理也就沦为一种"花架子"。在这种"走过场"似的法庭审判中,那些只能在实质化的开庭审判中才能发挥其特有作用的言词直接审理主义、辩论主义、回避、合议等现代审判原理和制度的命运也就可想而知了。

第七个问题,认罪认罚从宽制度的全面推行给被告人权利保障带来了新的挑战和课题。如前所述,实践中,由于被告人认罪认罚的自愿性和理智性缺乏相应的保障,因而出现了较为严重的以减损程序正义和实体公正为代价追求诉讼效率的提升之问题。

当前中国刑事诉讼中的人权保障状况特别是诉讼权利的实际保障状况之所以有些不尽如人意,最根本的原因是,刑事被告人人权的国际保障标准以及国内法律中所规定的人权内容在社会中没有获得相应的观念支持。就像在一片沙漠上栽下一棵小树,由于缺乏适宜的土壤和充分的水分滋养,这棵小树难以茁壮成长甚至死亡都是可能的结果。观念对人权保障状况的作用,就如同土壤、水分对小树的作用。

由于发端于西方社会的权利观念和人权观念始终未能对中国社会构成强有力的冲击,无视或漠视个人人权以及国家权力至上的观念模式也就得以顺顺当当地延续下来,积淀为一种根深蒂固的民族心理。

改革开放40多年来,普通群众的权利意识开始萌醒并不断强化,权利诉求的欲望越来越高,其被满足的程度也日趋提高。水涨船高,越来越多的人明白了刑事诉讼中被告人人权保障的必要性和正当性。但是,传统"义务本位"的观念已"融于生活,甚至见于法律",影响太深,因而人权观念的增强以及人权保障状况的进一步完善面临着心理深层的制约和阻碍。在刑事诉讼权利保障领域,这种消极性影响主要表现为两个方面:

一是过分强调人的"经济、文化和社会的权利"等个体人权以及发展权等集体人权,是当前居主导地位的意识形态,与此相应,包括被告人的诉讼人权在内的"公民权利和政治权利"被放在了一个较为次要的地位。前面已经介绍,"经济、文化和社会的权利"以及集体人权都是需要依靠国家权力对社会生活的积极参与和干预来实现的,也需要一个稳定的社会治安环境作保障,而犯罪则是对社会治安形势的最大破坏,因而打击犯罪,以创造一个有利于第二代人权、第三代人权顺利实现的社会环境,相比于被告人的人权保障,就取得了当然的优先地位。

二是普通群众乃至作为社会思潮"晴雨表"和传播者的新闻媒体从业者的人权观念也相当滞后。据《齐鲁晚报》1998年2月25日报道,1998年2月23日上午,深圳市委召开全市领导干部警示教育大会,两位曾经担任过局处领导工作的在押犯罪嫌疑人,向到会的1 000多名处以上领导干部声泪俱下地忏悔、剖析自己是"如何滑进堕落的深渊""走上犯罪道路""成为阶下囚"的。该报1998年10月6日还曾以《省城"百日严打斗争"进入高潮——48名严重刑事疑犯受严惩》为题目报道了济南市公安机关召开严惩严重刑事犯罪大会,48名严重刑事犯罪嫌疑人被逮捕或拘留的事情。了解《刑事诉讼法》的人一眼就会看出,这两则报道都有误导读者的危险。因为我国《刑事诉讼法》清清楚楚地规定,在未经人民法院审判确定被告人有罪之前,被告人不得被视为有罪。这一规定充分吸收了无罪推定原则的合理精神,指导着整个刑事诉讼活动的开展。既然前述第一则报道中的两名在押犯罪嫌疑人还处于法院审判之前的侦查、起诉阶段,那么又凭什么让他们以罪犯的身份去"现身说法",并"警示全市干部"呢?第二则报道中也犯了同样的观念性错误,因为对犯罪嫌疑人拘留或逮捕,这仅仅是为保证刑事诉讼的顺利开展而在诉讼过程中采取的暂时性的强制措施,而不是一种惩罚措施,它与经法院确定的刑罚处罚有本质上的区别,因而这怎么能叫"严惩"呢?而且,"严重刑事疑犯受严惩"这种说法本身就违背了刑事诉讼法的精神!

近些年来,在重庆李庄案、北京李某某性侵案、上海复旦大学林某某投毒案等案件中,均出现了较为严重的媒体在法院判决之前进行有罪推定色彩的报道之现象。此类报道并非个例,而是具有一定的普遍性。有研究者阅读 2009 年上半年三家报纸中关于 610 个刑事案件的报道后发现,相当一部分案件中,法院还未作出判决,报纸的报道就制造出犯罪嫌疑人有罪的舆论压力,从而造成对当事人的不公正审判。[1]

人类已经跨入 21 世纪的第三个十年,在国际人权法的发展已使人权的话语成为一套跨文化的法律标准和精神财富的今天,中国刑事诉讼中被告人权利保障状况虽然取得了长足的进步,但仍有进一步完善的空间。

按照刑事被告人的国际人权保障标准不断加强制度建设是当然之举,更紧迫也是更重要的,应当采取有效措施,不仅对社会公

---

[1] 参见张丰蘩、郭小燕:《法制新闻报道在定位不同的媒体上的媒介表现的差异——对〈法制晚报〉〈京华时报〉〈南方周末〉的内容分析》,载《科技传播》2011 年第 4 期,第 6—8 页。

众,而且也要对党政官员普及"目前清白不代表永远清白""保护违法者也是保护清白者"之类的道理。[1] 要让越来越多的人明白,被害人权益与被告人权利的消长不是一种零和博弈的关系,不能将被告人权利的减少视为被害人权益的增加,当被告人权利得不到正当程序的基本保障时,受损的不仅仅是被告人的权利,而是全体公民的基本人权。通过持久的努力,以最低限度的被告人权利保障理念武装全体公民的人权价值观。正如美国联邦党人亚历山大·汉密尔顿所指出的那样,公民基本权利的保护实质上不在于字面的规定,而应铭刻在公民的心里和头脑里。[2]

而要实现这一状态,我们必须时刻牢记耶林的那句话:为权利而斗争!

---

[1] 据说,马英九在做台北市长时,推动了"侦讯过程全程录音政策",没料想这一政策在后来的特别费案中救了他自己。即因为这个录音录影政策,证明检察官侦讯时所作笔录不实,刻意扭曲证人口供,法院才推翻原笔录,还给马英九一个清白。所以,一位检察官说:"马英九当年自己订下的规定,救了马英九自己。"参见马英九口述,罗智强、洪文宝整理:《沉默的魄力:马英九的台北记事》,天下远见出版股份有限公司 2008 年版,第 296 页。

[2] 参见〔美〕卡尔威因·帕尔德森:《美国宪法释义》,徐卫东、吴新平译,华夏出版社 1989 年版,第 172 页。

参考文献

一、英文文献

1. BronMckillop, Readings and Headings in French Criminal Justice: Five Cases in the Tribunal Correctionne, 1 46 Am. J. Comp. L. (1998).

2. Bureau of Justice Statistics, Sourcebook of Criminal Justice Statistics-1998 (1999).

3. Gary Goodpaster, On the Theory of American Adversary Criminal Trial, 78 the Journal of Criminal Law and Criminology 125 (1987).

4. Hegel's philosophy of Right, Oxford: Clarendon press,1942.

5. Jack DonndlyUniversal Human Rights in Theory and Practice, Cornell University Press, Haca and London,1989.

6. John H. Wigmore, Evidence in Trials at Common Law, Little, Brown and Company,Boston,1983.

7. John Langbein, The Origins of Adversary Criminal Trial , Oxford: Oxford University Press, 2003.

8. Maximo Langer, From Legal transplants to legal translations: the globalization of plea bargaining and the Americanization thesis in criminal procedure, Harvard international law journal, volume 45, number 1, winter 2004.

9. Mieheal D.Bayles, Principles for Legal Procedure, in Law and Philosophy, by D.Reidel Publishing Company, 1986.

10. National District Attorneys Association, National Prosecution Standards 135(2nded.1991).

11. Stephen J. Schulhofer, Criminal Justice Discretion as a Regulatory System.Thomas Morawetz ed., Criminal Law, New York University Press, 1991.

12. Strauss, What Is Political Philosophy? Free Press, 1959.

13. The state and Civil society: Studies in Hegel's political philosophy, Cambridge: Cambridge University press, 1984.

14. William Twining, Rethinking Evidence: Exploratory Essays, Cambridge University Press, 2006.

二、译著

1. 〔德〕傅德:《德国的司法职业与司法独立》,载宋冰编:《程序、正义与现代化——外国法学家在华演讲录》,中国政法大学出版社1998年版。

2. 〔德〕赫尔曼:《中国刑事审判改革的模式》,1994年北京刑事诉讼法学国际研讨会论文。

3. 〔德〕克劳思·罗科信:《刑事诉讼法(第24版)》,吴丽琪译,法律出版社2003年版。

4.〔德〕拉德布鲁赫:《法学导论》,米健等译,中国大百科全书出版社 1997 年版。

5.〔德〕莱因荷德·齐柏里乌斯:《法学导论》(原书第四版),金振豹译,中国政法大学出版社 2007 年版。

6.〔德〕马克斯·韦伯:《儒教与道教》,王容芬译,商务印书馆 1995 年版。

7.〔德〕托马斯·魏根特:《德国刑事诉讼程序》,岳礼玲、温小洁译,中国政法大学出版社 2004 年版。

8.〔德〕魏根德:《德国刑事案件快速处理程序》,载《法学丛刊》第 178 期。

9.〔法〕贝尔纳·布洛克:《法国刑事诉讼法》(原书第 21 版),罗结珍译,中国政法大学出版社 2009 年版。

10.〔法〕德尼·朗克罗瓦:《法国司法黑案》,龚毓秀、徐真华译,四川人民出版社 1988 年版。

11.〔法〕勒内·弗洛里奥:《错案》,赵淑美、张洪竹译,法律出版社 1984 年版。

12.〔法〕卢梭:《社会契约论》,何兆武译,商务印书馆 1994 年版。

13.〔法〕马太·杜甘:《比较社会学:马太·杜甘文选》,李洁等译,社会科学文献出版社 2006 年版。

14.〔法〕孟德斯鸠:《论法的精神》(上册),张雁深译,商务印书馆 1995 年版。

15.〔法〕皮埃尔·勒鲁:《论平等》,王允道译,商务印书馆 1988 年版。

16.〔古希腊〕亚里士多德:《政治学》,吴寿彭译,商务印书馆

1965年版。

17.〔荷〕威廉·A.瓦格纳、〔荷〕彼得·J.范科本、〔荷〕汉斯·F.M.克罗伯格:《锚定叙事理论——刑事证据心理学》,卢俐利译,中国政法大学出版社2019年版。

18.〔加〕让-伯努瓦·纳多、〔加〕朱莉·巴洛:《六千万法国人不可能错》,何开松、胡继兰译,东方出版社2005年版。

19.〔美〕L.亨金:《权利的时代》,信春鹰、吴玉章、李林译,知识出版社1997年版。

20.〔美〕D.P.约翰逊:《社会学理论》,南开大学社会学系译,国际文化出版公司1988年版。

21.〔美〕E.A.霍贝尔:《初民的法律:法的动态比较研究》,周勇译,中国社会科学出版社1993年版。

22.〔美〕E.博登海默:《法理学——法哲学及其方法》,邓正来、姬敬武译,华夏出版社1987年版。

23.〔美〕J.L.弗里德曼、D.O.西尔斯、J.M.卡尔·史密斯:《社会心理学》,高地、高佳等译,黑龙江人民出版社1984年版。

24.〔美〕阿瑟·奥肯:《平等与效率——重大的抉择》,王奔洲、叶南奇译,华夏出版社1987年版。

25.〔美〕埃尔曼:《比较法律文化》,贺卫方、高鸿均译,生活·读书·新知三联书店1990年版。

26.〔美〕埃里克·方纳:《美国自由的故事》,王希译,商务印书馆2002年版。

27.〔美〕艾伦·德肖微茨:《最好的辩护》,唐交东译,法律出版社1994年版。

28.〔美〕爱伦·豪切斯泰勒·斯黛丽、〔美〕南希·弗兰克:

《美国刑事法院的诉讼程序》,陈卫东、徐美君译,何家弘校,中国人民大学出版社 2002 年版。

29.〔美〕汤姆·L.彼彻姆:《哲学的伦理学——道德哲学引论》,雷克勤、郭夏娟、李兰芬等译,中国社会科学出版社 1990 年版。

30.〔美〕彼得·G.伦斯特洛姆编:《美国法律辞典》,贺卫方、樊翠华、刘茂林等译,中国政法大学出版社 1998 年版。

31.〔美〕伯纳德·施瓦茨:《美国法律史》,王军等译,法律出版社 2007 年版。

32.〔美〕柏士纳:《法律之经济分析》,唐豫民译,台北商务印书馆 1987 年版。

33.〔美〕戴维·波普诺:《社会学》(第十版),李强等译,中国人民大学出版社 1999 年版。

34.〔美〕迪特里希·鲁施迈耶:《律师与社会:美德两国法律职业比较研究》,于霄译,上海三联书店 2010 年版。

35.〔美〕弗洛伊德·菲尼、〔德〕约阿希姆·赫尔曼、岳礼玲:《一个案例 两种制度——美德刑事司法比较》,郭志媛译,中国法制出版社 2006 年版。

36.〔美〕戈尔丁:《法律哲学》,齐海滨译,生活·读书·新知三联书店 1987 年版。

37.〔美〕哈伯特·L.帕克:《刑事制裁的界限》,梁根林等译,法律出版社 2008 年版。

38.〔美〕哈罗德·伯曼编:《美国法律讲话》,陈若桓译,生活·读书·新知三联书店 1992 年版。

39.〔美〕赫尔德等:《律师之道》,袁岳译,中国政法大学出版社 1992 年版。

40. 〔美〕亨利·J.亚伯拉罕:《司法的过程:美国、英国和法国法院评介(第七版)》,泮伟江、宦盛奎、韩阳译,北京大学出版社 2009 年版。

41. 〔美〕卡尔威因、〔美〕帕尔德森:《美国宪法释义》,徐卫东、吴新平译,华夏出版社 1989 年版。

42. 〔美〕克米特·L.霍尔主编:《牛津美国联邦最高法院指南(第二版)》,许明月、夏登峻等译,北京大学出版社 2009 年版。

43. 〔美〕拉里·弗林特:《我作为社会弃儿的一生——拉里·弗林特自传》,李斯、祝勇译,时事出版社 1998 年版。

44. 〔美〕理查德·A.波斯纳:《联邦法院——挑战与改革》,邓海平译,中国政法大学出版社 2002 年版。

45. 〔美〕路易斯·J.弗里:《我的 FBI 生涯》,姚敏译,社会科学文献出版社 2009 年版。

46. 〔美〕罗伯特·考特、〔美〕托马斯·尤伦:《法和经济学》,张军等译,上海三联书店、上海人民出版社 1994 年版。

47. 〔美〕罗伯特·诺齐克:《无政府、国家与乌托邦》,何怀宏等译,中国科学出版社 1991 年版。

48. 〔美〕罗尔斯:《正义论》,何怀宏、何包钢、廖申白译,中国社会科学出版社 1988 年版。

49. 〔美〕罗纳德·德沃金:《认真对待权利》,信春鹰、吴玉章译,中国大百科全书出版社 1998 年版。

50. 〔美〕马斯洛:《动机与人格》,许金声、程朝翔译,华夏出版社 1987 年版。

51. 〔美〕米尔吉安·R.达马斯卡:《比较法视野中的证据制

度》,吴宏耀、魏晓娜等译,中国人民公安大学出版社 2006 年版。

52.〔美〕米尔伊安·R.达玛什卡:《司法和国家权力的多种面孔》,郑戈译,中国政法大学出版社 2004 年版。

53.〔美〕诺内特、塞尔兹尼克:《转变中的法律与社会》,张志铭译,中国政法大学出版社 1994 年版。

54.〔美〕琼·雅各比:《美国检察官研究》,周叶谦、刘赓书、赵文科等译,中国检察出版社 1990 年版。

55.〔美〕乔治·W.皮尤:《美国与法国刑事司法制度之比较》,叶逊译,载《法学译丛》1986 年第 4 期。

56.〔美〕乔治·霍兰·萨拜因:《政治学说史》(下册),刘山等译,商务印书馆 1986 年版。

57.〔美〕塞缪尔·沃克:《美国警察》,公共安全研究所外警研究室译,群众出版社 1989 年版。

58.〔美〕斯蒂芬诺斯·毕贝斯:《刑事司法机器》,姜敏译,北京大学出版社 2015 年版。

59.〔美〕唐纳德·纽曼:《辩诉交易》,李浩译,载《外国法学研究》1994 年第 3—4 期。

60.〔美〕特德·杰斯特:《我们与犯罪作斗争一直失败》,李宗祥译,《国外法学》1982 年第 3 期。

61.〔美〕亚历山德拉·纳塔波夫:《无罪之罚:美国司法的不公正》,郭航译,上海人民出版社 2020 年版。

62.〔美〕约翰·亨利·梅利曼:《大陆法系——西欧拉丁美洲法律制度介绍》,顾培东、禄正平译,知识出版社 1984 年版。

63.〔美〕约翰·麦·赞恩:《法律的故事》,刘昕、胡凝译,江苏人民出版社 1998 年版。

64. 〔美〕约书亚·德雷斯勒、〔美〕史伦·C.迈克尔斯:《美国刑事诉讼法精解(第四版)·第二卷·刑事审判》,魏晓娜译,北京大学出版社2009年版。

65. 〔美〕詹姆斯·M.伯恩斯、〔美〕杰克·W.佩尔塔森、〔美〕托马斯·E.克罗宁:《美国式民主》,谭君久等译,中国社会科学出版社1993年版。

66. 〔日〕谷口安平:《程序的正义与诉讼》,王亚新、刘荣军译,中国政法大学出版社1996年版。

67. 〔日〕棚赖孝雄:《纠纷的解决与审判制度》,王亚新译,中国政法大学出版社1994年版。

68. 〔日〕西原春夫主编:《日本刑事法的形成与特色——日本法学家论日本刑事法》,李海东等译,法律出版社、成文堂1997年版。

69. 〔日〕田口守一:《刑事诉讼法(第五版)》,张凌、于秀峰译,中国政法大学出版社2010年版。

70. 〔瑞士〕萨拉·J.萨默斯:《公正审判——欧洲刑事诉讼传统与欧洲人权法院》,朱奎彬、谢进杰译,中国政法大学出版社2012年版。

71. 〔斯洛文尼亚〕卜思天·儒潘基奇:《国家与刑事被告:反对自证其罪——走向刑事诉讼的基本原则》,张采风译,载《中国刑事法杂志》1998年第2期。

72. 〔意〕贝卡里亚:《论犯罪与刑罚》,黄风译,中国大百科全书出版社1993年版。

73. 〔英〕菲利浦·约翰·斯特德:《英国警察》,何家弘、刘刚译,群众出版社1990年版。

74. 〔英〕丹尼斯·罗伊德:《法律的理念》,张茂柏译,新星出版社 2005 年版。

75. 〔英〕彼得·斯坦、〔英〕约翰·香德:《西方社会的法律价值》,王献平译,中国人民公安大学出版社 1990 年版。

76. 〔英〕丹宁勋爵:《法律的正当程序》,李克强、杨百揆、刘庸安译,群众出版社 1984 年版。

77. 〔英〕弗里德里希·奥古斯特·冯哈耶克:《通往奴役之路》(修订版),王明毅、冯兴元等译,中国社会科学出版社 1997 年版。

78. 〔英〕弗里德利希·冯·哈耶克:《自由秩序原理》(上),邓正来译,生活·读书·新知三联书店 1997 年版。

79. 〔英〕霍布斯:《利维坦》,黎思复、黎廷弼译,商务印书馆 1996 年版。

80. 〔英〕杰奎琳·霍奇森:《法国刑事司法——侦查与起诉的比较研究》,张小玲、汪海燕译,中国政法大学出版社 2012 年版。

81. 〔英〕罗素:《西方哲学史》(下卷),马元德译,商务印书馆 1991 年版。

82. 〔英〕洛克:《政府论——论政府的真正起源、范围和目的》(下篇),叶启芳、瞿菊农译,商务印书馆 1995 年版。

83. 〔英〕麦高伟、〔英〕路加·马什:《英国的刑事法官:正当性、法院与国家诱导的认罪答辩》,付欣译,商务印书馆 2018 年版。

84. 〔英〕麦高伟、〔英〕杰弗里·威尔逊主编:《英国刑事司法程序》,姚永吉等译,法律出版社 2003 年版。

85. 〔英〕萨达卡特·卡德里:《审判的历史——从苏格拉底到辛普森》,杨雄译,当代中国出版社 2009 年版。

86. 〔英〕斯·格罗兹:《西欧的候审羁押》,夏登峻译,载《国外法学》1981年第1期。

87. 〔英〕J.W.塞西尔·特纳:《肯尼刑法原理》,王国庆、李启家等译,华夏出版社1989年版。

88. 〔丹麦〕伊娃·史密娃:《如何保证在诉讼中增加公平处理的机会》,1988年北京国际诉讼法学研讨会论文。

89. 《德国刑事诉讼法》,宗玉琨译注,知识产权出版社2013年版。

90. 《美国联邦刑事诉讼规则和证据规则》,卞建林译,中国政法大学出版社1996年版。

91. 《日本刑事诉讼法》,宋英辉译,中国政法大学出版社2000年版。

92. 《马克思恩格斯全集》第1卷。

93. 《马克思恩格斯全集》第19卷。

94. 〔斯洛文尼亚〕祖潘斯奇:《建立新的刑事诉讼模式中的基本法律选择和困难》,1994年北京刑事诉讼法学国际研讨会论文。

三、中文著作

1. 卞建林:《刑事起诉制度的理论与实践》,中国检察出版社1993年版。

2. 蔡定剑主编:《监督与司法公正——研究与案例报告》,法律出版社2005年版。

3. 陈光中、汉斯-约格·阿尔布莱希特主编:《中德不起诉制度比较研究》,中国检察出版社2002年版。

4. 陈光中主编:《中国刑事诉讼程序研究》,法律出版社1993

年版。

5. 陈弘毅:《法治、启蒙与现代法的精神》,中国政法大学出版社1998年版。

6. 陈朴生:《刑事经济学》,正中书局1975年印行。

7. 陈瑞华:《刑事审判原理论》,北京大学出版社1997年版。

8. 樊崇义主编:《刑事诉讼法学研究综述与评价》,中国政法大学出版社1991年版。

9. 龚祥瑞:《西方国家的司法制度》,北京大学出版社1994年版。

10. 顾培东:《社会冲突与诉讼机制》,四川人民出版社1991年版。

11. 何怀宏:《伦理学是什么》,北京大学出版社2002年版。

12. 何家弘:《从观察到思考——外国要案评析》,中国法制出版社2008年版。

13. 何家弘主编:《外国证据法》,法律出版社2003年版。

14. 何挺等编译:《外国刑事司法实证研究》,北京大学出版社2014年版。

15. 黄云:《有效的辩护》,中国法制出版社2020年版。

16. 金邦贵主编:《法国司法制度》,法律出版社2008年版。

17. 金明焕主编:《比较检察制度概论》,中国检察出版社1990年版。

18. 李洪林主编:《辩证唯物主义和历史唯物主义原理》,福建人民出版社1985年版。

19. 梁漱溟:《中国文化要义》,正中书局1975年版。

20. 梁治平、齐海滨等:《新波斯人信札——变革中的法观念》，贵州人民出版社 1988 年版。

21. 林达：《历史深处的忧虑：近距离看美国》，生活·读书·新知三联书店 1997 年版。

22. 林达：《总统是靠不住的》，生活·读书·新知三联书店 1998 年版。

23. 马英九口述，罗智强、洪文宝整理：《沉默的魄力：马英九的台北记事》，天下远见出版股份有限公司 2008 年版。

24. 莫洪宪主编：《死刑辩护——加强中国死刑案件辩护技能培训》，法律出版社 2006 年版。

25. 乔云华：《地狱门前——与李真刑前对话实录》，新华出版社 2004 年版。

26. 任东来、陈伟、白雪峰等：《美国宪政历程：影响美国的 25 个司法大案》，中国法制出版社 2004 年版。

27. 宋冰编：《读本：美国与德国的司法制度及司法程序》，中国政法大学出版社 1998 年版。

28. 宋冰编：《程序、正义与现代化——外国法学家在华演讲录》，中国政法大学出版社 1998 年版。

29. 宋英辉：《刑事诉讼目的论》，中国人民公安大学出版社 1995 年版。

30. 《孙中山全集》第九卷，中华书局 1986 年版。

31. 唐交东：《告那家伙！——美国伍德西尔律师事务所记事》，法律出版社 1996 年版。

32. 汪明亮：《定罪量刑社会学模式》，中国人民公安大学出版社 2007 年版。

33. 王达人、曾粤兴：《正义的诉求：美国辛普森案与中国杜培武案的比较》,北京大学出版社 2012 年版。

34. 王大伟编著:《英美警察科学》,中国人民公安大学出版社 1995 年版。

35. 王家福、刘海年、李林主编:《人权与 21 世纪》,中国法制出版社 2000 年版。

36. 王以真主编:《外国刑事诉讼法学参考资料》,北京大学出版社 1995 年版。

37. 王雨田主编:《控制论、信息论、系统科学与哲学》,中国人民大学出版社 1986 年版。

38. 夏勇:《人权概念起源——权利的历史哲学》,中国政法大学出版社 1992 年版。

39. 夏勇主编:《走向权利的时代——中国公民权利发展研究》,中国政法大学出版社 1995 年版。

40. 徐进、闫国智、郭景华主编:《宪法学原理》,法律出版社 1998 年版。

41. 阎云翔:《中国社会的个体化》,陆洋等译,上海译文出版社 2012 年版。

42. 杨兆龙:《大陆法与英美法的区别》,陈夏红编,北京大学出版社 2009 年版。

43. 易延友:《沉默的自由》,中国政法大学出版社 2001 年版。

44. 于海:《西方社会思想史》,复旦大学出版社 1993 年版。

45. 张义显:《当代西方法哲学》,吉林大学出版社 1987 年版。

46. 张文显:《法学基本范畴研究》,中国政法大学出版社 1993 年版。

47. 张子培主编:《刑事诉讼法教程》,群众出版社 1988 年版。

48. 甄贞等编译:《法律能还你清白吗?——美国刑事司法实证研究》,法律出版社 2006 年版。

49. 郑也夫:《代价论》,生活·读书·新知三联书店 1996 年版。

50. 周长军:《刑事裁量权论——在划一性与个别化之间》,中国人民公安大学出版社 2006 年版。

51. 朱德生、冒从虎、雷永生:《西方认识论史纲》,江苏人民出版社 1983 年版。

52. 朱景文:《现代西方法社会学》,法律出版社 1994 年版。

53. 左卫民:《价值与结构——刑事程序的双重分析》,法律出版社 2003 年版。

54. 左卫民:《刑事诉讼的中国图景》,生活·读书·新知三联书店 2010 年版。

55. 左卫民:《现实与理想:关于中国刑事诉讼的思考》,北京大学出版社 2013 年版。

56. 左卫民:《实证研究:中国法学的范式转型》,法律出版社 2019 年版。

57.《中国法律年鉴》1980—2018 年。

四、中文论文

1. 艾明:《实践中的刑事一审期限:期间耗费与功能探寻——以 S 省两个基层法院为主要样板》,载《现代法学》2012 年第 5 期。

2. 卞建林等:《从我国刑事法庭设置看刑事审判构造的完善》,载《法学研究》2004 年第 3 期。

3. 陈端洪:《法律程序价值观》,载《中外法学》1997 年第 6 期。

4. 陈瑞华:《刑事诉讼制度改革的若干问题》,载《国家检察官学院学报》2007 年第 6 期。

5. 陈卫东:《公正与效率——我国刑事审判程序改革的两个目标》,载《中国人民大学学报》2001 年第 5 期。

6. 陈永生:《我国刑事误判问题透视——以 20 起震惊全国的刑事冤案为样本的分析》,载《中国法学》2007 年第 3 期。

7. 崔敏:《严禁刑讯逼供是一项艰巨的任务》,载《青海社会科学》1985 年第 3 期。

8. 邓子滨:《冤案的偶然与必然》,载《中外法学》2015 年第 3 期。

9. 高春兴:《当前我国侦查理论与实践的热点问题》,载《中国刑警学院学报》2004 年第 2 期。

10. 黄列:《美国律师在诉讼中的道德危机》,载《外国法译评》1996 年第 2 期。

11. 黄士元:《刑事错案形成的心理原因》,载《法学研究》2014 年第 3 期。

12. 李步云:《论人权的三种存在形态》,载《法学研究》1991 年第 4 期。

13. 李心鉴:《我国刑事诉讼法学的两大现代课题——诉讼目的与诉讼构造》,载《中外法学》1991 年第 1 期。

14. 李心鉴等:《实体真实与法律程序的冲突及选择》,载《中外法学》1990 年第 4 期。

15. 龙宗智:《刑事诉讼中的证据开示制度研究》(上),载《政法论坛》1998 年第 1 期。

16. 孙笑侠:《法律程序剖析》,载《法律科学(西北政法学院学报)》1993 年第 6 期。

17. 熊秋红:《刑事司法职权的合理配置》,载《当代法学》2009 年第 1 期。

18. 徐继强:《程序公正的价值——由林××死亡案引发的思考》,载《法学》1997 年第 8 期。

19. 许兰亭:《刑事审判简易程序初探》,载《政法论坛(中国政法大学学报)》1993 年第 1 期。

20. 杨兴培:《论刑事辩护的价值重构——以建立刑事法律关系新概念为目标追求》,载《法治研究》2015 年第 2 期。

21. 张丰繁、郭小燕:《法制新闻报道在定位不同的媒体上的媒介表现的差异——对〈法制晚报〉〈京华时报〉〈南方周末〉的内容分析》,载《科技传播》2011 年第 4 期。

22. 周长军:《语境与困境:侦查程序完善的未竟课题》,载《政法论坛》2012 年第 5 期。

23. 周长军:《刑事诉讼中变更公诉的限度》,载《法学研究》2017 年第 2 期。

24. 周维明:《德国刑事协商制度的最新发展与启示》,载《法律适用》2018 年第 13 期。

25. 左卫民、马静华:《刑事证人出庭率:一种基于实证研究的理论阐述》,载《中国法学》2005 年第 6 期。

26. 左卫民:《进步抑或倒退:刑事诉讼法修改草案述评》,载《清华法学》2012 年第 1 期。

27. 左卫民:《地方法院庭审实质化改革实证研究》,载《中国社会科学》2018 年第 6 期。

五、讲座录音

1.〔德〕赫尔曼:《德国刑事司法制度》,1993 年 7 月之讲座录音稿。

2.〔美〕苏斌:《美国刑事司法制度》,1993 年 7 月之讲座录音稿。

六、纸媒报道

1.《"把律师赶出法庭",法治将百思不得解》,载《南方都市报》2015 年 1 月 25 日。

2. 鲍志恒:《浙江叔侄被冤奸杀入狱 10 年:曾有 7 次纠正机会》,载《东方早报》2013 年 3 月 27 日。

3. 鲍志恒:《跨省作证的神秘囚犯袁连芳》,载《东方早报》2011 年 11 月 21 日。

4.《全国最大迫害记者事件全情告白》,载《中国青年报》1998 年 11 月 12 日。

5. 卞君瑜:《吴留锁案结论难产 超期羁押达十四年》,载《法律与生活》1999 年第 1 期。

6. 曹勇、黄秀丽:《中国律师界杠上北海公安》,载《南方周末》2011 年 7 月 28 日。

7. 曹勇:《大胆假设,武力求证——北海警方刑讯逼供造惊天冤案 12 人被抓 7 年后无罪释放》,载《南方周末》2011 年 8 月 5 日。

8.《陈光中谈广西"伪证案":抓这四名律师是错误的》,载《瞭望东方周刊》2011 年 7 月 19 日。

9. 成功:《法院院长最不该参加公捕大会》,载《南方周末》

2005年8月18日。

10. 成梅、唐勇林:《城市居民最关心的十大问题》,载《中国青年报》2005年3月28日。

11. 《法警对峙照片背后:律师当庭举报公诉人索贿 警方要求查扣律师费》,载《中国新闻周刊》2020年7月17日。

12. 方三文等:《无辜青年屈打成招被判死刑 云南特大冤案究竟如何收场》,载《南方周末》1998年5月15日。

13. 黄广明、王景春:《不明不白被关12年》,载《南方周末》2003年1月29日。

14. 黄秀丽:《"以后再也不敢代理刑事案子了"——广西四律师"妨害作证"始末》,载《南方周末》2011年6月23日。

15. 李玉坤等:《38名冤案"平反者"画像:29人改判历经10年以上》,载《新京报》2020年8月26日。

16. 寥馨:《重庆打黑中的警察故事》,载《南方都市报》2012年12月13日。

17. 林风:《血案撼不动的"枪文化"》,载《齐鲁晚报》1998年3月27日。

18. 刘长:《30年坐堂审案,不如19个月"震撼教育"?法院院长公开求证:我有何违法》,载《南方周末》2012年5月11日。

19. 刘长、廖颖:《浙江萧山五青年杀人案复盘:"真凶"再现考验刑诉法》,载《南方周末》2013年1月24日。

20. 刘刚:《浙江萧山错案5当事人要求追责责任人法官道歉》,载《新京报》2013年7月3日。

21. 刘爽、王振东、顾然:《吉林男子19年前被定罪"杀妻"15年后真凶落网》,载《新文化报》2005年7月25日。

22. 刘志明:《四川宜宾"11·28"杀人冤案调查》,载《凤凰周刊》2005 年第 19 期。

23. 马竞:《河北"严打整治百日会战"半月破案五千起》,载《法制日报》2004 年 10 月 29 日。

24. 潘国平:《河南农民在山西蒙冤入狱被判死缓后真凶落网》,载《大河报》2007 年 12 月 14 日。

25. 启之:《记忆的理由》,载《南方周末》2009 年 2 月 25 日。

26.《人民法院充分发挥审判职能作用保护产权和企业家合法权益典型案例(第一批)》,载《中国改革报》2018 年 1 月 31 日。

27. 沈德咏:《我们应当如何防范冤假错案》,载《人民法院报》2013 年 5 月 6 日。

28. 石玉:《赵作海讲述被刑讯逼供细节》,载《南方都市报》2010 年 5 月 12 日。

29. 王春江:《逮捕史青峰》,载《法制博览》1997 年第 1 期。

30. 王姝:《命案必破不会引发逼供》,载《新京报》2006 年 5 月 17 日。

31. 吴怡婷:《终审判死缓再审判无罪 琼一10 年沉冤案终昭雪》,载《海南特区报》2004 年 1 月 7 日。

32. 向明凯:《"凶手"被毙 "死者"在世》,载《齐鲁晚报》2005 年 6 月 16 日。

33. 徐隽:《去年社会治安满意度上升到 95.55%》,载《人民日报》2018 年 1 月 24 日。

34. 杨江、冯志刚:《赵作海案背后的人与事》,载《新民周刊》2010 年第 19 期。

35. 杨万国:《重庆一区政府发公函要求法院驳回村民索赔请

求》,载《新京报》2010年6月27日。

36. 张双武:《湖北:公众最关注的热点问题是社会治安》,载《中国青年报》2003年2月26日。

37. 张思之:《"干脆把他关死算了"——杨志杰爆炸案剖析》,载《同舟共进》2003年第6期。

38. 翟惠敏等:《公安部通报2005年治安状况:四年来刑事立案数首次回落》,载《法制日报》2006年1月20日。

39. 张立:《从判"无期"到宣告无罪》,载《南方周末》2002年9月30日。

40. 赵蕾:《打黑风暴中的重庆政法界》,载《南方周末》2009年12月3日。

41. 《赵长青:网络炮轰我,是普法失败》,载《时代周报》2009年11月19日。

42. 周长军:《被告人着便装折射人权司法保障进步》,载《光明日报》2019年9月22日。

43. 周跃武、王义杰:《农民被判死缓蒙冤十年重审无罪释放》,载《检察日报》2008年1月26日。

七、网络资料

1. 《包头司法现形记:检察官被爆索贿 律师费被深夜查扣》,载腾讯新闻(https://new.qq.com/omn/20200716/20200716A0YREL00.html),2020年7月16日访问。

2. 《公安部:近年来严重刑事犯罪案件立案数持续下降》,载人民网(http:/www.scopsr.gov.cn/zxdd/201302/t20130226_208248.html),2013年10月6日访问。

3. 邓全伦:《张家慧案:行贿律师高达18人》,载搜狐网(https://www.sohu.com/a/437068757_305502),2020年12月28日访问。

4. 公安部刑侦局:《刑警2017年成绩单》,载一点资讯网(http://www.yidianzixun.com/article/0IBYaw6M),2020年10月20日访问。

5. 郭璐璐:《最高检:减少不必要的逮捕,合理降低逮捕羁押率》,载正义网(https://www.spp.gov.cn/spp/zdgz/202102/t20210202_508278.shtml),2021年2月2日访问。

6. 蒋桂斌、瞿丹:《"假凶"仗义感动真凶 真凶自首"假凶"获赔偿》,载新华网(http://news.xinhuanet.com/legal/2005-01/31/content_2529380.htm),2013年8月15日访问。

7.《海口中院审理王绍章涉黑案,两位律师被强行带出庭审现场》,载搜狐网(https://www.sohu.com/a/402340278_120717237),2020年10月30日访问。

8.《李庄律师被控辩护人伪造证据妨害作证罪第一审辩护词》,载找法网(https://china.findlaw.cn/bianhu/gezuibianhu/fhsfglcxz/fanghaisifazui/bfrfhzzz/10166_3.html),2010年5月27日访问。

9.《美国不禁枪的真正原因》,载天涯社区网(http://bbs.tianya.cn/post-worldlook-183862-1.shtml),2020年12月28日访问。

10. 仟翕张:《刑检是盘"组合套餐",无刀无叉,只有司法责任制这双"筷子"》,载微信公众号"法律读库"2020年3月23日。

11. 吴佳蔚:《浙江政法委介入张氏叔侄错案 涉及公检法多环节》,载人民网(http://legal.people.com.cn/n/2013/0409/c188502-

21075597.html),2020年12月28日访问。

12.《习近平强调有腐必反 有贪必肃 把权力关进笼子里》,载中国新闻网(http://www.chinanews.com/gn/2013/01-22/4510583.shtml),2013年7月31日访问。

13.袁名清:《律师钱列阳披露秦城监狱里刘志军案庭前会议细节》,载闽南网(http://www.mnw.cn/news/china/575575.html),2021年2月10日访问。

14.张智勇:《保命之战的辩护,打掉40公斤毒品——程序正义比真相更重要》,载微信公众号"刑事法律圈"2020年10月22日。

15.《朱明勇律师14连问辩真相:20万人关注的蒙城涉黑第一案再现荒唐一幕》,载微信公众号"法耀星空"2020年9月13日。